SOOYAAL

*Ina Cabdalla Xasan Ma Sheekh
Buu Ahaa Mise ...?*

SOOYAAL

*Was Ina Cabdalla Xasan
a Sheikh or a...?*

Cabdiraxmaan C. Faarax
'Guri Barwaaqo'

SOOYAAL

Ina Cabdalla Xasan Ma Sheekh Buu Ahaa Mise …?

Daabacaaddii 2aad/2nd Edition

2022

Copyright © 2022 by A.A.Farah 'Guri **Barwaaqo'**

All rights reserved

No part of this book
may be reproduced in any form or
by any means, electronic or mechanical,
including photocopying, recording, or by any
information storage and retrieval
system, without the prior
written
permission
of the
publisher.

All questions and comments should be directed to :

Hal-aqoon Publishers
343 Parkin Circle, Unit 200
Gloucester, ON. K1T 0C9

Library and Archives Canada Cataloguing in Publication

Farah, Barwaaqo, 1951-

    Sooyaal: Ina Cabdalla Xasan ma Sheekh buu ahaa Mise...? / C. C. Faarax 'Barwaaqo'.

Includes bibliographical references.
Includes some text in English and Arabic.

ISBN 978-1-7775046-2-5

Ina Cabdalla Xasan Ma sheekh Buu Ahaa, Mise...?

WAA SU'AAL DA' WEYNOO
MADAXA DAALINEYSEE
DADWEYNAHAA
LA WEYDIIN

Xasan Sh. Muummin

MUSLINNIMO NIMAAN KUGU DHAQAYN MUUMMINNIMO KHAAS AH, GAAL MAXASTA KUU DHAWRA OOD MAGANSATAA DHAAMA

Cali Jaamac Haabiil

Ina Cabdalla Xasan Ma sheekh Buu Ahaa, Mise...?

INSI MAAHA SHAY-
DAANKU WAA RUUXAAN
LA AQOONE, ASXAABTII
FIRCOON BUU KA HADHAY
ODAYADOODIIYE,
ASHAHAADO
GOORTUU
QIREE
UU
ADDIMAY WAAYO,
AWLIYO LA MOOD
SHAWSE WAA EHEL
CADAABEEDE

Cilmi Carab Cabdi

Sooyaal

Tusmada buugga

AFEEF 12
Aqoonyahannka iyo Buugga SOOYAAL 13
Buuggan waxad kula kulmaysaa 20
Mahadnaq 22
Hordhac 26
1.0. Sheekh yaa ah, yaanse ahayn? 38
    1.1. Imaatinkii Sh. Yuusuf Bin Axmed Al-kawneyn 41
    1.2. Imaatinkii Sh. Cabdalla iyo Sidii lagu ogaaday inaanu Sh. Cabdalla Carab iyo Muslintoona ahayn 42
    1.3. Imaatinkii Sh. Madar Axmed 46
    1.4. Sheekh Maxamed Cabdi Makaahiil 51
    1.5. Sh. Ibraahin Cabdalle Mayal 56
    1.6. Sheekh Cabdiraxmaan Sh. Nuur (1900-1990) 57
    1.7. Sh. Uweys Ibn Maxamed Al-Baraawi 60
2. Waxyaalihii keenay in Ingiriiska heshiis lala galo 65
3.0. Heshiisyadii lala galay Ingiriiska 67
    3.1. Heshiis dhexmaray Dawladda Ingiriiska iyo Odayada Habar Awal 70
    3.2. Heshiis dhexmaray Dawladda Ingiriiska iyo Odayada Gadabuursi. 76
    3.3. Heshiis dhexmaray Dawladda Ingiriiska iyo Odayada Habar Toljeclo. 82
    3.4 Heshiis dhexmaray Dawladda Ingiriiska iyo Odayada Ciise. 88
    3.5. Heshiis dhexmaray Dawladda Ingiriiska iyo Odayada Habar Garxajis. 94

3.6. Heshiis dhexmaray Dawladda Ingiriiska iyo Odayada Warsangeli. 100
4. Imaatinkii Maxamed Cabdalla Xasan 104
5. Sabababihii dhabta ahaa ee uu Ina Cabdalla Xasan Berbera uga baxay 108
6. Waxyaalihii wiiqay Sheekhnimadii Ina Cabdalla Xasan 112
   6.1. Cayda 113
   6.1.1. Dumarka uu Ina Cabdalla Xasan caayey 117
   6.1.2. Ragga uu caayey 124
   6.1.3. Reeraha uu caayey 131
   6.2. Godadlenimo 132
   6.3. Cadaadiska iyo caga jugleynta 137
   6.4. Dilka 139
   6.4.1. Dilkii Shide Dhabarjilic 140
   6.4.3. Dilkii ilma Cabdalla Shixiri 144
   6.4.4. Dilkii ilma Cali Dhuux Aadan Gorayo 145
   6.4.5. Dilkii Dhiimo Ciise 148
   6.4.6. Dilkii Garaad Cali Garaad Maxamuud 148
   6.4.7. Dil wadareedka uu Ina Cabdalla Xasan geystey 149
   6.5. Dhaca 152
   6.5.1. Dhacii Daraawiishta oo gaadhay Koonfur 156
   6.6. Mahdi sheegasho 158
   6.7. Basaasidda 160
   6.8. Labacanlaynta 161
   6.9. Diradiraha 162
   6.10. Boolicunidda (Xaaraan cunidda) 167
   6.11. Laaluush bixinta 168
7. Dadka ku qiray inuu falal dil ah ku kacay 174
   7.1. Ina Dhalamudhe: 174

Ina Cabdalla Xasan Ma sheekh Buu Ahaa, Mise...?

7.2. Geylan Nuur-gurey 175
7.3. Cali Jaamac Haabiil 177
7.4. Cabdillaahi Yuusuf Axmed 177
8. Raggii Ina Cabdalla Xasan Ku Tilmaamay Inaanu sheekh iyo wax u dhow toona ahayn 179
9. Ma Kacdoon Culimuu Ahaa Mise Shirqool Gumeysi? 183
10. Waran kugu soo noqon doona lama riddeeyo 190
11. Bayuurtii u weyneyd (The bigest Scandal 197
12. Maxay Nooga binniixay Taladii Garaad Cali Garaad Maxammuud iyo Diidmadii Ina Cabdalla Xasan? 208
13. Xaruntii iyo Taalladii Sayidku maxay ku dambeeyeen? 213
14. Cabashadii Ina Cabdalla Xasan 215
15. Cabashadii Cali Jaamac Haabiil 222
16. Axmed F. Cali 'Idaaja' iyo Sayidkiisii Ina Cabdulle Xasan 225
17. Waxtarkii iyo Waxyeelladii Halgankii Ina Cabdalla Xasan 232
18. Ina Cabdalla Xasan oo tusaale xun u noqday Faarax-Laanjeer 242
19. Dambabaska falaad xumadii Sayidka 245
20. Gabagabo 253
21. Ujeeddooyinka Aayadaha Quraanka ee buugga ku jira 256
Raadraac 259
Tuse/Index 265

*AFEEF

Afeef hore lahaw ama adkaysi dambe lahaw ayey maahmaahdi ahayd. Haddaba Ina Cabdalla Xasan isaga ayaa Sheekh sheegtay ee anigu kuma sheegin. Wax kalana dadkii ka soo horjeedey baa ku tilmaamay ee anigu kuma sheegin. Sidaasi awgeed, waxan isu foodinayaa falkii iyo falaadkiisii si loo kala ogaado waxa uu ahaa.

Aqoonyahannadu Maxay ka yidhaahdeen iyo Buuggan?

Several distinguished scholars both Somalis and non-Somalis could not help in expressing their views about this book. Among them is Prof. Mohamed Nuh Ali who lectures African History at Carleton University, Dr. Georgi Kapchits who lectures Somali language and literature at Moscow University, Jamal A. Gabobe who is a Phd Candidate in Comparative literature at University of Washington in Seattle and Hassan Abdi Madar a distinguished author and the director of the Somaliland Presidency to mention some. So the following are excerps from their lengthy notes:

> The Somali folklore masterpiece "A Soothsayer Tested" ("Faaliyihii la bilkeyday") reveals how the structure of the world determines human behavior. The revelation is put into a magic serpent's mouth: "World there is, but life is not distinct from it. Your life, as you call it, goes as the world goes, for God made the world with many patterns and it is these that rule men's lives... Each time it was the pattern, not yourself, that forced you to do whatever you did".
>
> The pattern of the 21st century is destruction and demythologization. It forces historians and literary scholars to subvert all previously indisputable authorities and most hallowed myths. Therefore, the publication of "**Sooyaal: Ina Cabdalla Xasan ma Sheekh buu ahaa mise ...?**" ("*Sooyaal:*

Was Ina Cabdalla Xasan a Sheikh or a ...?") by *Cabdiraxmaan C. Faarax 'Barwaaqo'*, in which the great Somali poet, preacher and warrior is desacralized, is no accident. This book contrasts in many ways with what has been written about him so far. It adduces indisputable evidences of the protagonist's difficult nature and shady deeds.

Dr. Georgi Kapchits
Moscow Universitry, Moscow, Russia

Qoraalkani wuxu isku taxallujinayaa inuu si cilmi ah u eego dhacdooyinkii taariikhiga ahaa ee la xidhiidhay aragtiyihii wejiyada diiniga ah ee kala duwan lahaa iyo Isticmaarkii.

Inta badan qoraallada ilaa hadda jiraa waxay xoogga saareen Maxamed Cabdalla Xasan, iyaga oo si qoto dheer uga hadlaya aqoonta uu u lahaa diinta iyo sidii firfircoonayd ee uu uga hor yimid dalalkii dhulka Soomaaliyeed qaybsaday.

Wuxu qorahani ku dadaalayaa inuu eego xaaladdii dhabta ahayd ee markaa ka jirtay Berbera qarnigii 19aad markii uu Isticmaarku qabsaday dalka Soomaaliyeed isaga oo adeegsanaya macluumaad aan hore loo adeegsan.

Borof. Maxamed Nuux Cali
(History department ,
Carleton University, Ottawa, Canada)

Lama qori karo taariikh qof, tu halgan, tu qaran, iyo tu waayo nololeed toona haddii aan si mug leh loo eegin dhinacyadeeda, ta togan iyo ta tabanba, oo aan la soo tebin macaankeeda iyo qadhaadhkeedaba iyadoo tixgelin la siinayo qaybaha ay taabanayso oo idil. Cid kasta oo aan sidaa yeelin oo isku dayda inay dhinaca togan oo keliya soo gudbisaa, ama mahadhada waddadeeda ka leexisaa, waxa hubaal ah in maalin maalmaha ka mid ah runtu ka hor iman doonto oo jidku ka soo xidhmi doono. Qof kasta oo akhriyey labada buug ee *Diiwaanka Gabayada Sayid Maxamed Cabdalla Xasan* iyo *Taariikhdii Daraawiishta iyo Sayid Maxamed Cabdalla Xasan* ee uu qoray Aw Jaamac Cumar Ciise wuxu ka dhigan yahay qof bog dhaaf u akhriyey mahadho culayskeeda leh. Taas oo ah soo tebinta hal dhinac oo si wanaagsan loo subkay iyada oo uu maqan yahay dhinacii kale ee dhammaystirka u noqon lahaa si loo helo taariikh sugan oo u cuntanta dhinacyadii halgankaas iskaga soo horjeeday.

Cabdiraxmaan C. Faarax 'Barwaaqo' wuxu ku guu-laystay inuu si buuxda u soo bandhigo dhinacii kale ee taariikhdaas. Taasi waxay innoo faa'iiday-naysaa inaynu helno taariikhdii oo dham-maystiran oo dabeeto iskeen u go'aansanno inaynu ogaanno shakhsiyadda dhabta ah ee Ina Cabdalla Xasan. Ta uu qoruhu in badan oo qorayaasha Soomaalida ah dheer-yahay waa isaga oo aan aragtidiisa qofeed ku go'aan qaadan balse qoraalkiisu uu salka ku hayo cilmi baadhis qoto dheer, raadraac buuxa iyo xigasho sugan oo meel loogu hagaago xaqiijinteeda leh.

Buuggan la magac baxay ' *Sooyaal: Ina Cabdalla Xasan ma sheekh buu ahaa mise ...?*' marka aynu la akhrinno kuwii Aw Jaamac Cumar Ciise waxaynu helaynaa qofnimadii dhabta ahayd ee Maxamed Cabdalla Xasan. Qoruhu innama siinayo jawaab ku salaysan aragtidiisa. Wuxu innoo soo bandhigayaa cilmi baadhistiisa, go'aankana innaga ayuu innoo dhaafayaa.

Runtii, waa habqoraal cusub oo ku salaysan agab ka mid ah agab hummaageedyada suugaanta Soomaali-da, kaasi oo ah ka loo yaqaan Kibaaxda. Waa *'agabka sara een saafin'*. Cabdiraxmaan wuu innoo sarayaa. Saafidda iyo go'aan qaadashadana akhristaha ayuu u dhaafayaa.

Guntii iyo gebebadii, waa buug ay tahay inuu akhriyo qof kasta oo doonaya inuu si miisaaman u **fahmo,** oo dhinaca maqan ka eego, mahadhada Sayid Maxamed Cabdalla Xasan iyo waayihii noloshiisa.

Xasan Cabdi Madar,
aqoonyahan, qoraa, iyo
hal-abuur, Hargeysa, S/land

The earliest writings on Muhammad Abdille Hasan were by British colonial officials. Most of these accounts were scathingly critical of Muhammad Abdille Hasan as a man and a leader. At a loss to explain why some Somalis would follow such a cruel and depraved character, British administrators came up with the idea that although Muhammad Abdille Hasan was a cut-throat and a scoundrel, his behavior was consistent with Somali notions of leadership and bravery which accepted extreme cruelty and tyranny from Somali leaders and warriors. Douglas Jardine, the British Secretary of the colonial Somaliland administration and the author of The Mad Mullah of Somaliland went even a step further and predicted that with the passage of time, the real blood-soaked history of Muhammad Abdille Hasan would be swept under the carpet and his image will metamorphose into that of a national hero. Jardine's prediction was presciently accurate. It was also more than just a prediction, for it was the first time that the idea of Muhammad Abdille Hasan as a nationalist was articulated. Somalia's military regime and some Somali clan-biased revisionist historians would seize on Jardine's idea, the idea of Muhammad Abdille Hasan as a Somali "national hero" and would fashion it as a weapon for their own political and clan purposes. Barwaaqo's book dismantles this myth, the myth of Muhammad Abdille Hasan as a national hero. Far from being a hero, Barwaaqo sees him as a villain. Read this book to find out why.

Jamal A. Gabobe,
PhD Candidate, University of
Washington, Seattle, USA.

Dhiganahan la magac baxay "**Sooyaal: Ina Cabdalla Xasan Ma sheekh Buu ahaa Mise.....?**" waxa uu i baray taariikh badan oo iga qarsooneyd. Muddo badan oo aan arday soo ahaa wixii la ii soo dhigi jirey iyo waxa uu buuggani soo gudbinayaa waa kaaf iyo kala dheeri. Aragtidii aan ka qabey Ina Cabdalla Xasan iyo ta uu buuggani i soo hor dhigeyna waa tu igu reebtay yaab iyo amakaag. Waxa aan maqli jirey suugaan iyo qoraallo lagu amaanayo oo keliya, waxase uu buuggani badadda keeney oo uu caddaynayaa in taariikhda Ina Cabdalla Xasan ahayd mid dhinac ka rarnaan jirtey. Runtii, waan maqli jirey dad badan oo dhaliisha Ina Cabdalla Xasan sheega, waxanse u arki jirey iska hadal, hayeeshee qoraallada buuggan ku qorani waa sooyaal sugan oo aan cidina si kale u maan guurin karin. Sidaa darteed buuggu wuxu tilmaamayaa dhaliilihii iyo shakhsiyaddii dhabta ahayd ee ninkaasi.

Dhawr qodob oo i xiiso geliyey, aadna aan ula dhacay, oo aan kula kulmay dhiganahan, baa in la xuso mudan. Waana kuwa igu dhalliyeen inuu buuggani si aad ah iis oo jiito. Waxaanay kala yihiin: **Kow:** Sida uu u qoran yahay, oo ah hab cilmi baadhiseed, oo bog iyo sadar walba uu leeyahay sumad iyo sawrac raad-raaceed, oo sugan. **Laba:** Sida qoruhu iskaga ilaaliyey deel qaaf, xanaf iyo xajiin uu qoraalkiisu yeesho, isaga oo bud dhig uga dhigey dhacdo walba inaanu isagu odhan ee uu inna hor keenayo cidda iyo wakhtiga la yidhi, kadibna uu jawaabta u dhaafayo akhristaha. **Saddex:** Sida qoruhu aanu go'aan shakhsiyan ah aanu uga gaadhin si aanu ugu muuqan inuu dhinac u xaglinaayo ee uu inna hor keeney run cad oo meel laga dhaafaa aanay jirin.

Qoraha buuggan **Cabdiraxmaan Cabdillaahi Faarax 'Barwaaqo'** oo aan aqoon fiican u leeyahay, waa qoraha keliya ee qori lahaa taariikh sidaa u sugan. Waxaanu buugganni i baray casharro badan oo aanan dugsiyadii ku soo dhigan, iyada oo aan ka faa'iidey wax mug iyo miisaan weyn leh. Sidaa oo kale waxa aan hubaa in akhriste waliba doodda iyo cilmiga buuggan ku qoran ka faa'iideysan doono, taariikhdii ummaddani soo martey ee la majaraha-baabiyey aanay sida loo sheegey aheyn ee ay tahay sida dhabta ah ee buuggan ku qoran.

Khaalid Jaamac Qodax,
qoraa, Hargeysa / Somaliland

Ina Cabdalla Xasan Ma sheekh Buu Ahaa, Mise...?

Buuggan waxad kula kulmaysaa magacyada hoos ku qoran:

Ina Cali (Alis' son) ama Ina Cali (Alis' daughter) waxa looga jeedaa wiilkii ama inantii uu dhalay Cali. Waana hab ka mid ah hababka ay dadka Soomaaliyeed isugu yeedhaan. Sidaasi awgeed ayaa dad badan oo Soomaaliyeed ay Maxamed Cabdalla Xasan ugu yeedhaan *Ina Cabdalla Xasan*. Taasaana keentay inuu qoruhu habkaasi raaco. Haddaba, magacyada *Ina Cabdalla Xasan, Maxamed Cabdalla Xasan, Sayid Maxamed Cabdalla Xasan, ama Ina C. X., Xaaji Maxamed, Muham-med Abdille Hasan* waxay wada tilmaamayaan qof qudha.

- Aw waa erey Soomaaliya oo la ujeeddo ah Sheekh. Sidaasi awgeed magacyada Aw Jaamac Cumar Ciise iyo Sh. Jaamac Cumar Ciise waa isku mid oo qof qudha ayey tilmaamayaan.

Magacyadan hoos ku qoranna mid kastaa wuxu la ujeeddo yahay ka ku hor qoran. Buugganna labada siyaabood waa lagu adeegsaday ee sidaasi ula soco:

- G/le = Gaashaanle
- L/x/le = Laba xiddigle
- Jaamac M. Jaamac = Jaamac Muuse Jaamac
- Yaasiin Keenadiid = Yaasiin Cismaan Keenadiid
- Maxamed Cali Qablax = Ina Cali Qablax

- C/risaaq Caqli = Cabdirisaaq Caqli
- Sheekh Madar = Shiikh Madar ama Sh. Madar
- Sh. Sheekh ama Shiikh
- Buugaagta ku soo baxday af Ingiriiska, waxaan magacyada qorayaasha u qoray sida ay buugaggaasi ugu qoran yihiin si aanu is maandhaaf u dhicin. Tusaale ahaan, Cabdi Sh. Cabdi wuxu buugga ugu qoran yahay: Abdi Sh. Abdi. Sidan dambe baana buugga lagu qoray.

Mahadnaq

Mahadi Eebbe ayey u sugantahay. Intii aan hawshan faraha kula jirey dad badan baa talo iyo tusaalooyin aayatiin leh ii soo gudbiyey. Sidaasi awgeed, in kasta oo aanan halkan magacyadooda ku soo wada koobi karin, haddana, inaan wax ka xusaa waa lagama maarmaan. Ugu horreyn, waxa mahad iga mudan xaaskayga Kawsar Xaaji Yaaxeen iyo Carruurtayda Maxamed, Mukhtaar, Deeqa iyo Soora oo runtii intii aan hawshan ku jirey iigu dulqaatay iguna barbargalay. Waxa kale oo xusid gaar ah iga mudan magacyadoodana aan la ilduufikarin:

Inj. Maxamed Xaashi Xandulle oo ah aqoonyahan ruug caddaa ah oo afka iyo dhaqanka Soomaalida aad ugu xeel dheer, intii aan hawshan ku foognaana talooyin wax-ku-ool ah ii hidiyey. Aragtida uu buuggani ku dhisaalan yahayna aad u taageeray.

Dr. Maxamed Nuux Cali oo mahadhada Carro-edeg (Afrikan history) ka dhiga Jaamacadda Kaarlitan (*Carleton University*) ee ku taal magaalamadaxda dalka Kanada iguna dhiirriyey inaan aragtida kobciyo kolkii aan hordhigay, islamarkaana wacaal aan yarayn iyo talooyin wax ku ool ah ii hidiyey.

Dr. Goorgi Kaabjitis (*Georgi Kapchits*) oo ah aqoon yahan u dhashay dalka Ruushka kana dhiga af Soomaaliga Jaamacadaha Moosko iyo Berlin, oo runtii aan ka helay talooyin dhaxal gal ah la'aantoodna aanu buuggani hirgaleen.

Dr. Saleebaan Guri Barwaaqo (Ebbe naxariistii janno ha ka waraabiyee) oo ahaa hal-abuur weyn oo fadhigigiisuna ahaa magaalada Landhan ee dalka Ingiriiska, kaalin weyna ka qaatay quraaridda maansooyinka iiguna deeqay wacaal wax-ku-ool ah oo aanu buuggu la'aanteed taabbagal noqdeen.

Dr. Jamaal Cabdi Gaboobe oo uu buuggani ka helay taageero weyn oo waafiya, si aadana u danaynayey oo ula socday heerar kii kala duwanaa ee uu buuggu soo maray.

Dr. Keenadiid Xasan, oo ka tirsan Jaamacadda Kobbeek (*University of Quebec*) oo kaalin weyn ka qaatay habaynta iyo isku dubbaridka buugga, la'aantiina aanu buuggani soo baxeen.

Boobe Yuusuf Ducaale oo ah qoraa, hal-abuur iyo siyaasi ii hidiyey talooyin wax ku ool ah oo aan u aayey.

Fu'aad Sheekh Abubakar oo ah aqoonyahan degaankiisu yahay dalka Maraykanka isla markaana ah maamulaha degelka *www.farshaxan.com*. Waxaanu qayb weyn ka qaatay quraariddii buugga.

Rooda Yuusuf Cismaan (Rooda Baanday) oo iiga warrantay cagajuglayntii uu Ina Cabdalla Xasan u geystey awowgeed hooyo.

Ibraahin Xuseen Ismaaciil 'Cirrasuge' oo ah dhakhtar xoolaad kuse caanbaxay hal-abuurnimadiisa. Waa curiyihii riwaayaddii la odhanjirey *"Labuun bays dhinacyaalle dhaayahaaga ku fiirso"* ee ay heesaheeda ka midka ahayd heestii caanbaxday ee Cunnaabi. Wuxu Ibraahin iiga warramay kulankii uu la kulmay Ina Dhalamudhe iyo dhacdadii ay uga warrantay.

Xasan Xaaji Yaaxeen, aqoonyahan degaankiisu yahay dalka Norway oo qayb xooggan ka qaatay quraaridda iyo turxaan bixinta buugga dhinac kasta oo laga eegaba.

Sakariye Axmed, oo ah aqoonyahan ku xeel dheer aqoonta beeraha, Sh. Cabdilqaaddir X. Jaamac, Sh. Aadan Maxamed Xiirey (Aadan Siiro), Maxamuud Qaalib Cali iyo Cumar Yuusuf Odowaa 'Qoor madoobe' oo uu buuggani taageero weyn kala kulmay, kaalin taabbud ahna ka qaatay maalgelintiisa iyo soo saariddiisaba.

Xasan Cabdi Madar oo ah hal-abuur, qoraa iyo aqoonyahan fadhigiisu yahay magaala madaxda S/Laand ee Hargeysa oo iigu deeqay talooyin wax ku ool ah iyo qoraallo xambaarsan wacaal taabbud ah oo aan raadraacay.

Khaalid Jaamac Qodax oo ah aqoonyahan iyo qoraa da'yar, xubin firfircoonna ka ah ururka akhristayaasha Hargeysa oo qayb libaax ka qaatay quraaridda buugga.

Axmed Aw Geeddi oo ka mid ah abwaannada ugu caansan abwaannada Soomaaliyeed oo qayb weyn ka qaatay quraaridda iyo sugidda maansooyinka buugga ku jira, xilli badan u huray soo saaridda buugga.

Ina Cabdalla Xasan Ma sheekh Buu Ahaa, Mise...?

Ugu dambayntii waxanan illoobikarin Sayid Maxamed Yuusuf (Dhegey) oo xubin firfircoon ka ah ururka qorayaasha Soomaali-laand, fadhigiisuna yahay dalka Iswidhan, oo hiil iyo hooba iigu hagarbaxay talooyin wax ku oolana ii hidiyey.

Cabdiraxmaan C. Faarax "Barwaaqo"

Hordhac

Beri aan dhoweyn baan akhriyey buug la yidhaa: *Conversations with African writters* oo uu qoray *Lee Nickols*[1] soona saartay Idaacadda Codka Maraykanka ee VOA. Nickols wuxu waraysi la yeeshay 26 qoraa oo ka kala socday 26 dal oo Afrikaan ah. Soomaalida waxa laga waraystay, Alla haw naxariistee, Muuse Xaaji Ismaaciil Galaal. Wuxu Muuse waraysigiisii ku sheegey inuu xubin ka ahaa guddi Qaramada Midoobay ka tirsan oo dib-u-qoraysa taariikhda Afrika. Wuxuu sheegay in taariikhda Afrika tahay mid ay qoreen gumeystayaashi. Sidaasi darteed aanay mahadhadaasi u qornayn sidii dhabta ahayd ee dadka reer Afrika u arkayeen inay u dhacday.

Sidaan ugu guda jirey akhriska qoraalladaasi ayaan xusuustay sooyaalkii (taariikhadii) waagii aan yaraa dugsiga na loogu dhigijirey. Kolkii aan dugsiga dhexe bilaabay, waa markaan fasalka 4aad ahaaye, waxa na loo dhigijirey taariikhada Afrika. Casharradii ku yiil buuggii na loo dhigijirey waxa ka mid ahaa mid la odhanjirey: *Advantages and disadvantages brought by the Slave trade*, oo ah: *Golsamidii (waxtarkii) iyo goldarridii (waxyeelladii) uu ganacsigii addoonsigu keenay*. Waxan isweydiin jirey: "Ma addoonsigii baa hoog mooyee wanaag dadkeenna u keenay?"

---

[1] Lee Nichols, Conversations with African writers, Washington, D.C., 1981, p.186-193.

Runtii aad baan ugu guuxay aragtidaa ay dawladaha Afrika waagaa abaabuleen ee la xidhiidha sidii loo toosin lahaa taariikhdii la qalloociyey. Siday wax uga hirgaleense ma ogi.

Si kastaba ha ahaatee, taariikhda Ina cabdalla Xasan baa loo qoray si dhabta ka fog, una dhoweyn sidii aan u maqlijirey ama ay dad badani u yaqaanneen. Sidaasi awgeed, waxa lagama maarmaan ah inaan marka hore dib u eegno wixii laga qoray Ina Cabdalla Xasan, innaga oo si kooban u tilmaami doonna gol daloolooyinkii qoraalladaasi.

Intaa kaddib, waxaan markii u horreysey wax ka sheegidoonaa dhinicii mucaaradka oo aan haba yaraatee waxba laga qorin. Aniga oo idiin soo bandhigidoona heshiisyadii ay dadka Soomaaliyeed la galeen dawladdii Ingiriiska iyo sababihii ku kellifey. Waxa kale oo aan intaa raacin farriintii dhabta ahayd ee uu Ina Cabdalla Xasan reer Berbera u keenay iyo sababtii ay u qaadan waayeen. Waxanan aad ugu dheeraan sida ay falalkii iyo falaadyadii wadaadka oo dhammi ugu markhaatifureen dadkii mucaaridka ku ahaa. Intaanan haddaba arrimahaasi kaba hadal bal aan marka hore yar milicsanno qoralladii faraha badanaa ee Ina cabdalla Xasan laga qoray iyo wixii ay xambaarsanaayeen.

Buugaagtii Ina Cabdalla Xasan laga qoray

Sida la wada ogyahay, Ina Cabdalla Xasan buugaag badan baa laga qoray. Buugaagtaasi waxa loo kala saari karaa:

A. Buugaag Ina Cabdalla Xasan ka dhan ah oo ku tilmaantay inuu ahaa nin ku adadag taliskii gumeysiga,

B. Kuwo sheegay inuu Ina Cabdalla Xasan ahaa halyey wadey kacdood Isticmaar diid ah, iyo
C. Kuwo sheegay inuu ahaa waddani aftahannimo Eebbe ku mannaystay.

A. Buugaagta Ina Cabdalla Xasan ka dhanka ahayd kuna tilmaantay inuu ahaa nin ku adadag taliskii gumeysiga, oo ay intooda badan qoreen qorayaal ka soo jeeda dawladihii Ingiriiska, Talyaaniga iyo Faransiiska, waxa ka mid ah: *In Pursuit of the 'Mad' Mullah: Service and Sport in the Somali Protectorate* oo uu qoray Malcom McNeil (London, 1902); *With the Abyssinians in Somaliland* oo uu qoray Major J. Willes Jennings (London, 1905); *Somaliland* oo uu qoray Angus Hamilton (London, 1911); *British Somaliland* oo uu qoray R.E. Drake-Brockman (London, 1912); *My Somali Book: A Record of Two Shooting Trips* oo uu qoray Arthu Mosses (London, 1913); *Richard Corfield of Somaliland* oo uu qoray H.F. Prevost Battersby (London, 1914); *Sun, sand, and Somalis:Leaves from the Notebook of a District Commissioner in Somaliland* oo uu qoray Major H. Rayne (London, 1921); iyo buugga la yidhaa: "*The Mad Mullah of Somaliland* ee uu qoray Douglas Jardine, London, 1923." Waxa kale oo jira buugga la yidhaa: *Ferro e Fuoco in Somalia (Fire and Brimestone in Somalia)* oo uu qoray Francesco Saverio Caroselli (Rome, 1931).

Qorayaashaasi waxay iskaga aragti ahaayeen xagjirnimadii Ina Cabdalla Xassan. *Francesco Saverio Caroselli* iyo *Douglas*

Jardine baa loo arki karaa inay sameeyeen isku day dhab ah oo ay kaga warramayeen taariikhdii Ina Cabdalla Xasan (Abdi Sh. Abdi, 1993:3). Tusaale ahaan, *Jardine* wuxu hordhaca iyo gogoldhigga buuggiisa kaga hadlay noloshii Ina Cabdalla Xasan, imaatinkiisii Berbera iyo dariiqadii uu la yimid taas oo loo yaqaan Saalixiya[2]. Waxa kale oo uu Jardiini sheegay inaanay casharradii uu Ina Cabdalla Xasan bixinjirey ahayn qaar shiddo ku hayey maammulkii Ingiriiska ee Berbera ka talinayey (1923:39).

Waxa kale oo uu *Jardine* sheegay in uu Ina Cabdalla Xasan ku noolaa nolol dhib badan oo aanu haysan dhaqaale ku filan. Waxaanu xusay in uu mar ka amaahday afar caanadood (lacagtii waagaa la adeegsan jirey) islaan Carbeed oo Berbera deggeneyd. Waxaanu geeriyooday, buu yidhi, isaga oo deynkii aan iska bixin! (Jardine, 1923:39). Waxa kale oo uu intaa raaciyey inuu Ina Cabdalla Xasan cambaareeyey cunidda jaadka iyo cabbidda shaaha iyo badhida idaha. Waxaanu intaa raaciyey in 1895kii aanay jirin wax tilmaamaya inuu wadey dhaqdhaqaaq siyaasadeed oo uu ku rabay inuu gaalada dalka ugaga saaro. Waxa kale oo uu *Jardine* sheegay inuu Ina Cabdalla Xasan qulbay kolkii cidi wax ka dhegeysan weydey oo uu magaaladii Berbera iskaga baxay (Jardine, 1923:39). Hayeeshee, *Jardine* marna ma sheegin sababta qulubka iyo niyad jabka ku riddey iyo sababtii ay dadkii reer Berbera u qaadan waayeen dariiqadiisii Saalixiya una taageeri waayeen.

---

[2] Saalixiya iyo Handaraawiya waa labada laamood ee ka farcamay Axmadiyada.

Siday doontaba ha ahaatee, buugga cutubyadiisa kala duwan wuxu qoruhu kaga hadlay gulufyadii iyo tabihii dagaal ee labada dhinac (Ingiriiska iyo Daraawiishta). Wuxuu si qoto dheer uga sheekaynayaa tirooyinka xoogaggii Igiriiska, abbaanduulayaashii qaybahoodii kala duwanaa, iwm. Waxaanu caddeeyey in gulufkii u dambeeyey ee lagu qaaday colkii Ina Cabdalla Xasan uu ahaa kii lagu jebiyey, loona adeegsaday dayaaradaha.

B. Buugaagta tilmmamaysa inuu Ina Cabdalla Xasan ahaa halyey wadey kacdoon Isticmaardiid ah waxa ka mid ah buugga la yidhaa *Tha'ir min al-Sumal* oo uu qoray *Cabdul Sabuur Marzuuq*, iyo ka kale ee la yidhaa *Mahdi Al-Sumal* oo uu qoray *Muxammad Muctasim (Cairo, 1963)*. Waa horraantii 60kii. Waana xilligii uu Jamaal Cabdi Naasir, Madaxweynihii Masar, hoggaaminayey kacdoonkii gumeysi diidka ahaa ee ka socdey qaaradda Africa guud ahaan. Labada qoraa midkoodna waxba kama odhan sababtii dhalisay inay dad badan oo Soomaaliyeed ka soo horjeestaan.

C. Buugaagta Ina Cabdalla Xasan ku sheegtay inuu ahaa waddani aftahannimo Eebbe ku mannaystay waa buugaagta ay Soomaalidu ka qortay. Waxana loo kala saari karaa kuwo ku qoran afaf shisheeye iyo qaar ku soo baxay af Soomaali.

Kuwa afafka shisheeye ku soo baxay waxa ka mid ah buugga la yidhaa: " *Ina Cabdille Xasan Ela Sua Attivita Letterari*

(Roma, 1984) ee uu qoray *Yaasiin Cismaan Keenadiid."* Buuggu wuxu ku qoran yahay af Talyaani. Sida uu ladhkiisu tilmaamayana waxa uu ka hadlayaa aftahannimadii Ina Cabdalla Xasan.

Runtii, qoruhu wuxu soo bandhigay maansooyin aan ku soo bixin buugga diiwaanka gabayada Ina Cabdalla Xasan ee Aw Jaamac Cumar Ciise. Waxana ka mid ah maanso uu ku caayey Caasha Keenadiid iyo tu kale oo uu ku caayey Dhiimo Ciise oo ka mid ahayd xaasaskiisii faraha badnaa (ka eeg bogagga 118aad-122aad). Waxa kale oo uu qoruhu soo dhammaystiray maansooyin ayagoo kala dhiman ku soo baxay buugga Diiwaankii Gabayadii Sayid Maxamed Cabdaalla Xasan sida maansadii uu Ina Cabdalla Xasan u tiryey Koofil walaashii (ka eeg bogga 124aad).

Hadal iyo dhammaantii, wuxuu qoruhu si yaableh u faahfaahiyey qaybaha kala duwan ee uu Ina Cabdalla Xasan ka maansooday sida *cayda, guubaabada, tookha, calaacalka, diradiraha,* iwm. Marnase qoruhu kama hadal farriintii uu Ina Cabdalla Xasan reer Berbera u soo jeediyey iyo wixii ay ku diideen.

Waxa kale oo buugaagta afafka shisheeye lagu qoray ka mid ah ka la yidhaa: *"Oral poetry and Somali nationalism: the case of Sayyid Mahamed 'Abdille Hasan"* ee uu qoray Said S. Samatar, 1982. Waa buug runtii qiimihiisa leh. Wuxuuna qoruhu ku soo bandhigay una hal-tebiyey (tarjumay) af Ingiriis maansooyin badan oo ka mid ah maansooyinkii uu Ina Cabdalle Xasan tiriyey. Ujeeddadiisa oo ahayd inuu muujiyo sida uu Ina

Sooyaal

Cabdille Xasan u adeegsaday suugaantiisa ugana dhigtay qalab iyo awood uu ku gaadho himiladiisii siyaasadeed.

Sida uu Abdi Sheikh Abdi (1993:9) hordhaca buuggiisa la yidhaa "*Divine Madness*" ku sheegay, wuxu qoruhu qirtay in sida uu u daneeyo suugaanta Ina Cabdille Xasan aanu u danayn taariikhdiisa. Sidaasi awgeed waxan odhan karnaa qorahanna dhan kale ayuu ka eegay maansadii faraha badnayd ee Ina Cabdalla Xasan.

Waxa kale oo uu Samatar sheegay in magaca "*Mad Mullah*" aanu ahayn mid uu isticmaarki bixiyey balse culimadii Qaaddiriyada ee ay diinta ku loollamayeen ay u bixiyeen. Waxa kale oo uu intaa raaciyey in weliba magaalada looga saaray si aan fiicnayn (Samatar, 1982:184). Runtii qoruhu si faahfaahsan uma sheegin sababta keentay in sidaasi looga saaro magaalada.

Buugaagta shisheeyuhu Ina Cabdalla Xasan ka qory intii aan soo sheegay oo qudha ma ah ee waxa jira qaar kale oo lixdanaadkii iyo wixii ka dambeeyey la qoray. Waxana ka mid ah buugga la yidhaa: "*The British Somaliland Protcetrate before 1905, Oxford University, London, 1969*", oo uu qoray *Andrew Brockett*. Waxa kale oo ka mid ah buugga la yidhaa: "*British Imperialism in Horn of Africa and the Somali Response, 1884-1899" University of California, Los Angels, 1972,* oo uu qoray *Charles Geshekter*, iyo buugga kale ee la yidhaa: "*Colonial Rule in the British Somaliland Protectrate, 1905-1939" University of London, 1976*" oo uu qoray *Patrick Kakwenzire*.

Sida uu Abdi Sh. Abdi qiray Charles Geshekter iyo Andrew Brockett waxay ka hadleen siyaasaddii gumeystayaasha gaar ahaan intii ka horreysey kacdoonkii Ina Cabdalla Xasan iyo daraawiishtiisii. Hayeeshee, waxad mooddaa inuu indhaha ka laliyey inuu sheego in Geshekter uu adeegsaday qoraalladii ay qoreen baaddariyadii faransiiska ahaa iyo inuu xusay inaanu Ina Cabdalla Xasan bilaabin kacdoonkii u horreeyey ee gumeysidiidka ahaa (Geshekter, 1972).

Abdi Sheikh Abdi baa isna Ina Cabdalla Xasan ka qoray buugga la yidhaa "Divine Madness: Mohamed Abdulle Hassan (1850-1920)". Sida uu magaca buuggu tilmaamayana wuxu ku soo baxay af Ingiriisi. Qoruhu wuxu ku dadaalay inuu ka faa'iideysto goldaloolooyinkii iyo ilduufyadii ay sameeyeen aqoonyahannadii ka horreeyey. Sidaasi darteedna wuxu aad u raadraacay qoraalladii iyo sugantimihii ku kaydsanaa qolalka kaydka ee Ingiriiska, Talyaaniga iyo Faransiiska. Waxaanu isna eegay saamaynta uu dhaqdhaqaaqi Daraawiishtu ku lahaa dhinaca bulshada iyo siyaasadda. Si kastaba ha ahaatee, qorahan qudhiisu waxba kama sheegin sababtii uu Ina Cabdalla Xasan Berbera uga baxay iyo wixii ay reer Berbera ku diideen dariiqadiisii Saalixiyada.

Buugaagta af Soomaaliga ku soo baxday ee laga qoray Ina Cabdalla Xasan waxa ka mid ah buugga la yidhaa *"Dabkuu shiday Darwiishkii"* oo ay wada qoreen Axmed Faarax Cali 'Idaajaa' iyo Cabdilqaaddir Xirsi 'Yamyam'. Runtii, waa buug ku salaysan mala-awaal. Sidaasi darteed, in la xuso mooyee, wax laga raadraaco oo taariikha muu soo kordhin.

"*Diiwaanka Gabayadii Sayid Maxamed Cabdalla Xasan* iyo ka kale ee la yidhaa *Taariikhdii Daraawiishta iyo Sayid Maxamed Cabdalla Xasan*" oo uu qoray Aw Jaamac Cumar Ciise baa ayana ka mid ah buugaagta Ina Cabdalla Xasan laga qoray. In kasta oo ay siyaasaddii hantiwadaagga ee dawladdii ciidammadu saamayn weyn kuwada lahayd qoroyaasha Soomaaliyeed, haddana waxaad mooddaa inuu Aw Jaamac, isagu, si gaar ah isu wadaraaciyey. Waxaanu gaadhay heer uu isagu u garqaado Ina Cabdalla Xasan iyo dadkii Soomaaliyeed ee ka soo hor jeedey. Waxaanu dadkaasi ku tilmaamay diin laawayaal. Isaga oo arrintaa sheegayana wuxu yidhi:

> "Nin kasta oo Soomaaliyeedna wuu ogyahay ama wuu maqlay heerkii sare ee Sayid Maxamed iyo Daraawiishi ka gaadheen guulihii dagaalka ee ay la galeen gaalo iyo cawaankeeda."[3]

Runtii, waa hadal tilmaamaya inuu qoruhu doc u janjeedho, midhkaana muu qarsan oo buuggiisa Diiwaanka Gabayadii Ina Cabdalla Xasan wuxuu ku dadaalay inuu qariyo aflagaaddadii iyo gefefkii uu Ina Cabdalla Xasan sameeyey intii uu dagaalku socday. Taasina waa ta keentay inuu maansooyinka inta cayda ah qaarkood ka saaro. Tusaale ahaan, maansada uu Ina Cabdalla Xasan u tiriyey Koofil walaashii waxa ka maqan oon la qorin 7 tuduc oo uu ku aflagaaddeeyey haweeneydaasi (maansada oo dhanna ka eeg bogogga 124aad).

---

[3] Aw Jaamac C. Ciise, Diiwaanka gabayadii Sayid M. C. X, 1999, bogga 16aad.

Waxa iyana xusid mudan in la tilmaamo inuu Aw Jaamac Cumar Ciise ka dhigay maansadii Ina Cabdalla Xasan agab uu ku muujiyo nac uu u qabo beelaha Soomaaliyeed qaarkood, qaar kalana uu kula bahoobo. Taasi oo gaadhsiisey heer uu tuducyo ka mid ah maansooyinkii Ina Cabdalla Xasan uu wax ka saaro sida aad buuggan kula kulmidoontaan.

Si kastaba ha ahaatee, waxa cad in qorayaasha buugaagta kor ku xusani ay dhawr arrimood ka siman yihiin:

- Waxay u muuqataa in aanay si cad u sheegin oo ay indhaha ka laliyeen sheegidda sababtii dhabta ahayd ee ku keliftay dadkii Soomaaliyeed inay heshiisyo la galaan gumeystayaashii iyo duruufihii xilligaasi deegaanka ka jirey.

- Waxa kale oo muuqata inaaanay qorayaashu si hufan u tilmaamin sababtii uu Ina Cabdalla Xasan Berbera uga baxay.

- Waxa kale oo aad mooddaa inay qorayaashu dabooleen gefefkii iyo meel-ka-dhacyadii Ina Cabdalla Xasan, taasi oo taariikhdiisa ka dhigtay inay noqoto mid dhinac u janjeedha.

Waxa haddaba isweydiin leh: Muxuu qoraalkani soo kordhinayaa ama uu kaga duwanaanayaa kuwii hore? Haddii aan weydiintaa si kooban uga warcelinno, wuxu qoraalkani kaga duwan yahay kuwaa hore dhawr arrimood:

- Qorahani wuxu ku dadaalayaa inuu soo bandhigo sababtii dhabta ahayd ee ay dadka Soomaaliyeed heshiisyada ula galeen dawladdii Ingiriiska iyo duruufihii ka jirey jiidda oo aanay aqoonyahannadu hore u sheegin.

- Waxa kale oo uu qoraalkani inoo soo bandhigidoonaa farriintii u horreysey ee uu Ina Cabdalla Xasan dadka Soomaaliyeed u sheegay kolkii uu Berbera yimid iyo sababtii loo qaadan waayey ee dhegaha looga furaystay.

- Waxa kale oo uu qorahani inoo soo bandhigidoonaa sababtii dhabta ahayd ee uu Ina Cabdalla Xasan uga baxay Berbera.

- Waxa kale oo uu qoraalkani sheegidoonaa sida ay dhacdooyinkii iyo falalkii Ina Cabdalla Xasan u taageerayaan aragtidii mucaaridka iyo qaar kaloo badan.

- Waxa daabacaaddan ku soo biiray oo aad qaybta falalka dilka ku arkidoontaan arrin aan buugga Taariikhda Daraawiishta iyo Sayid Maxamed Cabdalla Xasan lagu xusin oo ah inuu wadaadku dilay carruurtii Cali Dhuux Aadan gorayo (ka eeg bogga 146aad).

- Waxa kale oo soo biiray oo la ogaaday in dembebaska falaadxumadii Ina Cabdalla Xasan bilaabmay kolkii aynu gobannimada qaadannay, iyada oo la rabay in lala simo wadaaddadii kale oo la yidhi far Soomaali buu sameey horana la inoogu sheegay inuu saddex arrimood Nebigeenna (N.N.K.H.A) la wadaago.

Ugu dambayntii, waxan filayaa inuu qoraalkani horseed u noqon doono qoraallo kale oo laga qoro dhankii mucaaradka, taasi oo haddii la helo kobcin doonta dib u eegista qoraalladii hore ee dhinaca qudha ku sifaysnaa. Waxana hubaal ah, haddii midhkaa la helo in si fudud loogu garqaadi karo Ina Cabdalla Xasan iyo dadkii ka soo horjeedey ama si fudud loo helidoono qofnimadii Ina Cabdalla Xasan ee dhabta ahayd.

Qoraha

1.0. Sheekh yaa ah, yaanse ahayn?

Sida la wada ogyahay, Maxamed Cabdalla Xasan kolkii uu Berbera yimid, Sheekh inuu yahay buu sheegtay, hayeeshee rag badan baa gadaal ka diidey oo yidhi: "Sheekh maaha ee waa Ibliis." Tusaale ahaan, *Cilmi-Carab Cabdi*[2], oo Dhulbahante ahaa baa yidhi :

ISLAAN BAA KHALQIGU MOODAYAA WAA IBLIIS KANUYE
INSI MAAHA SHAYDAANKU WAA RUUXAAN LA AQOONE

Kolkii uu mahdiga sheegtayna *Cali Jaamac Haabiil* buu ahaa kii yidhi:

MA TALYAANIGAASAA MAHDIYA TANINA WAA YAABE

Miyaanay, haddaba, habboonayn in lays weydiiyo weydiinta ah: *sheekh yaa ah, yaanse ahayn?* Intaanan haddaba ka warcelin weydiintaasi bal aan marka hore, isku dayo inaan, iftiimiyo sidii uu xilligaa ahaa hab dhismeedka bulshada Soomaaliyeed.

Sida ay bulsha yaqaannadu tilmaamaan, bulshada Soomaaliyeed waxay u qaybsanayd: wadaad, waranle, dhallin iyo maxas ama maato qofba sida uu u yaqaan.

Wadaadku: Wuxu ahaa hoggaamiyaha barashada diinta, aqoonta iyo horumarinta bulshada. Wuxu ku dadaalijirey ka hortagga dagaallada iyo colaadaha. Wuxu caan ku ahaa nabadaynta iyo isu soo dhoweynta beelaha iyo xubnaha bulshada. Wuxu maarayn jirey tabaalooyinka iyo is af garanwaaga ka dhex aloosma qoysaska. Wuxu bulshada ku baraarujinjirey daryeelidda maatada iyo maxastaba.

Waranluhu: Wuxu isagu heegan u ahaa ilaalinta danta guud iyo ta gaar ee beesha. Dhibaatooyinkuna waxay ka abuurmijreen waranle wax duud-siyaya ama bursanaya iyo mid is hortaagaya. Waxana lagu xamanjirey inuu hadimo iyo hawl hormood u ahaan jirey.

Maxastu: Waa haweenka, carruurta, waayeelka iyo inta laxaadka ama miyirka la' ee loo yaqaan naafada. Waa inta ay tahay in la daryeelo een loo itaal sheegan. Waana inta ay diintu inna fartay in lagu dadaalo daryeelkooda. Waxaanay ka mid yihiin inta loo yaqaan birmageyda.

Hadal iyo dhammaantii, qof kasta oo *Af-Carabiga* yaqaan ama *Quraanka* akhriyaa toona Sheekh iyo Sheekhad midna ma aha. Waxase Sheekhad ama Sheekh lagu tilmaamaa qofkii si fiican oo qoto dheer **Diinta** u yaqaan, uguna dhaqma, dadkana fara, faafiyana wixii wanaag ah ee ay keentay, kana diga, isna iska jira, kana fogaada, wixii xumaan ah ee ay innaga hirtay. Mid kastana falkiisa iyo falaadkiisa ayaa laga gartaa waxa uu yahay. Sidaasi awgeed, Sheekha aan ku dhaqmin, lahayna tilmaamahaa aan soo sheegay, Soomaalidu waxay u taqaan **Shaydaan duubleh** oo dadka isu ekeysiinaya, diintana ku adeeganaya.

Haddaba, Maxamed Cabdalla Xasan hortii iyo dabadiiba dhawr sheekh oo qaar shisheeye ahaayeen qaarna sidiisa ay debedda ka soo noqdeen baa dalka yimid, kuwaasi oo ay ka mid ahaayeen Sh. Yuusuf Bin Axmed Alkawneyn loona yiqiin Aw Barkhadle, Sh. Cabdalla 'Richard Burton', Sh. Madar Axmed Shirwac, Sh. Cali Jawhar, Sh. Uweys Ibn Maxamed Al-Baraawi oo loo yiqiin Sheekh Biyoole, Sh. Maxamed Cabdi Makaahiil iyo Sh. Ibraahin Cabdalle Mayal iyo Sh. Cumar Good. Dar kalana dalka gudihiisa ayey ka kaceen sida Sh. Cabdiraxmaan Sh. Nuur, Sh. Bashiir, iwm. Sidaasi awgeed waxa habboon inaan bal marka hore warbixin kooban ka bixinno waxqabadkii iyo aragtiyihii qaar ka mid ah Sheekhyadaasi.

1.1. Imaatinkii Sh. Yuusuf Bin Axmed Al-kawneyn

Sida ay mahadhadu (taariikhdu) sheegayso Sh. Yuusuf Bin Axmed Alkawneyn wuxu yimid Soomaalilaan qarnigii 13aad si uu u faafiyo diinta Islaamka.[4] Nabadayntii iyo isu soo dhoweyntii bulshada ka sokow, si uu dadka ugu fududeeyo barashada af Carabiga iyo Quraankaba wuxu *markii u horreysey Soomaaliyeeyey higgaadda af Carabiga*. Waxaanu soo saaray habka caanka ah ee qof kasta oo malcaamad galay wax ku soobartay ee ah: Alif *waxmaale*; Ba' *hoos-ku-halle*, Ta' *kor-ku-labaale*, Tha' *kor-ku-saddexle*, iwm.

Isaga oo tilmaamaya shaqalladana waxa uu yidhi: Alif *la kordhebey*; Alif *la hosdhebey* iyo Alif *la goday*.'

Lama sheegin, lamana hayo, cid uu Sheekhu col ku saaray iyo xoolo uu soo dhacay toona. Habkaa uu soo saarayna wuxu noqday hab ay dad badani wax ku barteen oo ilaa maanta la adeegsado bulshaduna ay aad ugu ayday kuna badhaadhay.

Falkii iyo falaadkii wacnaa waxay Sh. Yuusuf bin Axmed geyeysiiyeen in qudbi looga dhiso meesha isaga loogu magacdaray ee la yidhaa Aw Barkhadle. Halkaasi oo Hargeysa

---

[4] The Gadabuursi Somali Script by I.M.Lewis

duleedkeeda ah. Gu' kastana kumanaan qof baa booqda xabaasha Sheekha ayaga oo ugu ducaynaya inuu Eebbe ka abaal mariyo wixii uu u taray.

1.2. Imaatinkii Sh. Cabdalla iyo Sidii lagu ogaaday inaanu Sh. Cabdalla Carab iyo Muslintoona ahayn

Rijarad Beerton *"Richard Burton"* oo u dhashay dalka Ingiriiska ayuu ahaa ninkii ferenji ee ugu horreeyey ee cagaha soo dhiga carriga Soomaali-yeed. Wuxuu isku tilmaamay inuu Yahay nin **Sheekh ah** oo **Carbeed** una socda in uu **Diinta Islaamka** fidiyo.

Magaciisa wuxu ku sheegay in la yidhaa **Sheekh Cabdalla.** Intaanu *Sheekh Cabdalla* Soomaalilaan iman, markii hore wuxuu tegey dalkii la odhan jirey Xijaas oo hadda ka mid ah *Boqortooyada Sucuudi Areebiya.* Ammin doora markii uu halkaa *joogay*

Richard Burton

ayuu ka ambabaxay una socdaalay dhanka *Geeska Afrika.* Waxaanu ka soo degey magaalada Saylac.

Runtii, sida mahadhada la soo weriyey sheegayso, soo dhoweyn fiican buu *Sheekh Cabdalla* kala kulmay dadkii dhulka deggenaa. Wuxuuna durbadiiba yeeshay xer weyn. Wax yar kadibna wuxuu bilaabay, isaga oo marmarsiiyo ka dhiganaya fidinta diinta, in uu xerta hadba meel u raro si uu sahankii iyo hawlihii uu u socdey u guto.

Dadka Soomaaliyeed waxba may qorijirin. Wixii wacaal ah een lagu sugin maanso hadal baa laysugu soo gudbin jirey. Sidaasi awgeed wixii ay rumaysnaayeen ee la soo tebiyey in la xusaa waa lagama maarmaan.

Sidaa darteed, waxyaabaha la weriyey waxa ka mid ah in laga shakiyey sheekhnimada Sh. Cabdalle. Waxana lays dareensiiyey inuusan Sheekh Cabdalle lahayn dhawaaqii Carabta kolka uu af Carabiga ku hadlayo ama uu Quraanka akhriyayo. Qaar kalaa tilmaamay in sidii uu wax u gacan qaadijirey ay tallanka u weyn keentay. Si ay, haddaba, taasi u hubiyaan waxay dadki sameeyeen baadhitaan ay arrinta ku hubiyaan ayaga oo u adeegsanayey ilbaxnimadoodii iyo aqoontoodii gaar ahaaneed.

Sida laga wada warqabo, dadka Soomaaliyeed waxay lahaayeen aqoontooda iyo ilbaxnimadooda gaar ahaaneed. Aqoon kastana rag baa xeel-dheerayaal ku ahaa oon dabadood la hadli jirin. Aqoontaas waxa ka mid ahaa **"Kala garashada raadadka dadka"**. Tan iyo haddadan aan joognana way jiraan dad badan oo kuu kala sheegaya raadkaad tustaa haween iyo rag midka uu yahay. Sidaas oo kale waxa ay kala yaqaanneen oy kala garan jireen kaadida ragga iyo ta haweenka. Taas oo ay si hawl yar u kala sheegi jireen qofka kaajey nin iyo naag midka uu yahay. Waxaanay haddana kala sheegi jireen haweenayda kaadiday afo iyo bocor midka ay tahay.

Hadal iyo dhammaantii, waxay mahadhada afka lagu soo tebiyey sheegaysaa in ayaga oo adeegsanaya aqoontaasi la ogaaday inuusan Sheekh Cabdalla gudneyn oo uu buuryo qab ahaa. Sidaa awgeed, buuryo qab iyo sheekhnimo kala dheere, waxa laysla gartay inuu diinta ku adeeganayey oo qorshe kale watey, dabadeedna weerar baa lagu qaaday oo waxa la doonay in la dilo. Dilkaa laguma guuleysan, sida la weriyey, hayeeshee, dhaawac xun baa loo geystey dalkana wuu ka firdhaday.

Isabel Burton oo ah afadii Richard Burton baa iyadu warkaa mid ka duwan inoogu soo werisey hordhaca buugga la yidhaa: *The first foot steps on East Africa*. Waxaanay tidhi:[5]

.... Siduu uga gabbanayey nacabkiisii ayuu ugu dambayntii gaadhay xeebta Berbera, halkaasi oo uu kula kulmay jalayaashii, isaga iyo baqashiisiina wax lagu siiyey.

Waxa kale oo ay sheegtay inuu rabey inuu socdaal kale ugu ambabaxo dhinaca webiga Niil isaga oo sii dhexmaridoona magaalada Harar. Iyada oo arrintaa faahfaahinaysana waxay tidhi:

Wuxu soo noqday isaga oo wata 42 nin oo hubaysan. Waxaanu samaystay meel ay doonnidii dagaalka ee keentay ka ilaalin karto. Hayeeshee, dawladda ayaa dib ula noqotay.

---

[5] Richard F. Burton. The first foot steps on East Africa, p. xiii-xiv.

Iyada oo hadalkeedii sii wadata ayey tidhi:

> Speke waxa gaadhay kow iyo toban nabar oo dhaawac ah, Stroyan halkii buu ku geeriyooday, Herne isaga wax ma gaadhin. Rijard Beerton dadkuu dhexqaaday. Wuxu maqlay iyada oo loo yeedhayo. Wax yar buu ka maagay, murjin baana labada daan isaga kudey. Afar ilig baanu la fuqay. Firdhadkii waxay gaadheen xeebta, halkaasi oo doonni ay u gacan haadiyeen ka qaadday. 300 oo dadkii dhulka deggenaa ah baa weerar ku soo qaaday. Waxaanay ku dumiyeen taambuugyadii ay ku jireen iyaga oo raba inay ugu dabaan sida jiirka.

Isabel Burton may tibaaxin sababta ay 300 ee nin weerarka ugu qaadeen.[6] Waxase halkaa laga dhandhansan karaa in arrintiisa laga war hayey oo dadkaasi weeraray ay ahaayeen qaar talo la go'aansaday ku socday ama fulinayey, lana rabay in nolol lagu qabto. Waxana loo arkayey inuu ahaa nin diinta ku adeeganayey.

---

[6] Douglas Jardine wuxu ku sheegay buuggiisa la yidhaa: The Mad Mullah of Somaliland in dadkaa Burton weeraray ay ahaayeen Habar Awal, bogga 34aad.

1.3. Imaatinkii Sh. Madar Axmed

Dabayaaqadii qarnigii 19aad ayaa Sh. Madar Axmed Shirwac loo soo xilsaaray inuu noqdo hoggaamiye diineed una ambabaxo jiidda waqooyi kaga beegan magaalada Harar. Halkaasi oo hawsha uu ka fulin doonaa noqon doonto: diinta oo uu fidiyo; colaadaha iyo dagaallada ka dhex oogan beelaha jiiddaasi deggen oo uu demiyo.[7]

Kolkii uu Sheekhu ku soo laabtay eegaankii uu u dhashay kuna barbaaray wuxu go'aansaday inuu dego dooxa maroodi jeex duleedkiisa halkaasi oo uu ka abuuray xarun lagu barto diinta oo la yidhaa Jameecaweyn. Waxaanu Sheekhu dadkii xarunta ku soo biiray ku dhiirrigeliyey inay degaan oo ay dhulka aamminaan, si joogto ahna wax u beertaan, si ay u noqdaan bulsho deggan oo horumar samaysa.

Sh. Madar Axmed

---

[7] Cabdirisaaq Caqli. Sheekh Madar: Aasaasaha Hargeysa, bogga 50-51aad

Dhisidda maammulkii u horreeyey ee laysku xukumo Shareecada Islaamka

Imaatinkii Sh. Madar ka hor dadkii degaanka deggenaa waxay ahaayeen reer guuraa xoolo dhaqata ah. Dhaca iyo duudsigu waxay ahayeen joogto. Maammul iyo kala dambaynina ma jirin.

Hase ahaatee, kolkii ay dadku aad ugu soo xidhmeen Jameecada ayuu Sh. Madar u sameeyey maammul ku salaysan diinta Islaamka. Waxana halkaasi ka dhalatay kala dambayn iyo is xishmayn.[8]

Waxaanu Jameecadii ka dhigay goob ay shisheeyuhu ku tilmaamaan inay tahay meel janno ah oo ay dad dirirsani ku hareeraysan yihiin.[9] Intii uu hawsha wedey lama sheegin col uu Sheekh Madar abaabulay oo uu beelihii jiidda deggenaa ku saaray. Lamana maqal xoolo ay xertiisi soo dhacday. Sida la weriyey, Sheekh Madar wixii xoolo ah ee muquuno loo siiyo wuxu ku kaalin jirey danyarta iyo inta kaalmada mudan sida agoonta, rajada, inta laxaadka la' iwm. Taasi oo ka dhigtay Jameecaweyn inay noqoto meel loo hiloobo oo ay naxariisi taallo.

Sidaas waxa buuggiisa la yidhaa *Seven Trips through Somaliland* ku caddeeyey Swayne oo ka mid ah dalmareennadii Ingiriis ee dhulka Soomaaliyeed yimid. Waxaanu yidhi:

---

[8] ibid, bogga98aad
[9] ibid, bogga 66aad

Magaalada waxa ka buuxa dad indhala' iyo dar laxadla' oo ay Sheekh Madar iyo wadaaddada uu madaxda u yahay kaaliyaan.[10]

Hargeysa 1952dii

Ugu dambayntii, Jameeca-weyn waxay noqotay magaalo ganacsi iyo xarun waxbarasho oo la yidhaa Hargeysa. Xaafad ka mid ah baana Sh. Madar loogu magac daray. Waxana ka dhisan qudbi goor walba la siyaarto. Tafiirtiisi aad baa loogu xishmeeyaa hawshii uu awowgood bulshada u qabtay. Waxana xusid mudan inuu Sh. Ibraahin Sh. Yuusuf Sh. Madar noqday guddoomiyaha golaha Guurtida Soomaalilaan, halka uu Sh. Yuusuf Sh. Cali Sh. Madar isna ka noqday guddoomiyihii labaad ee ururkii SNM. Markii dambana wuxu noqday wasiirkii arrimaha dibadda ee maammulkii Cabdiraxmaan Axmed Cali ee Soomaalilaan.

---

[10] Seven trips through Somaliland by Swayne, p.96

Hudheelka Ambassodor   *Hudheelka Maansoor*

Dhismaha Telesom   *Jaamacadda Hargeysa*

Hargeysada maanta (2012)

Hargeysa oo ka bilaabantay xaafadda hadda loo yaqaan Jameeca-weyn, waxay bilawgii ahayd xarun diineed oo barashada diinta loo soo doonto. Xaruntii diinta ayaa waa dambe isu beddeshay xarun dhaqan dhaqaale oo isku xidha xeebta iyo deegaannada xeebta sida aadka ah uga fog. Maanta Hargeysa waxay ka mid tahay magaalooyinka ugu waaweyn

Sooyaal

geeska Afrika. Waana magaala madaxda dalka Soomaalilaan. Waxa ku yaal ugu yaraan 19 jaamacadood sida Jaamacadda Hargeysa, Jaamacadda Golis, Jaamacadda Admas, Jaamacadda Alpha College, Jaamacadda Young Generation, Jaamacadda Abaarso Tech, Jaamacadda Edna, Jaamacadda Badar, iqb. Dugsiyada hoose/dhexe/sare, dugsiyada Quraanka, iyo kuwa farsamada laga bartana tiradooda lama koobi karo. Dhismayaal iyo hudheello waaweyn, sida kawa bogga hore sawirradooduu ka muuqdaan oo kale, ayaa ka dhisan.

1.4. Sheekh Maxamed Cabdi Makaahiil

Sh. Maxamed Cabdi Makaahiil wuxu ka mid yahay Sheekhyada dalka ku soo laabtay, kaddib kolkii ay soo dhammaysteen wax-barashadii ay debedda ugu maqnaayeen. Waxaanay mahadhadu Sheegeysaa inuu Sheekh Maxamed u dhashay deegaanka Berbera. Waxbarashadiisana wuxu ku soo qaatay magaalada Cadan oo markaasi ahayd dhul uu Ingiriisku gumeysto.

Wuxu Sh. Maxamed dareemay dhibaatada ay qorid la'aantu ku hayso af Soomaaliga. Sheekhu wuu ogaa inay jireen hawlo arrintaasi ku saabsan oo ay Sheekhyo kale iyo maammulkii Ingiriiskuba wadeen. Tusaale ahaan, wuxu ka warqabay inuu hawshaa ku foognaa Sh. Ibraahin Cabdalla Mayal oo macallinkiisa ahaa.

Sheekh Maxamed Cabdi Makaahiil wuxu ka mid ahaa aqoon-yahannadii taageersanaa in af Soomaaliga lagu qoro xuruufta Carabiga. Waxase jirey dhawaaqyo aanay Carabtu lahayn oo u baahnaa in wax laga qabto. Taasi oo ay dadkii taageersanaa farta laatiinku dhaliil uga dhigijireen aragtidaa iyada ah. Waana halkaasi halka uu Sh. Maxamed waxtarka weyn ka geystey. Waxaanu soo bandhigay higgaadda ku xusan sawirka soo socda, taasi oo ah mid dhammaystiran.

Qoraaga la yidhaa I. M. Lewis oo ka hadlaya waxqabadkii Sheekha ayaa yidhi: Sheekhu wuxu soo bandhigay labada xarafka '**dh**' iyo '**g**' oo aan xuruufta af Carabiga ku jirin in sidan loo qoro.[11]

---

[11] I.M.Lewis, The Gadabuursi Somali script, Bulletin of the School of Oriental and African Studies, University of London, Vol.21, No.13. (1958), pp.134-156.
Somali ḍ by ﺽ, and the g by a barred kaf ڭ.

Ina Cabdalla Xasan Ma sheekh Buu Ahaa, Mise...?

Sawirka kore waxan ka soo dheegey buugga la yidhaa :The Modernisation of Somali Vocabulary, with Particular Reference to the Period from 1972 to the present.

Sheekhu, isaga oo faahfaahin ka bixinaya labadaa xaraf dadkana ku qancinaya sida fudud ee fartan loo adeegsankaro iyo sida ay u daboolayso dhibaatooyinkii laga hadlayey ee dhanka higgaadda ayuu yidhi:[12]

Haa, labada xaraf ee xusan midkood wuxu u eg yahay 'kaaf'-kii hore 'ك' hayeeshee maaha, waxaanu jiitintiisii hore ku kordhiyey mid kale si looga garto Tusaale ahaan, Gaashaan , gool , gebi , gubad , guluf , gabadh , geel , gar , gacan iwm.

Xarafka labaad waa 'Thaal'-ka oo u eg 'Thaal'-kii hore. Wuxuna dhibicdiisii hore ku kordhiyey laba dhibcood. Tusaale ahaan, adhi , dhogor , dhaqdhaqaaq , dhiillo , dhuun , dhul , dhawrto , dhurwaa , dharaar , dhux-dhuxlee , dhowaan iwm. Labadaa xaraf mooyee inta kale waa xuruuftii higgaadda Carabida. Arrinta ku saabsan...

---

[12] Wuxu Sh. Maxamed Cabdi Makaahiil sheegay inuu Sh. Ibraahim Cabdalle Mayal ahaa Sheekhii soo jeediyey aragtida ah in labada xaraf ee '**dh**'da iyo '**g**'-da loo qoro ka hore sidan ذ ka danbana sidan ڠ

Sooyaal

Isaga oo Sheekhu muujinaya sida fudud ee wax loogu qoran karana wuxu soo bandhigay waraaqo ku qoran fartaasi oo lagu wada xidhiidhay sida kuwan hoos ku xusan oo kale:

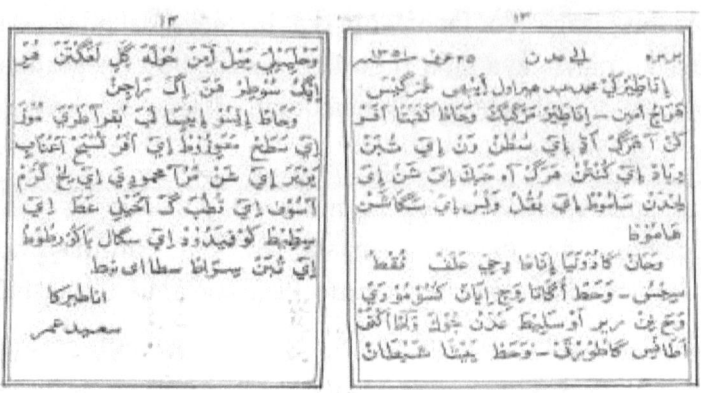

waxqabadkii Sh. Maxamed Cabdi Makaahiil[13]

Nin la yidhaa Siciid Dirir baa waraaqdan u diraya inaadeerkii. Waxaanay u qornayd sidan:

Ka: Berbera   **Ku:** Cadan   25kii Carrafa 1351

Inaadeerkay Maxamed Cabdi Habar Awal Eebbahay cimrigiis ha raajo. Aammiin. Inaadeer markabka waxaad ka qabataa afar kun oo harag adhi iyo soddon wan iyo toban riyaad iyo konton harag oo ah xabag iyo shan iyo lixdan saamood iyo boqol weyso iyo sagaashan haamood. Waxan kaa doonayaa inaad waxii calaf

---

[13] Waxan ka soo dheegtay buug uu qoray Maxamed Cabdi Makaahiil oo la yidhaa *Inshā' al-mkātibāt al-'arsīyah fī al-lughah al-sūmālīyah.*

noqdo siiso. Waxad ogaataa waji ayaan ku soo moodey. Waxa nin reer aw Saliida Cadan jooga waad ogtay. Adaanse kaa doortay. Waxad yeeshaa Shaydaan wax la yeelye, meel aammina xoolaha geli. Lacagtana hore iiga soo dir, hana iga raagin.

Waxaad ii soo iibisaa laba boqor iyo daraya muus, iyo saddex macawusood, iyo afar tusbax oo cunnaabi yaryara, iyo shan maro oo maxamuudiya iyo lix garan oo suufa, iyo toban go' oo khayli cada, iyo siddeed koofiyadood, iyo sagaal bakooradood, iyo toban siraad.

Sidaa iyo nabad

Inaadeerkaa

Siciid Cumar

Halkaasi waxan ka soo dhiraandhirin karnaa in ay hawsha iyo falaadka Sheekhu yihiin kor u qaadidda aqoonta iyo waxbarashada bulshada ee aanay ahayn colaad la abuuro iyo col reero la gesho.

1.5. Sh. Ibraahin Cabdalle Mayal

Sh. Ibraahin wuxu isna ka mid ahaa Sheekhyada caanka ah ee lagu xushmeeyo laguna xasuusto wax qabadkoodii. Wuxu Sh. Ibraahin ka mid ahaa Culimadii rumaysnayd in sida keliya ee ay dadka Soomaaliyeed aqoon kaga bogan karaan tahay iyada oo afkooda la qoro oo ay wax ku bartaan. Ardaydii uu wax baray, aragtidiisiina halkii ka sii waddey waxa ka mid ahaa Sh. Maxamed Cabdi Makaahiil oo aynu hawl qabadkiisa soo sheegnay.

In kasta oo I.M.Lewis sheegay hadalka ku xusan bogga 52aad, Maxamed Cabdi Makaahiil wuxu isaguna ku xusay buuggiisa inuu Sh. Ibraahin Cabdalle Mayal ahaa qofkii u horreeyey ee salka u dhigay far Soomaali qoran oo dhammays tiran.[14] Wuxuna ku dadaalay, muujiyeyna xuruufta ay ka kooban tahay higgaadda af Soomaaligu." Waxa uu Maxamed Cabdi Makaahiil intaa raaciyey oo uu yidhi, "Ibraahin wuxuu markii u horreysay ogaaday in loo baahan yahay laba shibbane oo cusub oo af Soomaali ah oo aan ku jirin carabiga, kuwaas oo kala ah '**g**'-da tusaale ahaan erayada *guluf, gabadh*, iyo '**dh**'-da sida erayada *adhi, iyo dhogor*. Labada shibbanaba wuxuu Ibraahin u doortay buu yidhi laba astaamood oo ku cusub xarfaha Carabiga, kuwaasi oo u kala qormaya ݞ (g) iyo ݙ (dh)."

---

[14] Eeg bogga 4aad ee buugga la yidhaa *Inshā' al-mkātibāt al-'arsīyah fī al-lughah al-sūmālīyah* ee uu qoray Maxamed Cabdi Makaahiil

1.6. Sheekh Cabdiraxmaan Sh. Nuur (1900-1990)

Sheekh Cabdiraxmaan Sh. Nuur wuxu ka mid ahaa Sheekhyada dalka gudihiisa ku barbaaray waxna ku bartay.

Wuxu Sheekhu u dhashay gobolka Awdal. Kaddib markii uu si fiican diinta u bartay ayuu 1930kii magaalada Boorame ka furay dugsi quraankii u horreeyey, kaddibna wuxu noqday macallin diinta ka dhiga dugsiyada dawladda. Ammin yar

Sh. C/raxmaan Sh. Nuur

kaddib wuxu noqday qaaddiga magaalada Boorame. Intii uu hawshaa hayey, wuxu aad isugu hawlay sidii af Soomaaliga loogu helilahaa far u goonniya oon Carabi iyo Laatiin toona ahayn.

Sidaasi awgeed, 1933kii, buu Sh. Cabdiraxmaan Sh. Nuur soo saaray far Soomaali, taasi oo noqotay tii u horreysey ee jaadkeeda ah ee laga hindiso dalkii loo yiqiin Somaliland protectorate. Waxaanay u qornayd sidan soo socota:

Sooyaal

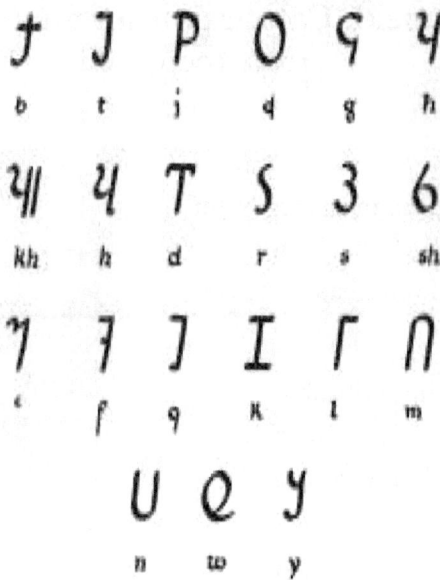

Fartii Sh. Cabdiraxmaan Sh. Nuur [15]

Qoraalkan soo socdaa waa qoraal ku qoran fartii uu soo saaray Sh. Cabdiraxmaan Sh. Nuur. Fartaasi oo sida lala socdo caan ku noqotay 'far gadabuursi.'

---

[15] *Waxan ka soo dheegtey qoraalka la yidhaa 'The Gadabuursi Somali Script' ee uu qoray Dr. I. M. Lewis.*

A letter from Borama

[Osmanya script letter]

TRANSLITERATION AND TRANSCRIPTION

Nebe'
Heyla'

Walal kii an ju'laa, Huseen. Salaamaad.
Walaal kii an ja'laa, Huseen. Salaamaad.
Annagu wan nabad. Heer kii wuhu yaal Dooba.
Annagu waa nabad. Heer kii wuhu yaal Dooba.
Awr kii weyna wuhu 'umay libaah. 'Ali na wuu yimid.
Awr kii weyna wuhu 'umay libaah. 'Ali na wuu yimid.
Alaabti way na soo gaaḍay. Noo soo dir subag.

Alaabtii way na soo gaaḍay. Noo soo dir subag.
Hooyana way timid. Walal ka Guulad wuhu
Hooyana way timid. Walaal kaa Guuleed wuhu
tagay Hargesa.
tegay Hargeysa.

Nuur Bile
Nuur Bile
Boorama
Boorama

1993kii buu Sh. Cabdiraxmaan soo saaray buugga la yidhaa: *Ilbaxnimadii Adal iyo sooyaalkii Soomaaliyeed oo lagu daabacay Abu Dabey*.

1.7. Sh. Uweys Ibn Maxamed Al-Baraawi [16]

Sh. Uweys baa isna ka mid ah Sheekhyada waa weyn ee Soomaaliyeed ee ku caan baxay waxqabad koodii iyo kaalintii ay ka qaateen horumarinta diinta iyo af Soomaaliga.

Sh. Uweys Ibn Maxamed Al-baraawi wuxu ahaa madaxa dariiqada loo yaqaan Uweysiya oo ka tirsan Qaaddiriyada Soomaaliya. Waxaanu qoray hawlo dhaxal gal ah, kuwaasi oo lagu soo saaray ururinta Sh. Cabdalla Ibn Yuusuf Al-qalanqoolli.

Sidii Culimada kale ayuu Sheekh Uweys wakhtigiisa ugu huray horumarinta iyo fidinta diinta Islaamka. Waxa kale oo uu kaalin la yaqaan ka qaatay qorista af Soomaaliga. Sheekhu wuxu ka mid ahaa dadkii taageersanaa in af Soomaaliga lagu qoro xuruufta Carabiga. Waxa kale oo uu sida Sheekhyadii hore dareensanaa dhawaaqyada aan ku jirin Carabida iyo baahida loo qabo wax ka qabashadooda. Sidaasi awgeed, Sh. Uweys wuxu isna soo jeediyey in '**dh**'-da iyo '**g**'-da loo qoro sidan:[17]

In this orthography the Somali ڊ is written ط, and the g ک, as in Persian.

Waxa kale oo uu sheekhu soo jeediyey in labada shaqal ee 'e' iyo 'o' loo qoro sida dhafanayaashu hadda u qoran yihiin ee ah

---

[16] *Fartii Sheekha iyo qaar ka mid ah qoraalladiisii ka eeg bogagga soo socda. Sawirrada waxanan ka soo dheegtay buugga la yidhaa Somalia la poesia dei Somali la tribu Somala lingua Somala in Caratteri Arabi ed altri saggi ee uu qoray Enrico Cerulli, oo ka soona baxay magaalada Rooma, 1964kii.*

[17] *1. The Gadabuursi Somali Script by Dr. I.M.Lewis*

'ay' iyo 'aw'. Wuxu Sheekhu fartiisa ku adeegtey afka Digilka sida ku xusan sawirka bogga soo socda ku xusan.

118   ENRICO CERULLI

ma anche per la curiosa mescolanza di forme dialettali somale di varia provenienza qui usate e per le allusioni storiche e geografiche ad avvenimenti di quel passato.

LINGUA SOMALA IN CARATTERI ARABI

غَنْبَبْكِي سَبْوُنْكَ إِدَيْ قُوصَمَيَيْنْ بُوَلَّوْ مَكْوَرْتُوا وَا كَفَّارِبَيْنْ
قَرسِكِي أُرْدَكَ لُغُتْنِيْ تُوجِيِيْنْ مَسَايَرْ كَوَادْرِي حَوْبِ جُوجِيِيْنْ
نُودَحُو قَوِيِيْسَكْ كَبْوَارْغِيْنْ أَمْ قَلَالِيمُودْ قَرْنِايْ مُدَيْنْ
كَكْمِيكِي بُرِبُرِي بَنْلْغَايْ بَنَعَيَنْ بَمَوقَافِ قَمْشِي كُرِبرَايْ دَعِيْنْ
لِواحَنِي كَنْدِرِي كَوامَ كَورِبِيْنْ إِنْتَيْ سُمْعَدِيسَ دَاعِيْنْ

89 مَرقَنُوا بَعْدِي إِنُو مَدْمَدكِيمَسَ وَسَدَحْدِي كَلُوِيْنْ كَيْمَايْ شِيرِبَيْنْ
بَنْكَوْ شُدوِيِيْنْ كَوَادَيْ أُوَنْ وَأَرتَسَدَبْنَا بِمُجَبَارَايْ مَاوَنْ
وَنَبَوْ سَارَدَبْنْ وِلَاكَابَسِيِيْنْ مَغَاوْ أَيْ مَلَعَيْنْ سُغَارِي طَمَيْنْ
غَوِبَادْ طَمَ فَصَلكِي إِرِزْ إِلَمَ دَارَنْدُولَ كَفَارْ حَوِبِيِيْنْ
إِغَارنْتَ سُمَالَ وَبَعَلَ حِرِبِيِيْنْ إِنْتَيْ قَرْ مَغَارْ إِسْغَاشَتَ آدَيْنْ

90 مَصَفكِي حَوْبِ بَرْبَوْا وَخَطِعْيَنْ صَنَعْكِي وَدَادْرِي أُوَيْسَ أَحْمَدِيْنْ
مَريكَي قُرَأَنْكَ إِنْتَوْ طُوجِيِيْنْ إِنْتَوْا مَدَحْ وَرَبِوَيْنْ مَرَايْ رِبدَيْنْ
مَرتُورِي مُمْدَنِي مَسَايَبْ أَيْ طِمغَيْنْ مَالِيمَتْ كَلِيمْتُوا واسْمُبَاهِيِيْنْ
عَعِاذَبْ مِنْ عَعِاذَبْ إِنْتَيْ سُوْ أَرْكِيَنْ دُولَ دِينَ دَرَادِي عَعَصَفكَايْ مُدَيْنْ
عَعِاذَبْ لَبْ مَسَابَلَ إِنْتَيْ دَاهَوَيْنْ بَعَوْ دُولَ دُونَيْنْ سَغَّ دَوِرِبَيْنْ

93 الَاوْ أَبِنَهَيَمَا رَبِكَيْ أُحَيْ رَبِ مَيْلَيَا يَالُوْ إِنْتَوْا عَبُودَبْنْ
إِنْتُوا رَبِ نُوعَيْنْ إِنْتَوْا عَبُودَيْنْ صَلَارِي بَدْلَاتَكْ كَمَيَوْهِيِيْنْ
صَلِّعِي نُو صَلِّعِي إِلعَيْ صَلِّعِي أَصْحَابَتْ أَرْكِيْ بَغَيْنْ
إِمْنَكَ لَوَارِبتَغْدِي سَنْدِي جُمْعَه نُورْكَوِيتُوا دَلكِي شَمِيِيْنْ
كُنكِي سَدَحْدِي بَغْنِكِي إِنُو لَبَاذَنَ نَدَوِفَكِي حَسَابِي حَوِبَيْنْ

TRASCRIZIONE [1]

ahad Šēkki; wā muhā ṭalyānī iyo Mālinlē–gi hamīs harbiyēn?
mahmūhi daḡālki intō harbiyēn? intū fīriyēn–ā fiḏāḥ ay mūdēn?
intō ay Bīmāl bandūq ay helēn, dah ay dāliyēn gedāl ay ḏigēn?
baṣarki Qurānha marrekān gafēn; afarti 'abīda duddan sāradēn
5 tuliyo ugāśka fanīn ay tusēn; intō tuladēn ḏalāl ay rīhēn
ṭumma ba'iṭigīsa Gilib galbiyēn; Harhār–ki kuhēn; Dandīna ay marēn.
ḡalōški ṭalyānī gibēn ay mūdēn; ilma rēr Gamūlo ḡinfa–y kalkilēn.
hurūbki Hararray hawāla ay qodēn; huḡābki Degālō hirābe ay galēn.
halalki ṭalyānī iyyo Galadi Marēray gūbēn hawās ay ḏigēn
10 dūlan dāliyēn Harar bay tagēn dimūbki dabāra arlāda–y gubēn
rūhi–sār 'unēn Afgōy bās siyēn Wēhi rāradēn muggās ay šīrēn
zanbīl hūhiyēn Sah wā gardiyēn irrō Mālinlēgi lammadi ay herēn.
Sahlā ay gūbēn–ā aqal daldalēn halāl dēriyēn qosol rabiyēn.
Samērko gūbēn–ā Berdālō buriyēn Waranbas sidēn wā ū lāliyēn.
15 surunti kalunta iyyo San'awā lamālk–ay ḏowēn wā ū firāriyēn.
ḏalali Murusada intay qarqarēn Darāwīl gūbēn–ā hawēn ka gadēn.
Daḡalah Gambulāl Ris qāriyēn kurār Aytirada–y adark–ay ḏowēn.
dulmilō Galadī salāh ay ḏowēn aminki bundūgo ku kādkādiyēn.
'Alānlō iyyo Sokkorō kayēn lammādi Doddonka wā dāddādiyēn.
20 galabki Sabūnka iyyay qūmamēn Bullālō Magārtō wā kuffāriyēn,
faraski orodka lugta–y gōḡiyēn 'asākir garādkī harbī gōḡiyēn.
qodahō Qawatīnka ka barārugēn am qalāliyōda qarin ay mūdēn,
kakkabki Barīrra bannānka–y bahēn Banū Kāfi gēli Garīrra ay degēn.
libāhlay Galadī kuwās gāriyēn intay manfa'adīsa dāddiyēn.
25 Mēriflō Baḡadī iyyō 'ad'adkīsa wa–saddehdi Galwēna pāmā–y šīrēn
ninkō lūhiyēn garād–ay arrēn wa–arrabsadēn–ā sinbār–ay ḏōwēn
wanbar sāradēn unīlya ay siyēn; muggās! ay ḏahēn sukkār ay ḏamēn.
Hawyyadi ḏama faṣalki Irir ilma Dārandolla kuffār harbiyēn.
igārta ṣomāli wa baṣul ḡiriyēn intō far Maggādi iśkalata adēn.
30 maṣafki harbi Berburā wah ḏigēn sanafki wadādki Awēs Ahmeddīn
mareggi Qar'daska intō ḏūḡiyēn intō madah warērēn marad–ay sidēn.
Marērray ma mudne masa'ib ay ḏigēn mālinett kalento wā maṣbāhiyēn
'aḡa'ib min 'aḡā'ib intay iā arkēn dawla dīn darraday magaska–y mudēn.
'aḡā'ib–le masā'il intāy dāhirēn boqor ḏawla dōnēn maṇa' dōriyēn

---

[1] Questa mia trascrizione è, beninteso, anche decifrazione del testo scritto in caratteri arabi. Discuterò poi subito qui appresso il sistema seguito dallo šēḥ Awēs per rendere nella scrittura araba i suoni del Somalo; ed allora indicherò anche quelle che possono sembrare sue particolarità dialettali.

Isku soo wada xooriyoo, Sh. Cabdalla mooyaane waxay Sheekhyadu ka sinnaayeen horumarinta caddaaladda, nabadaynta, kobcinta waxbarashada, fidinta diinta iyo qorista af Soomaaliga.

Sh. Maxamed Cabdalla Xasan, inuu Sheekhyadaasi la mid ahaa iyo in kale gadaal baan ka ogaandoonnaa ee aan marka hore wax ka idhaahdo duruufihii ku gadaannaa deegaanka ee dadkii Soomaaliyeed ku qasbay inay heshiis la galaan dawladihii reer Yurub ee u tartamayey deegaankooda.

2. Waxyaalihii keenay in Ingiriiska heshiis lala galo

Reero Soomaaliyeed baa heshiisyo la galay gumeysigii Ingiriiska. Laysma weydiiyo sababta keentay inay heshiiskaasi galaan. Waxase lagu xariiraa inay ahaayeen dad gumeystaha jecel. Waxa, haddaba, lagama maarmaan ah in la sugo sababtii keentay inay heshiisyada la galaan dawladdii Ingiriiska, taasi oo loogu garaabi ama sidii horaba loo yidhi loogu deyn inay ahaayeen qaar uu gumeysi jacayl qayrkood ka reebay.

Intaanu gumeysigu iman wuxu dalku, maammul ahaan, ka tirsanaa dawladdii Islaamka ee Cusmaaniyiinta. Waxana joogay ciidammo Masaariya. Kolkii uu Mahdigii Suudaan ku kacay maammulkii Masaarida ee halkaasi ka talinjirey, ayey Masar 1884kii go'aansatay inay ciidankeedii fadhiyey Soomaalilaan la soo noqoto si ay awooddeeda meel isugu geyso. Dhanka kale waxa isna dal ballaadhsi waday boqorkii Xabashida ee Minilik kaasi oo ay ciidamadiisu u soo siqayeen dhinaca woqooyi.[18]

Xilligaasi dadka Soomaaliyeed beelo ayey u qaybsanaayeen. Sidaasi darteed, si ay uga hortagaan cabsida dhinaca koonfur galbeed kaga soo foollahayd may garan sidii ay cududdooda isugu geyn lahaayeen. Isla ammintaasi dawladaha Ingiriiska iyo Faransiiska ayaa ayaguna loollan xoog leh ugu jirey gacan ku haynta badda cas. Ingiriiska ayaa isagu aad u danaynayey oo

---

[18] *Cabdirisaaq Caqli. Sheekh Madar: Aasaasaha Hargeysa, bogga 156-159*

Sooyaal

intii uu Cadan gacanta ku hayeyba xidhiidh ganacsi la lahaa reerihii Soomaaliyeed ee xeebaha deggenaa.

Kolkii ay runi run noqotay reerihii Soomaaliyeed waxay go'aansadeen inay heshiis la galaan dawladdii Ingiriiska si ay uga ilaaliso nacabka u soo hanqal taagaya inuu qabsado.

3.0. Heshiisyadii lala galay Ingiriiska

Sida la wariyey lix reer oo ka mid ah reerihii xeebaha Soomaalilaan waagaa deggenaa ayaa heshiisyo, intooda badan isku wada mid ah, la yeeshay maammulkii Ingiriiska. Heshiisyadaasi oo mid mooyee ay inta kale ka koobnaayeen min shan qodob waxay kala ahaayeen sida hoos ku qoran:[19]

A. Heshiiskii ay Odayada Habar Awal la galeen Ingiriiska

AGREEMENT BETWEEN GREAT BRITAIN AND NATIVE CHIEFS OF THE HABR-AWAL

(NON CESSION OF TERRITORY EXCEPT TO THE BRITISH GOVERNMENT, BRITISH VESSELS ALLOWED TO TRADE AT BERBERA, BULHAR, &. C., SLAVE TRADE). 14 JULY 1884.115

Where as the Garrisons of his Highness the Khedive are about to be withdrawn from Berbera and Bulhar, and the Somali Coast generally, we, the undersigned Elders of the Habar-Awal tribe, are desirous of entering into an agreement with the British Government for the maintenance of our independence, the preservation of order, and other good and sufficient reasons:

---

[19] Abdiwahid Osman Haji, Somalia: a chronology of Historical Documents from 1827-2000

Now it is hereby agreed and covenanted as follows: -

ART. I. The Habar-Awal do hereby declare that they are pledged and bound never to cede, sell, mortgage, or otherwise give or occupation, save to the British Government, any portion of the territory presently inhabited by them or being under their control.

II. All vessels under the British flag shall have free permission to trade at the ports of Berbera, Bulbar, and other places in the territories of the Habar-Awal.

III. All British subjects residing in or visiting the territories of the Habar-Awal shall enjoy perfect safety and protection, and shall be entitled to travel all over the said limits under the safe-conduct of the Elders of the tribe.

IV. The traffic in slaves throughout the territories of the Habar-Awal shall cease forever, and the commander of any of Her Majesty's vessels or any other British officer duly authorized, shall have the power of requiring the surrender of any slave, and of supporting the demand by force of arms by land and sea.

V. The British Government shall have the power to appoint an Agent or Agents to reside at Berbera or elsewhere in the territories of the Habar-Awal and every such Agent shall be treated with respect and consideration, and be entitled to have for his protection such guard as the British Government deem sufficient.

The above-written Treaty shall come into force and have effect from the date on which the Egyptian troops shall embark at Berbera; but the Agreement shall be considered provisional and subject to revocation or modification, unless confirmed by competent authority.

In token of the conclusion of this lawful and honorable bond Abdellah Liban and Jamah Yunus (both Ayal Ahmed Be-aila), Sed Gulaid and Awadh Ali (both Bhandera), Ubsiyeh Jamah and Awadh Liban (both Baho), Elmi Farah, Yaseen Umar (both Ba Eysa Musa), Ahmed Liban and Farah Samanter (both Ayal Shirdone), Hirsi Mahomed, Said Ahmed, Husain Ali, Abokr Ahmed, Ismail Dosly, Adan Ismail, and Yunis Deriah (all Ayal Gedid), Jamah Farah (Ayal Hosh), Warfah Adowa (Mohamed Yunus), Hirsi Buraid, Ali Mahomed, Husain Gaillay, Magon Said, Mahomed Kabillay, and Wais Yusuf (all of the Eysa Muse), Roblay Doblay and Musa Farah (Mikhail), Nur Awadh and Ismail Forah (both of the Ayal Hamed) and Major Frederick Mercer Hunter, the officiating Political Resident of Aden, the former for themselves, their heirs and successors, and the latter on behalf of the British Government do each and all, in the presence of witnesses affix'their signatures, marks, or seals at Berbera, on this 21st day Ramdhan, 1301, corresponding the with the 14th July, 1884.

F. M. Hunter, Major,

Officiating Political Resident, Aden.

Witness:
W.I. Peyton, Lieutenant, Bombay Staff Corps.
(Here follow the signatures, marks or seals of the afore said Elders)

Witness: M. S. Jaffer, Assistant Interpreter.
Mohamed Abdulrehman.
True copy:
W.I. Peyton. Lieutenant, Bombay Staff Corps.
  A. Heshiiskaas haddii af Soomaali loo haltebiyo wuxu u qormayaa sidan:

3.1. Heshiis dhexmaray Dawladda Ingiriiska iyo Odayada Habar Awal

(Dhulka oon cid kale loo dhiibin Dawladda Ingiriiska mooyee, maraakiibta Ingiriiska oo loo oggolaaday ka ganaciga dekedaha Berbera iyo Bullaxaar, iyo joojinta ka ganacsiga addoomaha). Juulaay 14dii, 1884kii) 115

Iyada oo la filayo inay ciidammada Masaaridu ka baxaan magaalooyinka Berbera, Bullaxaar iyo xeebaha Soomaalida guud ahaan, ayaa annaga oo ah odayada Habar Awal ee hoos ku saxeexani doonaynaa inaanu heshiis la gallo Dawladda Ingiriiska si aannu u ilaalinno madax bannaanidayada, una sugno kala dambaynta iyo sababo kale oo wanaag iyo waxtarba leh awgood.

Waxana halkan lagu heshiiyey laguna wacatamay qodobbadan soo socda:

Qodobka 1aad:
Habar Awal waxay halkan ku caddaynaysaa in loogu ballan qaaday inaan weligeed lagu dudduucin in la bixiyo, la iibiyo, la kireeyo, ama loo bixiyo in cid kale qabsato, dawladda Ingiriiska mooyee, qayb ka mid ah dhulka ay hadda degenyihiin, ama ay ka taliyaan.

Qodobka 2aad:
In dhammaan maraakiibta sidata calanka Ingiriisku u haystaan oggo-laansho bilaasha ka ganaciga dekedaha Berbera iyo Bullaxaar iyo dhammaan goobaha kale ee ka tirsan dhulka Habar Awal.

Qodobka 3aad:
In dhammaan dadka Ingiriisku u taliyo ee ku nool, ama booqashada ku jooga dhulka Habar Awal ay helaan nabadgelyo buuxda iyo ilaalin, una furantahay inay si nabad ah u maraan dhulka la soo sheegay, tiiyoo ay magan u yihiin odayada Habar Awal.

Qodobka 4aad:
In si buuxda loo joojiyo ganacsiga addoomaha soo dhexmara dhammaan dhulka Habar Awal, iyo in taliyaha markab kasta oo ka mid ah maraakiibta Boqoradda ama Sarkaal kasta oo Ingiriis ah oo loo xilsaaray arrinkani awood u leeyahay uu ku codsado in gacanta loo geliyo addoon kasta, iyo inuu codsigiisa ku hirgelin karo xoog hubaysan, mid dhuleed iyo mid badeedba.

Qodobka 5aad:

In Dawladda Ingiriisku awood u leedahay ay ku magacawdo, wakiil ama wakiillo u fadhiya Berbera ama meel kale oo ka mid ah dhulka Habar Awal, iyo in wakiil kasta loola dhaqmo hab maamuus tixgelin leh. Waxana u bannaan in uu yeesho ilaalo ilaalisa oo ah hadba intii Dawladda Ingiriisku u aragto inay ku filantahay.

Heshiiska kor ku qorani wuxu dhaqangal noqondoonaa maalinta ay ciidammada Masaaridu Berbera ka baxaan, haseyeeshee, waa in loo arko mid ku meelgaadh ah oo laga noqonkaro, waxna lagu darikaro, waxna laga beddeli karo iyada oo ay cid awood sare lihi sugto mooyee.

Si xeerkan iyo xidhiidhkan milgaha leh loo gunaanado ayey Cabdille Liibaan iyo Jaamac Yoonis (reer Axmed, Ba cayla'), Seed Guuleed iyo Cawad Cali (reer Axmed, Ba indhayare), Obsiiye Jaamac iyo Cawad Liibaan (reer Axmed, Baho), Cilmi Faarax iyo Yaasiin Cumar (reer Axmed, Ba Ciise Muuse), Axmed Liibaan iyo Faarax Samatar (reer Shirdoon), Xirsi Maxamed, Siciid Axmed, Xuseen Cali, Abokor Axmed, Ismaaciil Duse, Aadan Ismaaciil, iyo Yoonis Diiriye (dhammaan reer Gadiid), Jaamac Faarax (reer Xoosh), Warfaa Odawaa (Maxamed Yoonis), Xirsi Buureed, Cali Maxamed, Xuseen Geelle, Magan Siciid, Maxamed Qabille, iyo Wacays Yuusuf (dhammaantood Ciise Muuse), Rooble Duuble iyo Muuse Faarax (Makaahiil), Nuur Cawad iyo Ismaaciil Furre (labaduba reer Xaamud) oo dhammaantood ka socda lafahooda iyo inta ay u taliyaan iyo G/le Frederrick Mercer Hunter madaxa xafiiska

siyaasadda ee Cadan, kana socda dawladda Ingiriiska, iyada oo ay markhaatiyaal joogaan, qalinka ugu duugeen. Heshiskaasi oo ka dhacay Berbera maanta oo ah 21kii Ramadaan, 1301da, una dhiganta
14kii Juulaay, 1884ka.

F. M. Hunter, Gaashaanle,

Xafiiska Siyaasadda ee Cadan

Markhaati:

W. I. Peyton, Laba xiddigle ka tirsan shaqaalaha Bombay

(Halkan waxa ku teedsan saxeexa ama astaamaha odayada kor ku xusan)

Markhaati:

M. S. Jacfer, Kaaliyaha af celiyaha.

Maxamed Cabdulraxmaan.

Dheeg dhab ah:

W. I. Peyton, Laba xiddigle ka tirsan Shaqaalaha Bombay

Sooyaal

Heshiiskii ay Odayada Gadabuursi la galeen Ingiriiska

AGREEMENT BETWEEN GREAT BRITAIN AND NATIVE CHIEFS OF THE GADABURSI

(NON CESSION OF TERRITORY EXCEPT TO THE BRITISH GOVERNMENT COMMERCE, SLAVE TRADE, &C., ZAILA, 11 DECEMBER 1884

We, the undersigned, Elders of the Gadabursi tribe, are desirous of entering into an Agreement with the British Government for the maintenance of our independence, the preservation of order, and other good and sufficient reasons.

Now, it is hereby agreed and covenanted as follows: -

ART. I. The Gadabursi tribe do hereby declare that they are pledged and bound never to cede, sell, mortgage, or otherwise give for occupation, save to the British Government, any portion of the territory presently inhabited by them, or being under their control.

II. All vessels under the British flag shall have free, permission to trade at all ports and places within the territories of the Gadabursi tribe.

III. All British subjects residing in or visiting the territories of the Gadabursi tribe shall enjoy perfect safety and protection, and shall be entitled to travel all over the said limits under the safe-conduct of the Elders of the tribe.

IV. the Gadabursi tribe, and every such agent shall be treated with respect and consideration. The traffic in slaves throughout the territories of the Gadabursi tribe shall cease forever, and the Commander of any of Her Majesty's vessels, or any other British officer duty authorized, shall have the power of requiring the surrender of any slave, and of supporting the demand by force of arms by land and sea.

V. The British Government shall have the power to appoint an agent or agents to reside in the territories of and be entitled to have for his protection such guard as the British Government deem sufficient.

The above-written Treaty shall come into force and have effect from the date of signing this Agreement.

In token of the conclusion of this lawful and honorable bond, Jama Roblay, Mahomed Ali Balol, Hmee Warfah (Ughazson), Rogay Khairi, Waberi Idtay, Roblay Warfah, Doaly Dilbad, Amir Egal, Gailay Shirwah, Warfah Roblay, Yunus Bob, and Major Frederick M. Hunter, the former for themselves their heirs and successors, and the latter on behalf of the British Government, do each and all in the presence of witnesses, affix their signatures, make, or seals, at Zaila, on the 11th day of December, 1884, corresponding with the 25th Safar.

F. M. Hunter

(The marks of Elders named.)

Signed in the presence of: Percy Downes, 1st Grade Officer, I.M.

B. Kolka heshiiskaasi loo haltebiyo af Soomali wuxuu u dhigmayaa sidan soo socota:

3.2. Heshiis dhexmaray Dawladda Ingiriiska iyo Odayada Gadabuursi.

(Dhulka oon cid kale loo dhiibin Dawladda Ingiriiska mooyee, maraakiibta burburta oo la badbaadiyo, iyo joojinta ganacsiga addoomaha) Saylac, 11 Diisambar, 1884kii.

Annaga oo ah odayada reerka Gadabuursi ee hoos ku saxeexan waxaan doonaynaa inaanu heshiis la gallo Dawladda Ingiriiska si aannu u ilaalinno madaxbannaanidayada, una sugno kala dam-baynta iyo sababo kale oo wanaag iyo waxtarba leh awgood:

Waxana halkan lagu heshiiyey laguna wacatamay qodobbadan soo socda:

Qodobka 1aad:
Reerka Gadabuursi wuxu halkan ku caddaynayaa in loogu ballan qaaday inaan weligii lagu dudduucin in la bixiyo, la iibiyo, la kireeyo, ama loo bixiyo in cid kale qabsato, dawladda Ingiriiska mooyee, qayb ka mid ah dhulka ay hadda degenyihiin, ama ay ka taliyaan.

Qodobka 2aad:

In dhammaan maraakiibta sidata calanka Ingiriisku u haystaan oggolaansho bilaasha ka ganaciga dekedaha iyo dhammaan goobaha kale ee ka tirsan dhulka Gadabuursi.

Qodobka 3aad:

In dhammaan dadka Ingiriisku u taliyo ee ku nool, ama booqashada ku jooga dhulka Gadabuursi ay helaan nabadgelyo buuxda iyo ilaalin, una furantahay inay si nabad ah u maraan dhulka la soo sheegay, tiiyoo ay magan u yihiin odayada Gadabuursi.

Qodobka 4aad:

In Reerka Gadabuursi iyo cid kastaba loola dhaqmo si milgo iyo tixgelin leh. In si buuxda loo joojiyo ganacsiga addoomaha soo dhexmara dhammaan dhulka Gadabuursi iyo in taliyaha markab kasta oo ka mid ah maraakiibta Boqoradda ama Sarkaal kasta oo Ingiriis ah oo loo xilsaaray arrinkani awood u leeyahay uu ku codsado in gacanta loo geliyo addoon kasta, iyo inuu codsigiisa ku hirgelin karo xoog hubaysan, mid dhuleed iyo mid badeedba.

Qodobka 5aad:

In Dawladda Ingiriisku awood u leedahay ay ku magacawdo, wakiil ama wakiillo u fadhiya dhulka Gadabuursi, iyo in wakiil kasta loola dhaqmo hab maamuus tixgelin leh. Waxana u bannaan in uu yeesho ilaalo ilaalisa oo ah hadba intii Dawladda Ingiriisku u aragto inay ku filantahay.

Heshiiska kor ku xusani wuxu dhaqangal noqonayaa maalinta la saxeexay.

Si xeerkan iyo xidhiidhkan milgaha leh loo gunaanado ayey, Jaamac Rooble, Maxamed Cali Balool, Hmee Warfaa (Ina Ugaas), Raage Khayre, Waabberi Iidle, Rooble Warfaa, Ducaale Dilbad, Caamir Cigaal, Geelle Shirwac, Warfaa Rooble, Yoonis Boob, oo dhammaantood ka socda lafahooda iyo inta ay u taliyaan iyo G/le Frederrick Mercer Hunter madaxa xafiiska siyaasadda ee Cadan, kana socda dawladda Ingiriiska, iyada oo ay markhaatiyaal joogaan, qalinka ugu duugeen. Heshiskaasi oo ka dhacay Saylac maanta oo ah 11kii Diisambar,1884kii oo u dhiganta 25kii Safar.

F. M. Hunter
(Odayada magacyadoodu kor ku xusan yihiin)
Baa ku hor saxeexay iyada oo uu goobjoog yahay: Percy Downes, 1st Grade Officer, I.M.

C. Heshiiskii dhexmaray Odayada Habar Toljeclo iyo Dawladda Ingiriisku isna waa kan hoos ku qoran:

Ina Cabdalla Xasan Ma sheekh Buu Ahaa, Mise...?

AGREEMENT BETWEEN GREAT BRITAIN AND NATIVE CHIEFS OF THE HABAR TOLJAALA

(NON-CESSION OF TERRITORY EXCEPT TO THE BRITISH GOVERNMENT, COMMERCE, WRECKS, SLAVE TRADE &C.).
ADEN, 26 DECEMBER 1884.118

We, the undersigned Elders of the Habr Toljaala tribe, are desirous of entering into an Agreement with the British Government for the maintenance of our independence, the preservation of order, end other good and sufficient reasons.
Now, it is hereby agreed and covenanted as follows: -

I. The Habar Toljaala declare that they are pledged and bound never to cede, sell, mortgage, or otherwise give or occupation, save .to the British Government, any portion of the territory presently inhabited by them, or being under their control.

II. All vessels under the British flag shall have free permission to trade at all ports and places within the territories of the Habr Toljaala, and the tribe is bound to render assistance to any vessel, whether British or belonging to any other nation, that may be wrecked on the above-mentioned shores, and to protect the crew, the passengers, and cargo of such vessels, giving speedy intimation to the Resident at Aden of the circumstances, for which act of friendship and good-will a suitable reward will be given by the British Government.

III. All British subjects residing in or visiting the territories of the Habar Toljala tribe shall enjoy perfect safety and protection, and shall be entitled to travel allover the said limits under the safe-conduct of the Elders of the tribe.

IV. The traffic in slaves throughout the territories of the Habar Toljala tribe shall cease forever, and the Commander of any of Her Majesty's vessels, or any other British officer duty authorized, shall have the power of requiring the surrender of any slave, and of supporting the demand by force of arms by land and sea.

V. The British Government shall have the power to appoint an agent or agents to reside in the territories of the Habar Toljala tribe, and every such agent shall be treated with respect and consideration, and be entitled to have for his protection such guard as the British Government deem sufficient.

The above-written Treaty shall come into force, and have effect, from the date of signing this Agreement.

In token of the conclusion of this lawful and honorable bond, Dirir Sheikh Don, Farah Nalaya, Hirsi Bailey, Ahmed Jama, Ali Awadh, Awadh Gaidee, Ashoor Garaya, Gluday Awadh, Adan Warsama, all of the Yussuf subtribe; Abdulla Mahomed, Adan Mahomed, Adan Awadh. Farah Osman, Yussuf Adan, Adan Yussuf, Hassen Mahomed, Hassan Ali, Hassan Gulaid, Jama Abdy, all of the Adan Madoba subtribe; Ali Ahmed, Mahomed Ali, Husain Abdy, Eesa Abdy, Yussuf

Adan, all of the Rerdod sub-tribe; Awadh Ali, Farah Abdy, Ahmed Noh, Ahmed Doaly, Ahmed Farah, Hassan Abdy, Hawadlay Mahomed, all of the Sambur sub-tribe; Mahomed Ali, Jibril Mahomed, Ahmed Hussain, Shermarki Ali, Mahomed Ismail, Ismail Mahomed, Mahomed Ali, Hassan Mahomed, all of the Musa Abukr sub-tribe; and Major F. M. Hunter, Assistant Political Resident, the former for themselves their heir and successors, and the latter on behalf of the British Government, do each and all, in tile presence of witnesses, affix their signatures, marks, or seals, at Aden, on the 26th day of December, 1884, corresponding with the 9th of Rabi-al-Awal, 1302.

F. M. Hunter.
(The marks of Elders named).
Witnesses:
ED. Crandfield.
Mahomed Saleh Jaffer

B. Kolka heshiiskaasi loo haltebiyo af Soomaali wuxuu u dhigmayaa sidan soo socota:

3.3. Heshiis dhexmaray Dawladda Ingiriiska iyo Odayada Habar Toljeclo.

(Dhulka oon cid kale loo dhiibin Dawladda Ingiriiska mooyee, maraakiibta burburta oo la badbaadiyo, iyo joojinta ganacsiga addoomaha. Cadan, 26 Diisambar 1884kii

Annaga oo ah odayada reerka Habar Jeclo ee hoos ku saxeexani waxan doonaynaa inaanu heshiis la gallo Dawladda Ingiriiska si aannu u ilaalinno madaxbannaanidayada, una sugno kala damaynta iyo sababo kale oo wanaag iyo waxtarba leh awgood.

Haddana, waxana lagu heshiiyey laguna wacatamay qodobbadan soo socda:

Qodobka 1aad:

Habar Toljeclo waxay halkan ku caddaynaysaa in loogu ballan qaaday inaan weligeed lagu dudduucin in la bixiyo, la iibiyo, la kireeyo, ama loo bixiyo in cid kale qabsato, dawladda Ingiriiska mooyee, qayb ka mid ah dhulka ay hadda degenyihiin, ama ay ka taliyaan.

Qodobka 2aad:

In dhammaan maraakiibta sidata calanka Ingiriisku u haystaan oggolaansho bilaasha ka ganaciga dekedaha iyo dhammaan goobaha

kale ee ka tirsan dhulka Habar Toljeclo, iyo inuu reerku kaalmo u hidiyo markab kasta oo ku jaba, Ingiriisku ha lahaado ama dawlad kalaba ha lahaatee, xeebaha kor ku xusan, iyo in la ilaaliyo shaqaalaha, rakaabka iyo alaabta uu markabku sido, si dhakhso ahna loo wargeliyo xafiiska Cadameed, taasi oo ay falkaasi ku salaysan isxilqaanka iyo saaxiib-tinimada awgeed ay dawladda Ingiriisku ku bixin doonto abaalgud u qalma.

Qodobka 3aad:

In dhammaan dadka Ingiriisku u taliyo ee ku nool, ama booqashada ku jooga dhulka Habar Toljeclo ay helaan nabadgelyo buuxda iyo ilaalin, una furantahay inay si nabad ah u maraan dhulka la soo sheegay, tiiyoo ay magan u yihiin odayada Habar Jeclo.

Qodobka 4aad:

In si buuxda loo joojiyo ganacsiga addoomaha soo dhexmara dhammaan dhulka Habar Toljeclo, iyo in taliyaha markab kasta oo ka mid ah maraakiibta Boqoradda ama Sarkaal kasta oo Ingiriis ah oo loo xilsaaray arrinkani awood u leeyahay uu ku codsado in gacanta loo geliyo addoon kasta, iyo inuu codsigiisa ku hirgelin karo xoog hubaysan, mid dhuleed iyo mid badeedba.

Qodobka 5aad:

In Dawladda Ingiriisku awood u leedahay ay ku magacawdo, wakiil ama wakiillo u fadhiya dhulka Habar Toljeclo iyo in wakiil kasta loola dhaqmo hab maamuus tixgelin leh. Waxana u bannaan in uu yeesho ilaalo ilaalisa oo ah hadba intii Dawladda Ingiriisku u aragto inay ku filantahay.

Sooyaal

Heshiiska kor ku xusani wuxu dhaqangal noqonayaa maalinta la saxeexay.

Si xeerkan iyo xidhiidhkan milgaha leh loo gunaanado ayey, Dirir Sheekh Doon, Faarax Naalleeye, Xirsi Beyle, Axmed Jaamac, Cali Cawad, Cawad Geeddi, Cashuur Gorayo, Guuday Cawad, Aadan Warsame, oo dhammaantood Yeesif ah; Cabdalla Maxamed, Aadan Maxamed, Aadan Cawad, Faarax Cusmaan, Yuusuf Aadan, Aadan Yuusuf, Xasan Maxamed, Xasan Cali, Xasan Guuleed, Jaamac Caabbi, oo dhammaantood Aadan Madoobe ah; Cali Axmed, Maxamed Cali, Xuseen Caabbi, Ciise Caabbi, Yuusuf Aadan, oo dhammaantood Reerdood ah; Cawad Cali, Faarax Caabbi, Axmed Nuux, Axmed Ducaale, Axmed Faarax, Xasan Cabdi, Xawaadle Maxamed, oo dhammaan Sanbuur ah; Maxamed Cali, Jibriil Maxamed, Axmed Xuseen, Shamaarke Cali, Maxamed Ismaaciil, Ismaaciil Maxamed, Maxamed Cali, Xasan Maxamed, oo dhammaantood Muuse Abokor ah; dhammaan toodna ka socda lafahooda iyo inta ay u taliyaan iyo G/le Frederrick Mercer Hunter madaxa xafiiska siyaasadda ee Cadan, kana socda dawladda Ingiriiska, iyada oo ay markhaatiyaal joogaan, qalinka ugu duugeen. Heshiiskaasi oo ka dhacay Cadan maanta oo ah 26kii Diisambar, 1884kii oo u dhiganta 9kii Rabiic-al-Awal, 1302.

F. M. Hunter.

(Saxeexyada odayada kor ku xusan).

Markhaatiyo:

ED. Crandfield,

Maxamed Saalax Jacfar

Ina Cabdalla Xasan Ma sheekh Buu Ahaa, Mise...?

Heshiiskii ay Odayada Ciise la galeen Ingiriiska

AGREEMENT BETWEEN GREAT BRITAIN AND NATIVE CHIEFS OF THE ESA SOMALI

(NON CESSION OF TERRITORY EXCEPT TO THE BRITISH GOVERNMENT, COMMERCE, SLAVE TRADE, & C.) — Zeyla, 31 DECEMBER 1884.119

We, the undersigned Elders of the Eesa tribe, are desirous of entering into an Agreement with the British Government for the maintenance of our independence, the preservation of order, and other good and sufficient reasons.

Now it is hereby agreed and covenanted as follows:

ART. I. The Essa Somali tribe do hereby declare that they are pledged and bound never to cede, sell, mortgage, or otherwise give for occupation, save to the British Government, any portion of the territory presently in-habited by them, or being under their control.

II. All vessels under the British flag shall have free, permission to trade at all ports and places within tlle territories of the Essa Somali tribe.

III. All British subjects residing in or visiting the territories of the Essa Somali tribe shall enjoy perfect safety and protection, and shall be entitled to travel all over the said limits under the safe-conduct of the Elders of the tribe.

Sooyaal

IV. The traffic in slaves throughout the territories of the Essa Somali tribe shall cease forever, and tlIe Commander of any of Her Majesty's vessels, or any other British officer duty authorized, shall have the power of requiring the surrender of any slave, and of supporting the demand by force of arms by land and sea.

V. The British Government shall have the power to appoint an agent or agents to reside in the territories of the Essa Somali tribe, and every such agent shall be treated with respect and consideration, and be entitled to have for his protection such guard as the British Government deem sufficient.

The above-written Treaty shall come into force and have effect from the date of signing this Agreement.

In token of the conclusion of this lawful and honorable bond, Ali Geridone, Waberi Adan, Warsama Idlay, Fadhl Mahamed, Boh Molla, Ali Shirdone, Nagaya Bidar, Weli Mohamed, Yunus Fihia, Girhi Egal, Mahomed Bergel, Burray A wadh, Ali Karrat, Khairulla Magan, Boh Hirsee, Abdallah Ali, Ali Idris, Shirdone Samaduder, Hogay Rayat, and Major Frederick Mercer Hunter, Assistant Political Resident at Aden, the former for themselves, their heirs and successors, and the latter on behalf of the British Government, do each and all, in the presence of witnesses, affix their signatures, marks, and Seals, at Zeyla, on the 31st of December, 1884, corresponding with the Rabi-al-Awal, 1302.

F. Muster, Major.

W. M. Edwards, Captain, I.M.,

Commanding I. M. Amberwitch.

[Here follow the signatures, seals, or marks of the Elders above mentioned.]

Witness: Ali Jaffer.

The Viceroy and Governor-General of India in Council, at Simla, ratified this treaty on the 20th day of May 1885.

H. M. Durand, Secretary, to the Government of India, Foreign Department.

Sooyaal

C. Kolka heshiiskaasi loo haltebiyo af Soomali wuxuu u dhigmayaa sidan soo socota:

3.4 Heshiis dhexmaray Dawladda Ingiriiska iyo Odayada Ciise.

(Dhulka oon cid kale loo dhiibin Dawladda Ingiriiska mooyee, maraakiibta burburta oo la badbaadiyo, iyo joojinta ganacsiga addoomaha). Saylac, 31 Diisambar 1884kii

Annaga oo ah odayada reerka Ciise ee hoos ku saxeexani waxan doonaynaa inaanu heshiis la gallo Dawladda Ingiriiska si aannu u ilaalinno madaxbannaanidayada, una sugno kala dambaynta iyo sababo kale oo wanaag iyo waxtarba leh awgood.

Haddana, Waxa lagu heshiiyey laguna wacatamay qodobbadan soo socda:

Qodobka 1aad:
Reerka Ciise wuxu halkan ku caddaynayaa in loogu ballan qaaday inaan weligii lagu dudduucin in la bixiyo, la iibiyo, la kireeyo, ama loo bixiyo in cid kale qabsato, dawladda Ingiriiska mooyee, qayb ka mid ah dhulka ay hadda degenyihiin, ama ay ka taliyaan.

Qodobka 2aad:
In dhammaan maraakiibta sidata calanka Ingiriisku u haystaan oggolaansho bilaasha ka ganaciga dekedaha iyo dhammaan goobaha kale ee ka tirsan dhulka Ciisaha.

Qodobka 3aad:

In dhammaan dadka Ingiriisku u taliyo ee ku nool, ama booqashada ku jooga dhulka Ciise ay helaan nabadgelyo buuxda iyo ilaalin, una furantahay inay si nabad ah u maraan dhulka la soo sheegay, tiiyoo ay magan u yihiin odayada Ciise.

Qodobka 4aad:

In si buuxda loo joojiyo ganacsiga addoomaha soo dhexmara dhammaan dhulka Ciise, iyo in taliyaha markab kasta oo ka mid ah maraakiibta Boqoradda ama Sarkaal kasta oo Ingiriis ah oo loo xilsaaray arrinkani awood u leeyahay uu ku codsado in gacanta loo geliyo addoon kasta, iyo inuu codsigiisa ku hirgelin karo xoog hubaysan, mid dhuleed iyo mid badeedba.

Qodobka 5aad:

In Dawladda Ingiriisku awood u leedahay ay ku magacawdo, wakiil ama wakiillo u fadhiya dhulka Ciise iyo in wakiil kasta loola dhaqmo hab maamuus tixgelin leh. Waxana u bannaan in uu yeesho ilaalo ilaalisa oo ah hadba intii Dawladda Ingiriisku u aragto inay ku filantahay.

Heshiiska kor ku xusani wuxu dhaqangal noqonayaa maalinta la saxeexay.

Si xeerkan iyo xidhiidhkan milgaha leh loo gunaanado ayey, Cali Geeridoon, Waabberi Aadan, Warsame Iidle, Fadal Maxamed, Buux Mulac, Cali Shirdoon, Negeeye Bidaar, Weli Maxamed, Yoonis Faahiye, Giirre Cigaal, Maxamed Beergeel, Barre Cawad, Cali Karrat, Khayre Magan, Buux Xirsi, Cabdilla

Sooyaal

Cali, Cali Idiris, Shirdoone Samatar, Hogay Rayat, oo ka socda lafahooda iyo inta ay maamulaan, iyo G/le Frederick Mercer Hunter, oo ah kaaliyaha siyaasadda ee Cadan, kana socda dawladda Ingiriiska, iyada oo ay markhaatiyaal joogaan, qalinka ugu duugeen. Heshiskaasi oo ka dhacay Seylac taariikhdu kolkay ahayd 31kii Diisambar 1884ka oo u dhiganta Rabiicul Awal 1302da

F. Muster, G/le.

W. M. Edwards,"Dh/le, I.M.,

Taliye I. M. Amberwitch.

[Halkan waxa ku taxan saxeexyada, shaabbadaha, ama astaamaha Odayada kor ku xusan.]

Markhaati:

Cali Jacfer.

Waxa heshiiskan saxeexay 20kii Meey 1885kii Badhasaabka guud ee Boqortooyada Ingiriiska u Fadhiyay Indiya, fadhigiisuna yahay Simla.

H. M. Durand, Xog hayaha waaxda arrimaha debedda ee dawladda Indiya.

E. Heshiiskii ay Odayada Habar Garxajis la galeen Ingiriiska

AGREEMENT BETWEEN GREAT BRITAIN AND NATIVE CHIEFS OF THE HABR GERHAJIS

(NON-CESSION OF TERRITORY EXCEPT TO THE BRITISH GOVERNMENT, COMMERCE, WRECKS, SLAVE TRADE, &c.).
ADEN, 13 JANUARY 1885.120

We, the undersigned Elders of the Habr Gerhajis tribe, are desirous of entering into an Agreement with the British Government for the maintenance of our independence, tile preservation of order, and other good and sufficient reasons.

Now, it is hereby agreed and covenanted as follows: -

ART. I. The Habr Gerhajis do hereby declare that they pledged and bound never to cede, sell, mortgage, or otherwise give for occupation, save to the British Government, any portion of the territory presently inhabited by them or being under their control.

II. All vessels under the British flag shall have free permission to trade at all ports and places within the territory of the Habr Gerhajis, and the tribe is bound to render assistance to any vessel, whether British or belonging to any other nation, that may be wrecked on the above-mentioned shores, and to protect the crew, the passengers, and cargo of such vessel, giving speedy intimation to the Resident at Aden of the circumstances for which act of friendship and good-will a suitable reward will be given by the British Government.

III. All British subjects residing in or visiting the territories of the Habr Gerhajis tribe shall enjoy perfect safety and protection, and shall be entitled to travel allover the said limits under the safe-conduct of the Elders of the tribe.

IV. The traffic in slaves throughout the territories of the Habr Gerhajis tribe shall cease forever, and the Commander of any of Her Majesty's vessels, or any other British officer duty authorized, shall have the power of requiring the surrender of any slave, and of supporting the demand by force of arms by land and sea.

V. The British Government shall have the power to appoint an agent or agents to reside in the territories of the Habr Gerhajis tribe, and every such agent shall be treated with respect and consideration, and be entitled to have for his protection such guard as the British Government deem sufficient.

The above-written Treaty shall come into force and have effect from the date of signing this Agreement.

In token of the conclusion of this lawful and honorable bond, Ahmed Ali, Hassan Yussuf, Said Mahomed, Mahomed lees,

Abdy Hassan, Mahomed Ahmed, Ali Nur, Nur Hirsee (all of the Jibril Adan, residing at Mait and Ras Katib). Doaly Ahmed (of the Mahomed Adan. Residing at Mait). Hassan Abdallah (of the Ali said, residing at Maitand Ras Katib), Ahmed Saled, Hagar Araly. Husain Saleh. Ali Ismail. Said Ahmed. Ali Aman (all of the Yunus Ismail. Residing at Hashow). Ismail Ali. Eesa Hassan. Mussa Abdallah (all of Mahomed Adan. Residing at Shallo). And Major F. M. Hunter. Assistant Political Resident at Aden, the former for themselves, their heirs and successors, and the latter on behalf of the British Government, do each and all, In the presence of witnesses, affix their signatures, marks, or seals, at Aden, this 13th day of January, 1885, corresponding with the 28th of Rabi-al-Awal, 1302.

F. M. Hunter.

(Signatures of Elders)

Witnesses: Ed. Cranfield. Ali Jaffer.

D. Kolka heshiiskaasi loo haltebiyo af Soomali wuxuu u dhigmayaa sidan soo socota:

3.5. Heshiis dhexmaray Dawladda Ingiriiska iyo Odayada Habar Garxajis.

(Dhulka oon cid kale loo dhiibin Dawladda Ingiriiska mooyee, maraakiibta burburta oo la badbaadiyo, iyo joojinta ganacsiga addoomaha). Cadan, 13kii Jeenaweri 1885kii)

Annaga oo ah odayada reerka Habar Garxajis ee hoos ku saxeexan waxan doonaynaa inaanu heshiis la gallo Dawladda Ingiriiska si aannu u ilaalinno madaxbannaanidayada, una sugno kala dambaynta iyo sababo kale oo wanaag iyo waxtarba leh aw-good. Haddana, waxa lagu heshiiyey laguna wacatamay qodob-badan soo socda:

Qodobka 1aad:
Habar Garxajis waxay halkan ku caddaynaysaa in loogu ballan qaaday inaan weligeed lagu dudduucin in la bixiyo, la iibiyo, la kireeyo, ama loo bixiyo in cid kale qabsato, dawladda Ingiriiska mooyee, qayb ka mid ah dhulka ay hadda degenyihiin, ama ay ka taliyaan.

Qodobka 2aad:
In dhammaan maraakiibta sidata calanka Ingiriisku u haystaan oggolaansho bilaasha ka ganaciga dekedaha iyo dhammaan goobaha kale ee ka tirsan dhulka Habar Garxajis, iyo inuu reerku kaalmo u

Ina Cabdalla Xasan Ma sheekh Buu Ahaa, Mise...?

hidiyo markab kasta oo ku jaba, Ingiriisku ha lahaado ama dawlad kalaba ha lahaatee, xeebaha kor ku xusan, iyo in la ilaaliyo shaqaalaha, rakaabka iyo alaabta uu markabku sido, si dhakhso ahna loo wargeliyo xafiiska Cadameed, taasi oo ay falkaasi ku salaysan isxilqaanka iyo saaxiib-tinimada awgeed ay dawladda Ingiriisku ku bixindoonto abaalgud u qalma.

Qodobka 3aad:

In dhammaan dadka Ingiriisku u taliyo ee ku nool, ama booqashada ku jooga dhulka Habar Garxajis ay helaan nabadgelyo buuxda iyo ilaalin, una furantahay inay si nabad ah u maraan dhulka la soo sheegay, tiiyoo ay magan u yihiin odayada Habar Garxajis.

Qodobka 4aad:

In si buuxda loo joojiyo ganacsiga addoomaha soo dhexmara dhammaan dhulka Habar Garxajis, iyo in taliyaha markab kasta oo ka mid ah maraakiibta Boqoradda ama Sarkaal kasta oo Ingiriis ah oo loo xilsaaray arrinkani awood u leeyahay uu ku codsado in gacanta loo geliyo addoon kasta, iyo inuu codsigiisa ku hirgelin karo xoog hubaysan, mid dhuleed iyo mid badeedba.

Qodobka 5aad:

In Dawladda Ingiriisku awood u leedahay ay ku magacawdo, wakiil ama wakiillo u fadhiya dhulka Habar Garxajis, iyo in wakiil kasta loola dhaqmo hab maamuus tixgelin leh. Waxana u bannaan in uu yeesho ilaalo ilaalisa oo ah hadba intii Dawladda Ingiriisku u aragto inay ku filantahay.

Sooyaal

Heshiiska kor ku xusani wuxu dhaqangal noqonayaa maalinta la saxeexay.

Si xeerkan iyo xidhiidhkan milgaha leh loo gunaanado ayey Axmed Cali, Xasan Yuusuf, Siciid Maxamed, Maxamed Gees, Cabdi Xasan, Maxamed Axmed, Cali Nuur, Nuur Xirsi (Jibriil Aadan, deggen Maydh Raas katiib). Ducaale Axmed (Maxamed Aadan, deggen Maydh). Xasan Cabdalla (Cali Siciid, deggen Maydh iyo Raas Katiib), Axmed Saalax, Hagar Caarale, Xuseen Saalax, Cali Ismaaciil, Siciid Axmed, Cali Ammaan (Dhammaan Yoonis Ismaaciil. Deggen Hashow). Ismaaciil Cali, Ciise Xasan, Muuse Cabdallah (Dhammaan Maxamed Aadan. Deggan Shallo) oo dhammaantood ka socda lafahooda iyo inta ay u taliyaan iyo G/le Frederrick Mercer Hunter madaxa xafiiska siyaasadda ee Cadan, kana socda dawladda Ingiriiska, iyada oo ay markhaatiyaal joogaan, qalinka ugu duugeen. Heshiskaasi oo ka dhacay Cadan maanta oo ah 13kii Jeenaweri 1885ka, oo u dhiganta 28kii Rabiicul-Awal 1302da.

F. M. Huntsr.

(Saxeexyada odayaasha)

Markhaatiyo: Ed. Cranfiled, Cali Jacfar.

F. Heshiiskii ay Odayada Warsangeli la galeen Ingiriiska

AGREEMENT BETWEEN GREAT BRITAIN AND NATIVE CHIEFS OF THE WARSANGALI (BRITISHPROTECTION, SLAVE TRADE, WRECKS, &C.) 27 JANUARY 1886.121

The British Government and the Elders of the Warsangali tribe who have signed this Agreement being desirous of maintaining and strengthening the relations of peace and friendship existing between them:

The British Government have named and appointed Major Frederick Mercer Hunter, C.S.I., Political Agent and Consul for the Somali Coast, to conclude a Treaty for this purpose.
The said Major F.M. Hunter, C.S.I., Political Agent and Consul for the Somali Coast, and the said Elders of the Warsangali have agreed upon and concluded the following Articles:

ART. I. The British Government, in compliance with the wish of the undersigned Elders of the Warsangali, undertakes to extend to them and to the territories under their authority and jurisdiction the gracious favor and protection of Her Majesty the Queen-Empress.

II. The said Elders of the Warsangali agree and promise to refrain from entering into any correspondence, Agreement, or Treaty with any foreign nation or power except with the knowledge and sanction of Her Majesty's Government.

III. The Warsangali is bound to render assistance to any vessel, whether British or belonging to any other nation, that may be wrecked on tile shores under their jurisdiction and control, and to protect the crew, passengers, and cargo of such vessels, giving speedy intimation to the Resident at Aden of the circumstances; for which act of friendship and good-will a suitable reward will be given by the British Government.

IV. The traffic in slaves throughout the territories of the Warsangali tribe shall cease forever, and the Commander of any of Her Majesty's vessels, or any other British officer duty authorized, shall have the power of requiring the surrender of any slave, and of supporting the demand by force of arms by land and sea.

V. The British Government shall have the power to appoint an agent or agents to reside in the territories of the Warsangali tribe, and every such agent shall be treated with respect and consideration, and be entitled to have for his protection such guard as the British Government deem sufficient.

VI. The Warsangali hereby engage to assist all British officers in the execution of such duties as may be assigned to them, and further to act upon their advice in matters relating to the administration of Justice, the development of the resources of the country, the interests of commerce, or in any other matter in relation to peace, order, and good government, and the general progress of civilization.

Vll. This Treaty shall come into operation from the 27th day of January, 1886, on which date it was signed at Bunder Gori by the under mentioned: -

F. M. Hunter
Witness:

J. H. Rainier, Commander R.N.
Muhammad Mahmud Ali, Gerad of all the Warsangali.
Juma Mahmud Gerad.
Mahammad Ibrahim, ditto, Omar Ahmed, ditto.
Muhmud Abdullah, ditto, Mahmud, ditto.
Yussuf Nur Abdullah, Isa Adan,
Muhammad Ali Shirwa, Abdy Nur
Muhammad Abdy Nalaya, Mahmud Sagullay
Abdullah Sagullay, Muhammad Abdullah,

Witness: Ali Jaffer.
Dufferin, Viceroy and Governor-General of India.
Ratified this Treaty General of India in Council, at Simla, on the 15th day of May, 1886.

H.M. Durand, Secretary to the Government of India, Foreign department.

E. Heshiiskii ay Odayada Warsangeli la galeen Ingiriiska

3.6. Heshiis dhexmaray Dawladda Ingiriiska iyo Odayada Warsangeli.

(Ilaalinta Ingiriiska, ganacsiga addoomaha iyo burburka maraakiibta) 27 January 1886

Dawladda Ingiriiska iyo Odayada reerka Warsangeli ee heshiis-kan saxeexay waxay rabaan joogteynta iyo xoojinta xidhiidhka nabadeed iyo ka saaxiibtinimo ee ka dhexeeya.

Dawladda Ingiriisku waxay u magacawday una dooratay G/le Frederick Mercer Hunter, oo ah C.S.I., wakiilka siyaasadeed iyo la taliyaha xeebaha Soomaalidu inuu heshiiska sidaa ku galo.

Gaashaanlaha iyo odayada Warsangeli ee kor ku xusani waxay ku heshiiyeen fulinta qodobbadan soo socda:

Qodobka 1aad:
Dawladda Ingiriisku iyada oo ku dhaqmaysa rabitaanka odayada Warsangeli ee hoos ku saxeexan waxay u hidin ayaga iyo dhulka ay ka taliyaanba inay Boqortooyada Ingiriisku ilaaliso.

Qodobka 2aad:
Odayada Warsangeli ee kor ku xusani waxay oggolyihiin ballanna ku qaadayaan inaanay la yeelan wax xidhiidha, lana gelin wax

heshiisa, dawlad kale oo shisheeye ah iyada oo aanay ogeyn ama oggolayn Boqortooyada Ingiriisku.

Qodobka 3aad:
In Warsangeligu kaalmo u hidiyo markab kasta, Ingiriisku ha lahaado ama dawlad kalaba ha lahaatee, oo ku jaba xeebaha siman ee hoos yimaadda maammulkooda kana taliyaan, iyo inay ilaaliyaan shaqaalaha, rakaabka iyo alaabta uu markabku sido, si dhakhso ahna loo wargeliyo xafiiska Cadameed, taasi oo falkaasi ku salaysan isxilqaanka iyo saaxiibtinimada awgeed ay dawladda Ingiriisku ku bixindoonto abaalgud u qalma.

Qodobka 4aad:
In si buuxda loo joojiyo ganacsiga addoomaha soo dhexmara dhammaan dhulka Warsangeli, iyo in taliyaha markab kasta oo ka mid ah maraakiibta Boqoradda ama Sarkaal kasta oo Ingiriis ah oo loo xilsaaray arrinkani awood u leeyahay uu ku codsado in gacanta loo geliyo addoon kasta, iyo inuu codsigiisa ku hirgelin karo xoog hubaysan, mid dhuleed iyo mid badeedba.

Qodobka 5aad:
In Dawladda Ingiriisku awood u leedahay ay ku magacawdo, wakiil ama wakiillo u fadhiya dhulka Warsangeli iyo in wakiil kasta loola dhaqmo hab maamuus tixgelin leh. Waxana u bannaan in uu yeesho ilaalo ilaalisa oo ah hadba intii Dawladda Ingiriisku u aragto inay ku filantahay.

Qodobka 6aad:

Sooyaal

In Warsangeligu ka qaybqaataan sidii uu uga kaalin lahaa dhammaan saraakiisha Ingiriisku sidii ay ugu fulin lahaayeen hawlahaasi sidii loogu soo egmaday, iyo inay ku dhaqmaan talooyinkooda la xidhiidha maammul wanaagga, horumarinta maadhka dalka, danaha ganacsi ama arrin kasta oo la xidhiidha nabadda, kala dambaynta, dawlad wanaagga iyo horumarka guud ee ilbaxnimo.

Qodobka 7aad:
Heshiiskani wuxu dhaqangal noqonayaa laga bilaabo bisha Jeenaweri 27da ee 1886da oo ah maalinta ay dadka hoos ku magacaabani ku kala saxeexdeen Bunder Gori :

F. M. Hunter
Markhaati (Witness):

J. H. Rainier, Commander R.N.
Muxammad Maxamuud Cali, Garaadka Warsangali.
Jumca Maxamuud Garaad.
Maxammad Ibraahim, ditto. Cumar Axmed, ditto.
Muxmud Cabdullah, ditto. Maxmuud, ditto.
Yuusuf Nuur Cabdullah, Ciise Aadan,
Muxammad Cali Shirwac, Cabdi Nuur,
Muxammad Cabdi Naaleeye, Maxamuud Sugulle,
Cabdullah Sugulle, Muxammad Cabdullah,

(Markhaati) Witness:
Cali Jacfar.

Waxa heshiiskan saxeexay 15kii Meey 1886kii Badhasaabka guud ee Boqortooyada Ingiriiska u Fadhiyay Indiya, fadhigiisuna yahay Simla.

H. M. Durand, Xoghayaha waaxda arrimaha debedda ee dawladda Indiya.

Waxa haddaba isweydiin leh, marka la eego xilligii cidhiidhiga ahaa ee ay dadkaasi ku jireen iyo aqoonta iyo waaya aragnimada xilligaasi jirteyba, oday dhaqameeddada aragtida caynkaasa lahaa miyaa la odhan karaa waxay ahaayeen qaar gumeysidoon ah? Runtii waxay qaadeen tallaabadii habboonayd ee kolkaasi taagneyd. Madax badan oo aqoon sheegata ayey boqol jeer ka caqli bad-naayeen. Heshiisyada cidda jebisey ee ku ballan furtayna way caddahay.

4. Imaatinkii Maxamed Cabdalla Xasan

Maxamed Cabdalla Xasan wuxu ka mid ahaa wadaaddada dalka debedda uga baxay si ay aqoon u soo korodhsadaan. Kolkii uu soo noqday muxuu soo kordhiyey? Ma tubtii kuwii hore ayuu maray mise arrin kale ayuu ku kacay?

Si aan weydiimahaas uga warcelinno, waxa habboon oo lagama maarmaan ah inaan dib u jalleecno wixii laga qoray imaatinkiisii. Aw Jaamac Cumar Ciise oo arrintaa ka hadlayaa wuxu yidhi: [20]

"Xaaji Maxamed oo dariiqada Saalixiya wata ayaa Cadan doonni ka soo raacay. 1895kii wuxu ka soo degey Berbera. War lagu kalsoon yahay wuxu sheegayaa markuu xeebta yimid oo damcay alaabtiisii inuu qaato ayaa gaal Ingiriis ah oo dekedda ka shaqaynaayey ku yidhi, " Alaabta cashuur ka bixi. Adaan cashuurtii bixin alaabta qaadi meysid." Taasi Xaaji Maxamed *waxay ku noqotay la yaab iyo fajiciso, hase ahaatee wuxu ku yidhi, " Adiga yaa cashuur kaa qaaday markaad halkan ka soo degtey? Waddankase ma adigaa leh, maxaad cashuur iigu weydiineysaa?" Gaalkii wuxu damcay inuu ninkaa amarkiisa diidey xidho. Hase ahaatee, turjubaankii iyo rag kaleeto oo meesha joogey ayaa ka maslaxay oo waxay ku yidhaahdeen, " Wadaad waalan weeyee iska dhaaf." Waxa la leeyahay magaca la*

---

[20] Aw Jaamac Cumar Ciise. Taariikhdii Daraawiishta iyo Sayid Maxamed Cabdalla Xasan, 1976, bogga 9-10aad.

yidhaahdo: "The Mad Mullah" halkaas buu ku baxay. Dabadeed gaalkii isagoo hadalkiisii la yaabsan ayuu faraha ka qaaday.

Xaaji Maxamed wuxu degey Berbera. Wuxuna guursadey afo la odhan jirey Barni Xirsi oo u dhashay wiilkiisii carruurtiisa ugu weynaa Mahdi Sayid Maxamed. Wuxu halkaa ka abuuray majlis dariiqada Saalixiya leedahay oo ijaasada lagu bixiyo. Wuxuna bilaabay wacdi iyo waano faro badan oo diinta Islaamka fidinteeda iyo ammaanta dariiqada Saalixiya ku saabsan. Taasina magaaladii waxay gelisey bulaan iyo xiisad hor leh.

Wadaaddadii horey magaalada ujoogeyna waa la isku maandhaafay. Maxaa yeelay? Wadaaddada Qaaddiriya ma oggolayn in dariiqo cusub waddanka la soo geliyo. Hase ahaatee, gadaalkii waxay noqotay in la wada hadlo, kutubtana la isu soo gurto oo masalooyin diinta ah la isla eego. "

Aw Jaamac Cumar Ciise ma dhammaystirin sooyaalkii. Intii uu u danta lahaa ayuun buu sheegay. Sida hadalkaa ka muuqatana waxba kamuu sheegin masalooyinkii laysku qabtay iyo wixii ay gebgebadi noqotay toona. Waxaanu u booday oo uu yidhi: "Culimadii markaa Xaaji Maxamed ka soo horjeeddey waxa ka mid ahaa Sheekh Cabdillaahi Caruusi, Sheekh Ibraahin Xirsi Guuleed, Sheekh Kabiir Aw Cumar, Aw Gaas Axmed iyo culimo kale oo faro badan."

Cabdirisaaq Caqli (2006:188) baa, haddaba, si faahfaahsan uga hadlay murankii dhexmaray dariiqada Qaaddiriya iyo tii uu Ina Cabdalla Xasan watey ee Saalixiyada. Isaga oo ka hadlaya masalooyinkii laysku qabtay iyo sidii ay ku dhammaadeenba wuxu yidhi:

> Maxamed Cabdille Xasan oo dhawr jeer oo hore socdaal ahaan u maray magaalada Berbera ayaa sannadkii 1895kii si joogto ah u degey magaalada isagoo fidinaya dariiqada Saalixiyada ee uu ka soo qaatay Maxamed Saalax oo deggenaa Maka. Wuxuuna magaalada ka bilaabay dacwad uu diinta ku fidinayo. Dadka Soomaalida oo ay xilligaasi ku yarayd aqoonta diintu waxay qaddarin jireen culimada iyo wadaaddada diinta fidinaya. Had iyo jeerna waxay ku dadaali jireen inay ka korodhsadaan aqoonta diinta.

C/risaaq Caqli oo xiganaya I. M. Lewis baa tibaaxay inuu yidhi:[21]

> Bilowgii hore dad badan ayaa ka dhegeystey aqoonta diineed iyo dacwaddii uu fidinayey. Hasayeeshee, wax yar kadib waxay dadkii reer Berbera dareemeen inuu Ina Cabdalla Xasan ugu baaqayo dariiqo cusub oo la yidhaa Saalixiya oo ka duwan dariiqadii Qaaddiriya ee ay raacsanaayeen. Waxana la ogaaday tiiyoo uu ku baaqayo in dabagalka dariiqada Qaaddiriya aanay habboonayn maaddaama aanu noolayn Sheekhii bilaabay oo ahaa Sheekh Cabdilqaaddir Al-jiilaani. Isla marahaantaasi, wuxu ku andacooday in Qudba Zaman-ka xilligani yahay Sheekh Maxamed Saalax oo ay tahay in dariiqadiisa la raaco.

---

[21] C/risaaq Caqli, Sheekh Madar:aasaasaha Hargeysa, bogga 189aad

Arrimaha aanu Aw Jaamac tibaaxin waxa ka mid ah in uu Sheekhan cusubi, waa Ina Cabdalle Xasane, xaaraantimeeyey arrimo badan oo aanay reer Berbera xaaraantimayn tooda hore uga maqlin culimadii Qaaddiriyada ee ay arkijireen. Arrintaasi waxay abuurtay in dadkii reer Berbera u farriin dirtaan culimadii Qaaddiriyada si ay uga doodaan mas'aladaha cusub ee ku soo kordhay magaalada. Sheekh Madar oo ahaa madaxa dariiqada Qaaddiriyada ee dalka ayaa loo farriin diray si uu u yimaaddo Berbera ulana kulmo Maxamed Cabdille Xasan. Waxa kale oo loo farriin diray Sheekh Cabdillaahi Caruusi oo ahaa macallinkii diinta barijirey Maxamed Cabdille Xasan.

Sannadkii 1897dii ayey magaalada Berbera iskugu yimaaddeen culimadii loo farriin diray si ay kulankaasi uga soo qayb galaan. Sidoo kale waxa kulankaasi ka soo qayb galay culimadii reer Berbera ugu waaweyneyd oo ay ka mid ahaayeen Aw Gaas iyo Xaaji Ibraahin Xirsi. Waxa kale oo loo yeedhay Sheekh Maxamed Cabdille Xasan si u kulankaasi uga soo qayb galo [22].

---

[22] Ibid, bogga 189aad

5. Sabababihii dhabta ahaa ee uu Ina Cabdalla Xasan Berbera uga baxay

Magaalada uu Ina Cabdalle Xasan ku guursaday, carruur ku dhalay, masaajid uu ka dhisay, xerna uu ku yeeshay waxa ka saaray ma yarayn. Hayeeshee, ula kas baa loo qariyey.

Muuse Xaaji Ismaaciil Galaal oo arrintaa ka hadlaya baa sheegey in kulankii u horreeyey uu ka dhacay guriga Xaaji Ibraahin Xirsi. Waxana shirkii furay, buu yidhi, Sheekh Madar Axmed Shirwac oo ahaa hoggaamiyihii dariiqada Qaaddiriya. Hadal wayska badnaaye, kolkii arrimihii diiniga ahaa ee ku saabsanaa Shareecada Islaamka laga wada hadlay, waxa caddaatay inaanu Ina Cabdalla Xasan lahayn aqoonta qotada dheer ee uu Sheekh Madar u lahaa Shareecada Islaamka.[23]

Aw Gaas Axmed oo shirka fadhiyey ayaa kolkuu ka yaabay indha adayga Ina Cabdalla Xasan dareemay inaanu wadaadku ahayn mid diin wada ee uu ujeeddo kale hoosta ku wato. Kolkii shirkii lagu kala kacayna wuxu culimadii kale u sheegay oo uu yidhi: *Wadaadkaasi wax buu soo wadaa, haddaan maanta la qabanna meel dheer baa laga dooni.*[24]

---

[23] Ibid, bogga 190aad
[24] Waxa arrintan iiga sheekeeyey, Alla haw naxariistee, Maxamed Jaamac Badmaax oo ahaan jirey mudane ka tirsan golihii baarlamaanka ee Soomaaliya.

Hadalkii caynkaasi ahaa waxa laga dhigay inuu Aw Gaas Axmed midhkaasi maammulkii Ingiriiska u sheegay oo weliba kolkii aragtidiisi dhabawday loo qoray mushahar.[25]

Gebagebada shirka oo loo dhegataagayey baa lagu ogaaday aqoonyaridii Sheekh Maxamed Cabdalla Xasan iyo sida looga guuleystey. Maalintaa laga bilaabo waxa aad u yaraaday dadkii wacdigiisa dhegeysan jirey. Arrintaasi oo abuurtay inuu go'doon noqdo oo uu magaaladii dhammayd ka waayo cid wax ka dhegeysata, taasaana keentay inuu go'aansado inuu iskaga baxo magaalada isaga oo wejigabax ku dhacay.

Hase ahaatee, Aw Jaamac Cumar Ciise (2005:39) oo mahadhada Ina Cabdalla Xasan qurxinaya ayaa isna sidan u dhigay:

Xaaji Maxamed gadaalkii wuxu goostay inuu Berbera ka baxo oo reer baadiyaha dhex dego. Ujeeddada weyn ee reer miyiga uu u doortayna waxay ahayd saddex hal:
1. Ammintaas Soomaalida 99% waxay deggeneyd baadiyaha.
2. Dadka baadiyaha deggenaa Ingiriiska wax xidhiidh ah ama heshiisa lama lahayn.
3. Reer baadiyaha maskaxdooda lama qaldin oo gumeysiga iyo xeeladihiisaba waa ka fayoobaayeen. Xaajiguna ujeeddadiisa wuu dhacsiin karay.

---

[25] Aw Jaamac Cumar Ciise, Taariikhda daraawiishta iyo Sayid Maxamed Cabdalla Xasan, 1976, bogga 12aad.

Dabadeedna 1897kii ayaa Xaaji Maxamed ka baxay magaalada Berbera, isagoo koox wadaaddo ahi la socdaan. Wuxuna sii maray meelihii 'Mission'-ku deggenaa, isagoo doonaya inuu ogaado heerka arrinkoodu marayo iyo shaqada ay halkaa ka wadaan.

Waxa la weriyey Xaaji Maxamed inuu u yeedhay wiil yar oo ku jira dugsiga 'Missionka' oo uu ku yidhi, "*Magacaa?*" Wiilkiina wuxu yidhi, "*Magacayga waxa la yidhaa John Cabdillaahi.*" Dabadeedna yaa tahay buu ku yidhi. Wiilkii wuxu yidhi, " *Reer Father* baan ahay."

Sida ay sheekada dadkii ka soo horjeedey sheegeyso Ina Cabdalla Xasan iyo dad badan oo kale ayaan ka warqabin hawsha uu 'Mission'ku meesha ka wedey. Sidaasi awgeed may ahayn qorshe uu watey wadaadku oo ku talagal ahaa. Waxayse ahayd arrin uu iskala kulmay. Taasina waa ta keentay inuu beddelo farriintii uu markii hore dadka reer Berbera ugu baaqijirey. Haddii uu arrinta ka warqabay, sida uu Aw Jaamac ku doodayo, muxuu midhkaa reer Berberana ugu sheegiwaayey?

Sidaan hore u soo sheegay, Berbera kagama tegin talada uu Aw Jaamac sheegayo ee kolkii uu cid hadal ka dhegeysataba waayey ayey dani ku qasabtay inuu si tuugo ah maagaalada uga baxo oo uu habeen ka guureeyo.

Dhalasho ahaan Ina Cabdalla Xasan wuxu ahaa Ogaadeen. Kolkii uu Berbera ka tegey uma kicin dhankii tolkii yaalley ee wuxu u ambabaxay dhanka iyo Nugaal. Sababtuna waxay ahayd aabbihii oo markii hore inan layaal ahaa buu isaguna dhulkaa ku dhashay kuna barbaaray. Waxay ahayd meel laga yaqaan oo uu isna yiqiin. Tolkiise ma aqoon. Sidaasi darteed buu ugu kicitimay xaggaasi. Aragtida Aw Jaamac sheegay ee kor ku xusanina waxay ka mid tahay ololihii lagu wanaajinayey mahadhada Ina Cabdalla Xasan dadka kalana lagu cambaareynayey.

Bixitaankii wadaadku wuxu si xoogle u muujiyey wixii ay reer Berbera ku sheegayeen. Haddii aan si kale u idhaana waxa dhabawdey arrintii uu Aw Gaas Axmed tilmaamay ee ahayd inaanu wadaadku diin aqoon ahayne uu qorshe kale ugu gabbanayey.

Hadal iyo dhammaan, falalkii iyo falaadyadii Ina Cabdalla Xasan oo dhammaantood burinaya Sheekhnimadiisa ayaad akhriste kula kulmi bogagga soo socda, kuwaasi oo ku siinaya awood aad ku go'aansan karto inuu Ina Cabdalla Xasan Sheekh ahaa sida uu sheegtay ama Shaydaan sida ay dadkii ka soo horjeedey ku tilmaameen.

6. Waxyaalihii wiiqay Sheekhnimadii Ina Cabdalla Xasan

Maxamed Cabdalla Xasan inkasta uu sheekh sheegtay haddana sidii *Rijarad Beerton* ayaa laga hayaa waxyaalo badan oo burinaya Sheekhnimadiisii, taasaana keentay in dad badani ku doodo inaanu Sheekh ahayne uu ahaa shaydaan duub leh !

Haddii aan isu foodinno falalka iyo falaadyada Ina Cabdalla Xasan iyo kuwii Sheekhyadii aan ka soo sheekaynay waxad dareemaysaa inay aad u kala fog yihiin, kuwaasi oo kolkaad aad ugu dhabbagasho kugu dhiirrinaya inaad dhinac u xagliso. Intaanad haddaba, akhriste, go'aanka gaadhin bal aan wax ka taataabanno falalkii iyo falaadkii yaabka badnaa ee Ina Cabdalla Xasan.

Diinta Islaamku ma oggola¹ inuu qof Muslin ihi qof kale oo walaalkii ah oo Muslin ah *caayo* , **yaso** ama uu iintiisa sheego sida ku cad aayadda hoos ku xusan:

يَٰٓأَيُّهَا ٱلَّذِينَ ءَامَنُوا۟ لَا يَسْخَرْ قَوْمٌ مِّن قَوْمٍ عَسَىٰٓ
أَن يَكُونُوا۟ خَيْرًا مِّنْهُمْ وَلَا نِسَآءٌ مِّن نِّسَآءٍ عَسَىٰٓ
أَن يَكُنَّ خَيْرًا مِّنْهُنَّ وَلَا تَلْمِزُوٓا۟ أَنفُسَكُمْ وَلَا تَنَابَزُوا۟
بِٱلْأَلْقَٰبِ بِئْسَ ٱلِٱسْمُ ٱلْفُسُوقُ بَعْدَ ٱلْإِيمَٰنِ
وَمَن لَّمْ يَتُبْ فَأُو۟لَٰٓئِكَ هُمُ ٱلظَّٰلِمُونَ ۝

Suuradda Al-xujraat, aayadda **11**aad, sida loo qeexayna ka eeg bogga 256aad ⁽¹⁾

Waxa kale oo ay diinta Islaamku innaga reebtay **dhaca** iyo **dilka**. Haddaba waa yaabe, Sheekh Maxamed Cabdalla Xasan intaas oo arrimood iyo qaar kale oon sheegi doonaba waa lagu hayaa waanu ku kacay caddayn toodiina waatan hoos ku qoran:

6.1. Cayda

Diinta Islaamka ka sokow, dhaqanka Soomaalidu cayda ma oggola'. Cayda waayeelka iyo haweenka een lafajabka ahayna xaal baa layska qaadi jirey, haddii laysku helo. Haweenka inla caayo oo gabayo lafajab ah loo tirshaana dhegxumo weyn ayey ahayd. Haddaba, Maxamed Cabdalla Xasan kuwuu tiriyey mooyaane inta aan ka warqabo, waxa la hayaa gabaygan hoos ku qoran wax lafajab ah oo haweeney loo tiriyo. Waxaana tiriyey ninka la odhan jirey **Cabdillaahi Muuse Cabdille Jiciir** [26] waxaanu yidhi:

Caqligaa dabool laga geshaa duul hadduu lumiye
Durdurkuba hadduu dhagax dulmaro dihanka qoyn waaye
Meeshii daleelay biyuhu doog ka bixiyaane
Ruuxii damiinihi qalbiga waa ka daar xidhane
Dadku haddii wax loo sheego ways darajo-dhaamaaye
Alla dooriyeey hadalku waa kaaga darayaaye
Dundumooyinkoo lala hadlaa damac ma yeeshaane
Dawo malaha naagtii xun ee diidda waanada' e
Doqontii ku yeeshaa wuxuun lagu dabiibaaye
Anuunbaa nin doorka u dhashay aan duniba aafayne

---

[26] Isaaq, Habar Yoonis, reer Xuseen.

Sooyaal

Dar Ilaahay waxaan kaa nebcaa dadab-galkaagiiye
Rag bayse dooni buuxdaa baddaa kaga degaysaaye
Dabkayga iyo geelii ayaan dunina lay siine
Kugu daalay dhaaxa' e haddaan didibso kaa waayey
Darbo iyo dilliin iyo inaan dirisba kaa yeelo
Saddexdaa mid baan kula damcee adigu soo dooro
Naag yahay Dannood baa u weyn harada Doolloode
Duunyada haddii lagu horoo saalo lagu daadsho
I yaba waa dikhowdaa haddaan la isu diideyne

Darka Caynabay kugu masleen derisyadeenniiye
Dawgii la marayaa dhexduu deri ku yeeshaaye
Dermadaan la laabini dhakhsay duug u noqotaaye
Dikhsigaa ku dhaca xeedhadaan dabaqu saarrayne
Sida doogsin roob kaaga dhereg doobka reeruhuye
Dar kaloo haween lihi wax badan kaa dukaansada' e
Dirxilaha Madheedh waa cas yahay daawashada guude
Dawliilka baas waxad ku hodi duul an ku aqoonne
Geelaa markuu dararan yahay laba nin duugtaaye
Wax kaloo la darandoorriyaa damac ma yeeshaane
Anigoon ku dirin waadigii damaca waalnaaye
Daydayo haddaan kuu fasaxay debed wareegiiye.

Ninkaasi, runtii, wax cay ah marwadiisii u lama hadhin. Marka dulucda guud la qaatana gogoldhaaf buu ooridiisii ku eedeeyey. Sida, haddaba, sheekada lagu wada hayo ninkaasu maansadaas muu mahadin. Waxana lagu xukumay inuu bixiyo magtii afada iyo isaga oo lagu cambaareeyey in uu ku kacay wax aan dhaqan loo lahayn, hor Ilaahayna aan ku wanaagsanayn. Sida la weriyeyna waxa sidaa loo yeelay baa la yidhi laba arrimooddartood:

a) Afadii oo uu furay isaga oo aan wax markhaatiya u hayn, iyo

b) Caydaa uu u geystey oo in ay cid dambeba xiloodiso loo fadhiyin.

Arrintu si kasta ha noqotee, caydiisu (ereyada uu adeegsaday baan ujeedaaye) maaha tu qaawan ood gabayga akhriskiisa kaga maagto ugana yakhyakhsooto sida kuwa uu tiriyey *Sayid Maxamed Cabdalla Xasan.*

Sida kor ku xusan, in gabayga cay iyo aflagaaddo loo adeegsadaa, dhaqanka Soomaalida, way reebbanayd. Gabayada cayda ah ee raggii tiriyey gabayaanimadii lagaga saaray waxa ka mid ah kan hoos ku qoran oo la yidhi waxa tiriyey nin la odhanjirey X. Guuleed (Dhoolla-yare). Waxaanay maansadu odhanaysaa:

> *Hablaha Ciidagale saw waxaan soo hubsaday maaha*
> *Saw waxaan habeen iyo dharaar hoy la galay maaha*
> *Saw wuxu markay hilib arkaan soo hirmaca maaha*
> *Saw wuxu shantuu hugur dhaliyo haawato leh maaha*

Waxana la weriyey inuu Dhoolla-yare gabaygan ka xilo furay inaanu isagu tirin. Hayeeshee, markii la maqlay looma kaad kaadinine gabyaaga waa laga saaray. Hugur waa soddoggii, Haawatana waa afadiisii. Waxana loo arkay inuu caayey soddoggii, afadiisii, dumaashiyii iyo xididkii guud ahaanba.

Sooyaal

Dhacdo kale waxay sheegaysaa inuu Ismaaciil Mire ku yidhi Salaan Carrabey tixdan hoos ku qoran ee odhanaysa:

Haddii lagu kashbici oo qaxwuhu kamanka buuraayo

Kaadsadaay Salaan baan futadu kaxakaxowdeene.

Salaan Carrabey oo ereyga 'futo' ka duulaya ayaa ugu jawaabay Ismaaciil Mire:

Ismaaciil Futo-sheeg iyo

Ma facaysto Cabbaasoo

Filkay baaney ahayne

Fulihii Cali Dhuuxee

Fiqinaayey carruurtaa

Fekerkaygu jiraa Kaddibna waxa la sheegey in Ismaaciil Mire loo sheegey in laga badiyey, ereyga 'futo' ee uu adeegsaday awgeed.

6.1.1. Dumarka uu Ina Cabdalla Xasan caayey

Nin Sheekhnimo sheegtay oo *Daraawiish* badankeeduna yidhaaheen, "*Sayidku* Saddex meelood ayuu *Nebi Maxamed* (NNKH) kala mid ahaa, kuwaas oo kala ah: magaca, da'da iyo jihaadka"[27] inuu caytamo meeshaba lama soo dhigan. Cayduna way is dhaan taaye tiisu waa tu qaawan oo uu qalbigu aad iyo aad u diidayo sida ku cad **gabaygan**[28] soo socda ee uu u tiriyey **Caasha keenadiid** oo **Boqor Cismaan Keenadiid** walaashiis ahayd. Waxaanu ku yidhi:

Nimanyohow si daran buu qalbigu ii saddimayaaye
Sirqadii uu dhalay keenadiid sawdka laga keenay
Iyo silica ay tahay dhilladu waa si kala dheere
Saadada intay caayi iyo subacyadii diinta
Intay nimanka saalixiyada sare u keeneyso
Sibiisheeda ay kala wadhwadhi sacabka may saarto
Suyuceeda uri baa wadnuhu nala sureeraaye
Sunnaadheeda waa lagu bakhtiyi madax sanbiilleeye
Sanka waxa iga galay dooraday nagu sammuutaynne
Siilkeedu saaxaha ka weyn sina qabaalleeye
Waxay ugu saftaan sidii horweyn kaalin loo simaye
Soddon dowlis baa lagu shubaa saacad iyo leyle
Ilko suruqa bay leedihiyo foolal saawirahe
Sanbab weeye ceedhin afkii suuliga ahaaye

---

[27] **Aw Jaamac Cumar C.iise**. *Taariikhda Daraawiishta iyo Sayid Maxamed Cbdalla xasan*, bogga 4aad iyo ka 5aad.
[28] **Yaasiin Cismaan Keenaddiid**. *Ina Cabdille Xasan ela sue attivita lettetaria*, bogga 245aad

Sooyaal

Sullankeed la naar waa waxay sabuhu dhuuqaane

Waxa saarta soomaalidii saaruqa ahayde
Sarkaalkiyo subeydaarradiyo sowjarkaa kuda e
Maxaan siil qadhmuun kala hadlaa waaba saaniyade

Tuduca u dambeeya ereyga "*Saaniyad*" waa erey af-carabi ah waana haweenayda gogoldhaafka taqaan. Diinta Islaamku way adkaysay muunajebinta dadka, rag iyo dumarba. Sidaa darteed laba arrimood oo keliya ayuun baa lagu caddayn karaa, haddii la helo, in ay haweeney gogoldhaaf ku kacday.

Waa ta hore e iyada oo haweeneydu qirata in ay arrintaa ku kacday tii yoo aan lagu qasbin ama aan cabsiyi ka keenin ama aan waallayn oo miyirkeedu u dhanyahay. Waa ta labaade iyada oo ay ku markhaati furaan afar qof oo caddaynayaa in ay indhahooda ku arkeen haweenayda la eedaynayo oo nin kale oon ninkeedii ahayn u gal-moonaysa. Iyada oo qaawan oo ninka la jiifta haddii ay arkaan markhaatigooda waxba kama jiraan. *Markhaati goodu wuxuu meel mar noqonayaa oo keliya haddii ay arkeen ninka iyo haweenayda oo isku raran oo xubnahooda tarankuna isku jiraan.* Saddex haddii ay ku markhaati furaan oo uu ka afraadi ka kayrkayro ama ka aammuso ama shakiba ka galo wixii uu arkay markhaatigaas waxba kama jirayaan.

Ninkii ooridiisa ku eedeeya gogol-dhaaf ee keeni waaya afar markhaati, Eebbe waxa uu ku xukumay in lugu dhufto siddeetan jeedal, markhaatina aan weligii laga dhigan sida ku cad aayaddan:

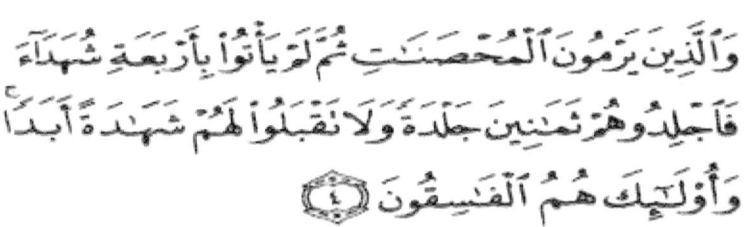

Suurat Al-Nuur. Sida aayadda loo qeexayna ka eeg 256aad (2)

Arrinta Diinta Islaamku sidaas u adkaysay inuu Sheekh Maxamed Cabdalla Xasan ku xukumo Caasha Keenadiid in ay arrintaa ku kacday waa meel-ka-dhac aad iyo aad u weyn oon ahayn milgihii nin sheekh ah laga filayey ama lagu yiqiinba.

Hubaal waxa ah in qof akhristay ama maqlay sheekooyinka iyo mahadhooyinka Sayid Maxamed Cabdalla Xasan ee sida la yaabka leh loo buunbuunshey uu yaabi doono, una qaadan waayi doono in ereyadaa cayda ihi ay afkiisa ka soo baxeen. Una malayn doono in wax aanu odhan ama aan Sayidka ka suurtoobin laga samaynayo.

Haddaba, in ay jiraan gabayo cay ah oo uu Sayid Maxamed Cabdalla Xasan tiriyey waxa lagu sheegay, inkasta oo aan lagu qorin, hordhaca buugga la yidhaa *"Ururintii1aad ee Diiwaanka Sayid Maxamed Cabdulle Xasan"* ee uu qoray *Sh. Jaamac Cumar Ciise* soona saaray *Akadeemiyaha Dhaqanka ee Wasaaradda Hiddaha iyo Tacliinta Sare* gu'gu kolkuu ahaa 1974kii laguna daabacay *Wakaaladda Madbacadda Qaranka ee Muqdisho.*

Gabayo badan oo uu Sayidku tiriyey kuna caytamay ayaan Diiwaanka ku jirin. Qaar ku jirana intii cayda ahayd ayaa laga saaray sida kii uu u tirshey *Koofil walaashii*[29] oo aydin kiiyoo dhan bogagga soo socda kula kulmi doontaan.

Nin habeen madow keligii far taagay ayey Soomaaliyi "Fartaagow" tidhi. Gabay iyo arrin ka weyn nin ku kacayna maxaydin u malayn? Gabayada jaadkaas ah ee laga hayo Ina Cabdalla Xasan waxa ka mid ah kan hoos ku qoran. Wuxuu u tirshey afo ka mid ah marwooyin kiisii faraha badnaa oo la odhan jirey *Dhiimo Ciise* oo *Dhulbahante* ahayd. Waxaanu ku yidhi:[30]

Inkastoo rasaas lagu ganoo lagu garaacaayo
Inkastoo ka goor iyo ka goor gamasyo loo haysto
Dhiimaa god loo qoday anaan laabta gelineyne

Haddaahay cadaawaha gardaran ugu garbaysaaye
Haddaahay gasiinkaan lahaa gunno u dhiibtaaye
Haddaahay nin geeskaa ka mari gaar u dhugataaye
Haddaahay sidii goodir dhalay godolka xiistaaye
Haddaahay garraarkow[31] *furfuri garaci looyaane*[32]
Haddaahay ku guuxdaa wasmada gacaladeediiye

---

[29] **Aw Jaamac Cumar Ciise**, *Diiwaanka Sayid Maxamed C.Xasan*, bogga **287**aad.
[30] *Yaasiin Cismaan Keenaddiid*, Ina Cabdulle Xasan ela attivita letteraria, bogga 253aad
[31] Garayska.
[32] Looyaan Seed Magan (Sayidka abtigii).

Ina Cabdalla Xasan Ma sheekh Buu Ahaa, Mise...?

Haddaahay ku wada goohayaan gudo gariirtiiye
Haddaahay guskii kula jiraan goborta weynaaye

Bogagga 116aad - 117aad waxa aan ku soo sheegnay nin afadiisii gogoldhaaf ku eedeeyey oo keeni waayey markhaatiyo ku caddeeya iyo rag tirshey maansooyin af lagaadda ah iyo waxa ay diinta Islaamka iyo dhaqankeennuba ku xukumeen iyo halka ay arrimahaa ka taaganyihiin. Haddaba anigu Sayidka xukumimaayo ee akhriste adiga ayaan kuu dhaafay.

Af xumada iyo hadallada qadhaadh ee afka Sayidka ka soo bixijirey ka sokow waxa gabaygan ku jirta arrin kale oo aad iyo aad loo la yaabo oo caddaynaysa inaan afka Ina Cabdalla Xasan waxba ka xishoon jirin. Taas oo ku cad tuduca 8aad. Ninka uu Sayidku afadiisa leeyahay hadda ayey garraarka (garayska) u dhiganaysaa waa abtigii, *Looyaan Seed Magan*, oo la dhashay hooyadii, *Carro Seed Magan*.

Waxa sidaa si la mid ah u qeexay Yaasiin Keenadiid oo yidhi:

> Dhiimo Cuse, una delle mogli del Sayid, caduta in disgrazia e uccisa in un modo vergognoso: il suo cadavere venne pubblicamente e barbaramente sottoposto a certe sevizie innominabili. Quali furono le colpe di questa donna? Non si hanno prove sicure, non esistendo nel Xasun dei tribunali; l'alta e bassa giustizia veniva amministrata dal Sayid, che di solito agiva a capriccio. Nella tradizione orale, si parla di due colpe: a) infedeltà coniugale e b) tentato avvelenamento del Sayid, il marito. Nella poesia è palese la prima colpa e alla seconda colpa si riferiscono forse gli ultimi versi della poesia 'Le Donne del Sayid', a pag. 251. Il bastardo di Looyaan, ottavo verso, è il figlio di Looyaan Seed, zio materno del Sayid e fratello di Carro Seed, madre del Sayid. La poesia, benché incompleta e disordinata, ha reso Dhiimo una delle più famose mogli del Sayid, come quella che immortalò Koofil (R. Corfield; v. p. 171), con la differenza che questa è troppo oscena per essere recitata in pubblico, mentre l'altra è semplicemente selvaggia.

Sooyaal

Intaasi kolkii la hal tebiyeyna waxay noqotay sidan[33]:

" Dhiimo Ciise, mid ka mid ah haweenkii Sayidka, oo ay ku dhacday ayaandarro tii ugu waynayd, iyadoo loo dilay si ba'an oo ceeb iyo sharaf dhac leh: waxaa maydkeeda loo soo bandhigay si caam ah oo loo dhan yahay, iyadoo si waxashnimo leh loogu gaystay ceebo aan la magacdhebi karin. Maxay ahaayeen eedaha ay gaysatay gabadhani? Lama hayo xaqiiqooyin hubaal ah, maadaama aanay ka jirin max-kamado "Xarunta", garsoorka sare iyo mid hooseba waxa maamuli jirey Sayidka, oo inta badan kibir carruureed ku kici jirey. Sheekada ku tidhi kuteenta ah ee lasoo tebiyey, waxaa la sheegaa in laba arrimood lagu eedeeyey: a) inay gogol dhaaf samaysay b) inay sayidka sumaynaysay, waa ninkeeda. Gabayga way ku caddahay arrinta hore, arrinka danbena waxaad mooddaa in ay tuducyada u danbeeya ee gabayga "Dumarkii (haweenkii?) sayidka" ee bogga 251. Garacii Looyaan, tuduca siddeedaad, waa inankii Looyaan Seed, Sayidka abtigii oo ahaa walaalkii Carro Seed, Sayidka hooyadii. Gabaygu inkasta oo uu kala dhimanyahay, iskuna daadsan yahay, haddana wuxuu Dhiimo ka dhigay afadii ugu caansanayd ee dumarka sayidka, sidii kii uu wax waara kaga dhigay Koofil (R. Corfield; eeg bogga 171), faraqase u dhexeeya labada gabay waa kan danbe oo ah facshar (wax laga

---

[33] *Waxa Af Soomaali u haltebiyey Jaamac Muuse Jaamac oo fadhigiisu yahay magaalada Pisa ee dalka Talyaaniga.*

yaqyaqsoodo) si looga tiriyo dad hortii, halka ka koofil uu yahay cawaannimo kaliya."

Fari kama qodna gabayada cayda ah ee Wadaadka laga faruuray. Gabaygan hoos ku qoranna wuxuu u tirshey gabadh ay walaal ahaayeen ninkii la odhan jirey *Koofil* ee ay *daraawiishtu* ku dishay dagaalkii la baxay *Ruuga*. Waxaanu ku yidhi :

Casayrow [34] *adaa muudayoo meel xillow kiciye*
Adigaa magaalooyinkii mari insha'alleeye
Warka lagama maarmee haddii madal laguu yeesho
Mid yar baan ku sii farahayaa miinka ka higgaadi
Inkastay mijaha kaa xidhaan muuji hadalkayga
Gabaygaa ha lagu maadsadee uunka maqashiiya
Waa mahad ilaahay haddii koofil mowd yahaye
Ingiriisba meeshii ka madhay maara waayuhiye
Maantana midkii soo baxaa mowtigiis galay dheh

Midgaantii walaashiis ahayd waatan murugoone
Intay calal madow qaadatay oohin mirataa dheh

Waa wax maanka laga dhoofiyee ha iska mowleyso
Kintir bay la meermeereysaa mooye weyn le'eg e
Mar haddaan masuubada ku taal maarre kaga gooyo
Dhurwaagii midkii hore cunow madhaxso siilkeeda
Meydkeeda goortaad cuntoo miidda ka hiraabto

Maldhashkeeda heerka leh wasmada kaga muraad qaado
Dabadeed maraaraha guska leh meel kasta u jooji

6.1.2. Ragga uu caayey

Sayidku dumar keliya ma caayin ee waxa jira rag iyo reero badan oo uu aflagaaddeeyey Ragga uu, haddaba, Ina Cabdalla Xasan gabay ku caayey waxa ka mid ah *Ina Shixiri (Cabdille Shixiri)*[35] oo ahaa darwiishkii Sayidka u fadhiyijirey magaalada Cadan. Waxaanu Sayidku ninkaa isha geliyey markii uu ku markhaati furay Sayidka kolkii laga ashta-keeyey **Sheekh Maxamed Saalax** oo ah ninkii Ina Cabdalla Xasan ijaasada siiyey. Waxaanu ku yidhi:

Arkimeysid ina shixiriyow innamadaadiiye
Adna amxaar baad tihiyo ehel nijaaseede

Maanso kalena waxa uu ku yidhi ninkaa:

Ina shixiri baa dilay,
Daanyiyo islaaxoo
Ragguu dahabka dhaafsaday,
Cadhaa wada digsiisoo
Door buu ismoodee,
Waase dooraweynoo!!

---

[34] Casayr Axmed Cigaal: Waa ninkii u soo baxay in uu qaado **Gabaygan** iyo kii Sayidku **Koofil** u tirshey oo uu **Berbera** geeyo, kadib markii loogu ballan qaaday in la siin doono gabadh, faras iyo geel badan.
[35] Isaaq, Habar Jeclo

Ina Cabdalla Xasan Ma sheekh Buu Ahaa, Mise...?

Waxa kale oo ka mid ah ragga uu Ina Cabdalla Xasan gabay ku caayey ninka la yidhaa **Cali Jaamac Haabiil** oo ahaa abwaan weyn oo caan ah kana mid ahaa raggii sida dhabta ah ee cad uga soo horjeedey. Waxaanu ku yidhi :

Hanfi iyo hunriga soo dhiciyo hinif dabayl baa leh
Hanqadh[36] iyo hillaac biligliyo halalac roob baa leh
Cir habqamay xareed laga harqado haradigeed baa leh
Riin hawle iyo heega[37] curan hogol daruuraa leh
Caano had iyo jeera iyo heeshi ramad[38] baa leh
Hir doogliyo caleen hamasha iyo habatac ciid baa leh
Maal hoora ciir laga hanfaqay[39] seben hagaagaa leh

Qumbe lala hagoogtiyo hilbiyo hawlyar adhi baa leh
Hayinnimo wax lagu qaato iyo ku hinji awr baa leh

Habaqliyo harraad iyo kulayl hilin abaaraa leh
Haddii hadowga geedood engego horasho ceel baa leh
Hagahagi hunriga duulayiyo hogo kaliil baa leh

Hadhac iyo qabow lala herjado hadh iyo raaxaa leh
Hawo iyo hilow gacalo iyo hurud nabdoon baa leh
Hanfariir in loo kala ordiyo hunuf dareen baa leh
Lugi waa higiishee himmi iyo halabsi neef baa leh

---

[36] Onkod.
[37] Daruur.
[38] Geel dhalay
[39] Laga dhergey

Sooyaal

Haad iyo haldhaa roori iyo huguf gammaan baa leh
Gorgor samada heehaabiyo huguguf dhooddaa leh

Hanfa[40] booddo iyo xoog sengiyo hadafa[41] buubaa leh
Himbiriirsi meel foga magaan higigifleeyaa[42] leh
Haddii nadigu haaraha ku dhigo haawis xamar baa leh

Aar soo hingoodiyo bad iyo hugun rasaas baa leh
Habaas kacay halaakiga dhacsiga halowna geesaa leh
Haliilyaale[43] aan dhiirran iyo haadis fulay baa leh
Hankakoobsi[44] iyo boobto[45] iyo hoobis[46] guluf baa leh

Hamham iyo humsiga reenka iyo higilla guutaa leh
Hannas[47] weerar iyo qaylo iyo hirif colaad baa leh
Heeraa in laysula bixiyo heegan dirir baa leh
Hirey iyo wirey maalintey humuro[48] joogtaa leh
Haadaa qabiilnimo nimaan lagu holeyn baa leh

Hawa beena soomaalidaa hadalka raacdaa leh
Hadal runa daraawiishta iyo weli hanuunaa leh
Ragga diinta hooyga u noqdiyo hanad shirshooraa leh
Hulqihii dad bari soo baxshiyo hoogey dumar baa leh
Wixii habar majeerteen iyo halamash naagaa leh

---

[40]. Illoobid; dhaafid
[41] Layli buubaal ah.(degdeg daraaddii
[42] Hardaf gaabis ah.
[43] Fuley
[44] Hurro been ah.
[45] Urursi; xaweysi
[46] Diirid; muldhin.
[47] Nacas; habqan
[48] Dhiillo.

Xaar laysku heylaamiyiyo halalac mooraa leh

Hammuunaan damayn iyo hunguri lala hadaaqaayo
Handadka[49] *iyo heemada markuu hadawgu leefaayo*
Warsengeligu haybtuu yihiyo horor dugaag baa leh

Hoobaaq laguu qodahayiyo hagar shisheeyaa leh
Hundhur iyo caloolxumo ninkii cadowgii heeraa leh
Hankuugiyo uur gulguluc ninkii hiijo qabay baa leh
Inaad luqunta hoogaamisiyo[50] *hogosho ciil baa leh*
Meeshiyo habeen aakhiraad hibasho maag baa leh
Haakaalle eebbow ninkii libin hoyaadshaa leh

Hoh iyo caku iyo hiif ninkii hawkar galay baa leh
Halaakiyo laandeyr[51] *ninkii marin habaabaa leh*
Hinji iyo habaar waaq ninkii huray astaadkaa leh
Heeggaa in loo maro arlada habi la'aan baa leh
Hor-ilaahay in loo jeesadiyo haajir culimaa leh
Haawiyada naareed ninkii ferenji haystaa leh
Iidoorka hoosada[52] *Berbera ka hawisaa*[53] *hey leh*
Harag uraya Muusa Carrihii hoodhin jirey baa leh
Hadduu niriggu heeryada ka rido hoogey Arabbaa leh

Xaal hadura[54] *Habar Yoonis iyo Herer nin joogaa leh*

---

[49] Hanjabaad; haddidaad.
[50] Foorarisiyo.
[51] Oodan; deyr yar.
[52] Waab.
[53] Ka buuqa.
[54] Xaal la duudsiyo

Sooyaal

Ciisaha[55] baqtiga hiigayiyo haqay midgaan baa leh
Huuraale Cali Jaamac[56] iyo huluq[57] dameer baa leh

Xididnimo habboonkeed ninkii lagu hirtaabaa leh
Hargaamooyin[58] iyo ceeb ninkii gun u hoyaadaa leh
Hidda xumo gobey heerle iyo horinta cawl baa leh

Hub wanaagsan heesiyo fardiyo haybad iyo luuli
Hadya deeqa hoo iyo waxsiin hor Alla geystaa leh

Hannaan quruxsan haashaar gobeed hodon dariiqaa leh
Horweynkiyo [59] haleelada[60] nirgaha loo hitiqinaayo[61]
Haamaha karuurkee la shuban holaca jiilaalka
Heel[62] xoola laga buuxiyiyo hibana eebbaa leh

Hal madow higgaad iyo Quraan ha iyo wow reebban
Harannimiyo hooyaale gabay heello iyo maanso
Nin kaleba naftiisa ha hafree hoodo anigow le

Waxa la sheegay intaanu Sayidku gabaygaa tirinin in uu diray nin darwiish ah oo u soo ogaada una soo xan warsada wax alla wixii iin ah ee uu leeyahay Cali Jaamac Haabiil. Kolkuu

---
[55] Reerka Ciise ee dega Jabbuuti iyo gobolka Awdal ee S/Laand
[56] Isaaq, Habar Awal, Ciise Muuse.
[57] Gus weyn
[58] Dibindaabyo
[59] Geel gudhan.
[60] Geel dhalay.
[61] Tukubinaayo.
[62] Sabo, meel, dhul.

ninki soo laabtay wuxuu Sayidkii ku yidhi baa la yidhi, " Sayidii! ninkaa wax iin ah kuma hayo. Haddii laga tegi waayo ilko cascas ayuu leeyahay." Midhkaana gabayga laftiisa ayaa dhabaynaaya. Waayo gabayga aad aragto inta uu leegyahay tuduca ah "*Huuraale Cali Jaamac iyo huluq dameer baa leh*" ayuu Sayidku ninkaa wax kaga sheegay. Ilkihiisii casaa baanu cay uga dhigay isaga oo Cali ka dhigay nin huuro leh. Isla tuducaa qaarkiisa dambe wuxuu Sayidku ku tilmaamay in uu Cali jaamac ahaa nin ay xubinta tarankiisu tahay mid weyn. Taas qudheedu waxa ay u marag kacaysaa ama dhabaynaysaaba warar ku-tidhi-ku-teen ah oo sheegaya in ninkii uu Sayidku dirsaday warkiisii midhkaa ku daray oo uu yidhi," Waxaan arkay Cali oo maydhanaya xubintiisa tarankuna wey weynd." Dad kale oo warkaa dambe burinayaana way jiraan. Waxaanay yidhaahdeen, "Ninkaasi midhkaa ma odhan ee waa af-xumadii Sayidka lagu yiqiin."

Ha sheego ama yuu sheegin, iinta dadka waa la qarin jiree lama qaawin jirin. Milgaha Sheekhana may ahayn inuu wax basaaso iyo inuu caytamatoona. Waayo *Diintu* si cad oo qeexan ayey u reebtay labadaa arrimoodba isagaanay ahayd, haddii uu Sheekhnimo sheegtay, inuu dadka ka waanshaaye, inuu hormuud ugu noqdaa Allay leh may habboonayn.

Cali Jaamaca Haabiil kama aammusin midhkaa. Isaga oo ka yaabban sida uu hoostiisa u arkayna wuxu ku jawaabay:

Huluq dheerideydiyo siduu ku arkay hoostayda
Ma haweeneydi aan qabaa hooge laga yaabye

Sooyaal

Ma hubkaan ka dhigey oon aroos shin ula haasaawey
Hubka dumar miyuu leeyahoon hoyga kula seexday
Hadal ileyn lafaha lagama guro horaba loo sheegye

6.1.3. Reeraha uu caayey

Sidii aynu soo sheegnay rag iyo dumar keliya muu aflagaaddayn Sheekhuye waxa uu caayey reero badan oo ka mid ah beelaha Soomaaliyeed sida ku cad gabayga uu u tiriyey Cali Jaamac Haabiil. Waxa jira qaar kale oon gabaygaa ku jirin oo uu caayey waxaana ka mid ah **Majeerteenka** waxaanu ku yidhi:[63]

> *Magannimo allaa lehe nimankaan muskow galay*
> *Aan meherba lagu dhalin minadood ha gubatee*

Sheekh Maxamed doorkanna **Majeerteen** ayuu isaga oon kala reebin, ku tilmaamay in ay garacyo yihiin oon hooya-dood Meherba lagu xidhin. Mar uu **Daarood** guud ahaan u wada caayeyna wuxuu yidhi:[64]

> *Waa niman sidii dumar lagu danaystaaye*

Isaaqa isagoo caayeyana wuxu yidhi: [65]

> *Naagaw tihiin ferenjigii noloshka dheeraaye*
> *Nacalluhu kuwuu fuulay baad daba nashlaysaane*
> *Naamuuskiin wuxuu jabay markaad nacabka raacdeene.*

Guntii iyo gebagebadii, akhristow, in **Cabdillaahi Muuse**

---

[63] Eeg masafada " *Majeerteen* " ee ku qoran *Diiwaanka Gabayadii Sayid Maxamed Cabulle Xasan*, bogga **269-271**aad.
[64] *Diiwaanka Gabayadii Sayid M.C.X.*, bogga **114**aad, tuduca **24**aad
[65] Abdi Sh. Abdi, Divine Madness, bogga.72

Sooyaal

Cabdille Jiciir, X. Guuleed Dhoollayare iyo Ismaaciil Mire sharaftii iyo gabyaanimadii lagaga xayuubiyo aflagaaddadii ay maansooyin kooda u adeegsadeen, Ina cabdalla Xasanna la yidhaa waa geesi waddaniya miyaanay gef iyo eex ahayn?

6.2. Godadlenimo

Ninka xaasaska badan baa godadle loo yaqaan. *Diinta Islaamku* waxa ay nin kasta oo muslin ah u oggoshahay inuu afar dumar ah kol wada qabi karo, *haddii uu ka soo bixikarayo shuruudda ku xidhan ee ah inuu sinnaan ku wada dhiqikarayo sida ku cad aayaddan*.(3)

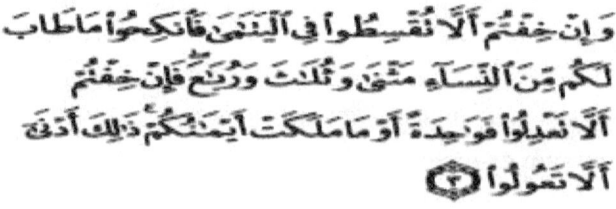

Aayadda sida loo qeexay ka eeg bogga 256aad (3)

Intaa ka badan in uu nin muslin ihi mar wada qabaa waa arrin Diinta ka baxsan. Kii ku kacana Sheekhnimo ha joogtee, muslin baan lagu sheegi karin. Haddaba, Sayid Maxamed Cabdalla Xasan, sida aynu sheekada ku hayno, waxa uu ahaa godadle. Wuxuuna xiloodiyey, tiraba inta lahayo magacyadooda, laba iyo soddon (**32**) haween ah. Badidoodana uma guursan kal-gacal iyo in uu xilo ka dhigto. Waxa uu u guursaday inuu taageero iyo nabad-gelyo kaga helo reerahooda.

Siday doontaba hawdhacdee, waxa halkan ku qoran magacyadii haweenkii Ina Cabdalla Xasan iyo reer kasta intii uu ka guursaday:[66]

A - Dhulbahante :
1. Barni Xirsi.
2. Barni Maxamuud Sugulle.
3. Dhiimo Ciise.
4. Baar Xuseen Xandulle.
5. Faadumo Ciise Aadan.
6. Bullo Nuur Xiddig.
7. Kaaha Abyan Maxamuud.

B - Fiqishinni :
1. Maryan Rooble.

C - Gareen :
1. Werdiyo Dayib.

D - Majeerteen :
1. Xaadsan Dhoorre Xasan.
2. Faadumo Islaan Aadan.

E - Marreexaan :

---

[66] **Yaasiin C. Keenaddiid,** *Ina Cabdille Xasan ela sue attivita lettetaria, bogga* 26aad

1. *Udgoon Maxamed Diinle.*

F - Ogaadeen :
1. *Mullaaxo Malow.*
2. *Bood Malow.*
3. *Cadar Ciid Jihaad.*
4. *Asli Xaaji Cismaan.*
5. *Jawaahir Sheekh Cismaan*
6. *Naado Buraale.*
7. *Caasha Yuusuf Xayle.*
8. *Maryan Rooble.*
9. *Haweeya Xasan Rabaax.*
10. Ardo Cumar Ugaas.
11. Faadumo Ugaas Xaashi.
12. Cambaro Qamaan.
13. Caasha Goonni Ducaale.
14. Salaado Cumar Ugaas.
15. Cadar Cabdi Guhaad.
16. Salaado Rooble Guuleed.
17. Cambaro Magan Khalaf.
18. Ina Nuur Cageeye.

G - Warsangeli :
1. Bullo Cali Shire.
2. Shacni Cali Ibraahin.

Ina Cabdalla Xasan Ma sheekh Buu Ahaa, Mise...?

Mahayno caddayn ama markhaati laysku halleeyo oo noo sheega xilliyada uu Ina Cabdalla Xasan haweenkaa kala guursaday, inta ka dhimatay iyo cudurradii ay u dhinteen ama inta uu furay iyo waxa uu ku furay toona.

Hayeeshee waxaanu gabay ku haynaa inuu wadaadku ugu yaraan toddoba (7) naagood uu mar qudha wada qabi jirey, taas oo ah arrin Diinta Islaamka ka baxsan. In uu midhkaa, oo ah mid aan looga fadhiyin nin Sheekh ah, Ina Cabdalla Xasan ku kacay, waxa sheegay Cali Jaamac Haabiil oo ka mid ahaa raggii sida aadka ah u saluugay sheekhnimadii Ina Cabdalla Xasan. Waxaanu tuducan aannu gabaygiisii ka soo qaadannay ku yidhi :

Toddobuu qabaa naago xora tuu falaa darane

Tuducaasi oo si kale loo sheegayna wuxu odhanayaa:

Toddobaatan buu qabaa hablaha tuu furaa darane [67]

Scott S. Reese (2001: 65-66) baa sheegay inuu Sh. Uweys Ibn Maxamed Al-Barawi isna tilmaamay inuu Ina Cabdalla Xasan godadle ahaa, si xeerka diinta ka baxsanna uu haweenka ula dhaqmijirey. Maanso af Carabiya buu Sh. Uweys arrintaasi ku tilmaamay. Maansadii iyo haltebintii Scott Reese oo af Ingiriis ku qoraniba waa kuwan hoos ku xusan:

---

[67] Abdi Sh. Abdi, Divine Madness, bogga 52 aad.

Sooyaal

[Arabic verses]

1. Give a prayer to Muhammad and his family
   And turn, through them, from all evil calamities
2. The one who has imitated Muhammad through his law
   Does not follow the faction of Satan
3. They are the justifiers of [spilling] the blood of the 'ulamā'
   and of wealth and women; they are libertines
4. They prohibit the study of sciences
   such as law and grammar. They are the Karrāmiyya.[27]
5. Through every Shaykh who has died such as al-Jilānī
   They do not seek petition, like the faction of Jawzūqiyya.[28]

Tuduca saddexaad wuxu Sheekh Uweys tilmaamay inay jideeyaan, daadinta dhiigga Culimada, xoolaha iyo haweenkaba. Ka afraadna inuu is hortaago barashada aqoonta sida Fiqiga iyo naqwaha oo ay karaahiyo yihiin.

Salaan Carrabey oo midhkaa isna ku eedaynaya baa yidhi:

Shan uun baa haweenka u shardiya shayna weheshaaye

6.3. Cadaadiska iyo caga jugleynta

Wadaad waa kii bulshaawiye ee lagu xoonsanaado. Mar waa bare oo aqoon baa laga korodhsanayaa. Mar wuu garsoorayaa oo dad xurgufi dhexmartay buu dhex-dhexaadinayaa. Mar dhaxal buu qaybinayaa. Markale reer cusub oo udubkooda la taagayo ayuu isu meherinayaa. Markale cashar buu bixinayaa ama wacdi buu jeedinayaa. Sidaasi awgeed ayaa had iyo jeer aanu wadaadku marna cidla u fadhiyin. Hayeeshee, wadaad yidhi yaan agtayda laga qufacin, aniga mooyee cid kale yey hindhisin Ina Cabdalla Xasan baa la hayaa. Inuu dadka afka qabtay oo la wada cabbudhsanaa waxa weriyey Cali Dhuux Aadan Gorayo oo yidhi:[68]

Tunka layma soo qaban tan iyo taadi dabadeede
Hadalkii la tuugeysan jirey waa ka togannaaye

Cagajugleyntu waxay ahayd hab kale oo uu u adeegsanjirey cabbudhinta daraawiishta. Hibo Guuleed Jaamac Xirsi, EHN, oo dhowaan ku geeriyootay magaalada Hargeysa ayaa laga soo weriyey in kolkii hooyadeed 'Qamar Gurraase X. Cali' ay u doonnanayd aabbaheed Guuleed Jaamac Xirsi uu Ina Cabdalla Xasan doonay in isaga la siiyo. Hayeeshee, sidii dhaqanku ahaa Gurraase X. Cali wuxu ugu warceliyey Ina Cabdalla Xasan in ay inantiisu doonnan tahay sidaasi awgeedna aanay u jirin inan madax bannaan oo reerka joogtaa. Ina Cabdalla Xasan midhkaa wuu u qaadan waayey. Sidiina kuma hadhin ee wuxu bilaabay

---

[68] Abdi Sh. Abdi, Divine Madness, bogga 54 aad.

Sooyaal

cagajugleyn iyo boolxoofto si isaga inantii loo siiyo. Waxaanu yidhi:[69]

> *Intaan geel badan lagaa dhicin*
> *Gurraasow gabadha noo keen*
> *Intaan gabannada lagaa layn*
> *Gurraasow gabadha noo keen*
> *Intaan gadhka weyn lagaa rifin*
> *Gurraasow gabadha noo keen*

Gurraase Xaaji Cali dheg uma jalaqsiin cagajugleyntii Ina Cabdalla Xasan. Inantiina sidii uu qorshuhu ahaa waxa guursaday Guuleed Jaamac Xirsi.

Kolkii uu Cali Dhuux Aadan ka fakaday xaruntii wadaadka, dhawr maanso oo dab ka kululna uu ku tumaa-tiyey wuxu wadaadku bilaabay inuu u cagajuleeyo waxaanu yidhi:[70]

> *Ilaah oo ku caynshiyo*
> *Anoo ku cafiya mooyaane*
> *Wallee caafimaad kuma fadhidid*
> *Caliyow Buuhoodle.*

Hanjabaadda iyo cagajugleynta uu dadka ku hayey may yarayn. Sidaasi awgeed, waxa la wariyey in intii uu Ina cabdalla Xasan ku sugnaa Berbera uu ka warqabay inuu jirey ciidan xooggan oo fardooley ah oo uu Cali Jaamac Haabiil horjooge ka ahaa. Isaga

---

[69] Waxa arrintan ii sheegtay inan ay **Hibo Guuleed** dhashay oo la yidhaa **Rooda Baanday (Rooda Yuusuf Cismaan Food)** oo hadda joogta Hargeysa, markay ii warramayseyse deggeneyd magaalada Kaalgeri ee gobolka Albeerta ee dalka Kanada.

[70] Abdi Sh. Abdi, Divine Madness, bogga 72 aad

oo u maatmaatinaya ayuu maansada intan hoos ku qoran laga hayo ugu soo hanjabey. Waxaanu yidhi:

Ciise Muuse Laaleys qaxwaha ha iska laasima e
Lebi-raqaso reerihii dul yiil laydhku ii qabaye
Leexda fardaha reer wacays libin ha moodeene
Nin laxaad ku faanaba anaa liidaroo utegiye
Laayaanka xeebaha Berbera laaxinbow baxaye

6.4. Dilka

Diinta Islaamka ka sokow, dadnimada ayey ka bax-santahay in layska dilo qof aan waxba galabsan, gaal iyo islaam kuu doono ha noqdee. kii ku kacaana diin iyo dadnimaba bannaankuu ka hurdaa. Waxaanu Eebbe ku yidhi aayadda 33aad ee Suuradda Al-israa :

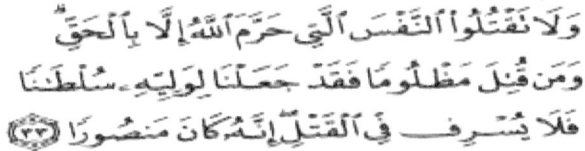

Sida loo qeexay Aayadda ka eeg bogga 257 aad (4)

Haddaba waxyaalahii sheekhnimadii Ina Cabdalla Xasan lagu buriyey waxa isna ka mid ahaa **dilka**. Dilka aynnu ka hadlaynaa maaha ka ay diintu bannaysay ee waa ka ay diintu reebtay. Diintuna saddex qof oo keliya ayuun bay bannaysay in la dilo kuwaas oo kala ah:

Sooyaal

- *Qofkii qaangaadh ah ee xaas leh, rag iyo dumar kuu doono ha noqdee, ee lagu helo inuu gogoldhaaf ku kacay.*
- *Qofkii muslin ah ee Diinta Islaamka ka baxa diidana inuu ku soo noqdo, iyo*
- *Qofkii qof kale gardarro ku dila.*

Haddii aan isnidhaa wax ka sheega dilalka gardarrada ah ee uu Ina Cabdalla Xasan ku kacay waxan soo qaadan karnaa dhawrka dhacdo ee soo socda:

6.4.1. Dilkii Shide Dhabarjilic

Inuu dilkaa gardarrada ah ku kacay Ina Cabdalla Xasan waxa weriyey Aw Jaamac Cumar Ciise.[71] Waxaanu sheekada u qoray sidan hoos ku xusan:

> " *Iyadoo la yaal balliga Gurraati ayaa waxa xujoobay nin la odhan jirey* **Shide Dhabar jilic** *oo ragga madaxda ah ka mid ahaa waana la dilay. Dilkiisana waxa sabab u ahaa: Markuu Sayidku hubsaday inuu daraawiish xoog leh haysto ama arkay sida yaabka leh ee loo raacsan yahay ama* **Dariiqada Saalixiya** *loo qaatay ayuu in tuu kala batay culimadii iyo raggii madaxda ahaa isugu yeedhay oo wuxuu ku yidhi, "* *Waxa laydinka doonayaa in nin waliba beeshii uu madaxda ka ahaa soo raro oo dariiqa keeno." Inkastoo taasi arrin culus ahayd haddana rag baa yeelay. Raggase badankiisii waa diidey. Waxa la weriyey* **Shide**

---

[71] Aw Jaamac Cumar Ciise, Taariikhdii Daraawiishta iyo Sayid Maxamed C. Xasan, 1976, bogga 31-32aad

Dhabar jilic *oo sheekadiisu gadaal ku imandoonto inuu ka mid ahaa raggii taladaas sida caddaanka ah u diidey. Dilkiisiina iyadaa (diidmadaasaa) sabab u ahayd.* **Dabadeed Sayidku wuxuu guddoomiyey in ninkaas la dilo.** *Hase ahaatee waxa loo diley si qaab daran oo laga jidh naxo. Oo waa sidee? Inta markii hore xabbad lagu dhuftay ayaa maydkiisii fardo lagu tunsiiyey. Dabadeedna qoobkii fardaha ayaa hilibkiisii googooyey.*

Iyadoo ninkaa dilkiisii laga xun yahay hase yeeshee la qabo in diintu dishey ayaa **sir qabiil ku lug lihi Sayidka ka fakatay.** *Inkastoo sheekadu isku mid tahay haddana weriyayaashu waxay ku kala baydheen sidii arrintu u dhacday.*

Ragga taariikhda weriya qaarkood waxay yidhaahdeen Sayidka ayaa shir u qabtay dadkuu ka dhashay, waxaana la fadhiistay dundun hoosteed, wuxuuna ku yidhi, "Shirka nin **Xaliimo Geri** *iyo* **Sheekh Baahilaawe** *iska dhaleen mooyee nin kale caawa yuu iman.*

Markii shirkii la fadhiistayna wuxuu yidhi," Waar **Shide Dhabar jilic, Xasan jiijiile** *maw aargalaa?" Waxa la yidhi, " Sayidii haa!" Kolkaasuu wuxuu yidhi, "Waar nin aan buti ahayni meeshaa ma joogaa? Bal nin walbowba ninka ku xiga eeg." Haddii lays wada eegayna waxa la yidhi,"Sayidii waxa innala fa-dhiya* **Dhuux Warsame** *oo weligiiba ahaa nin innaga mid ah." Sayidkiina wuxuu yidhi, "Wixii caawa meeshaa lagaga hadlaa waa Ballan Ilaah. Ninkii sheegaana ballankii Ilaah buu furay."* **Dhuux Warsame** *waxa laga weriyey inuu yidhi, "Wixii habeen-kaa meesha lagaga hadlay* **Shide Dhabarjilic, Xasan jiijiile ma u aargalaa?** *oo ballanka ka horreeyey maahee inta* kale aboor baa iga jeexi kara." Waxay ku dareen hadalkii wuxuu u sheegay **Xuseen Iljeex (Xuseen Xirsi Dalal).**

Rag kalena waxay weriyeen sidaas si ka duwan oo waxay yidhaahdeen,"Sayidka oo faras la yidhaahdo **Caynab-Sonkor** la daba taxaabayo, koox jifadiisa ihina la socoto oo aan filayn in hadalkiisa cid kale maqlayso ayaa wuxuu yidhi, **"Waar Shide Dhabar jilic, Xasan jiijiile ma u aargalaa?"** Isla markaa waxa gadaashiisa taagnaa hadalkana maqlayey **Xuseen Xirsi Dalal (Xuseen Iljeex).** Sayidki intuu naxay ayuu yidhi, **"Xuseen, Xuseen, Xuseen!** *toban faras iyo boqolbaa xalay barkinka kuugu soo baxay ee ha qaadan garanwaayin. Bal Caynab-sonkor ama Qaac guddoon, sagaalkii kalana ha qaadan waayin."* Markaa kadibna fadhiyo badan buu la qaatay si aanu warkaas u sheegin. Wuxuuna ku dadaalay inuu **Xuseen** xoolo ku qanciyo. Hayeeshe **Xuseen** ma yeelin. Hadal-kiina ma qarin ee wuxuu u sheegay rag **Shide** ay ilma-adeer ahaayeen. Taasina waxay dhalisay aammin kabax. "

Sheekadaasi waxay innoo caddaynaysaa inuu Sayidku ninkaas la odhan jirey **Shide Dhabar jilic** uu guddoomiyey dilkiisii isaga oon raggii kale ee diidmada kula jirey mid qudha waxba yeelin, iyo in uu dilkaasi yahay kii diintu innaga reebtay. Haddaba ninka talooyinkaa guddoomiyey Sheekhnimo halkee buu ka soo galaa? Dadkii Sheekhnimadaasise diidey, dad Allow, miyey ka gardarraayeen?

Ina Cabdalla Xasan Ma sheekh Buu Ahaa, Mise...?

6.4.2. Dilkii Sh. Uweys Bin Maxamed Al-Baraawi

Ninka la yidhaa Scott S. Reese (2001:49-50) baa sheegay in 14kii bishii Abril ee 1909kii ay col fardooley ah oo ka mid ah taageerayaashii Ina Cabdalla Xasan ay tuulada Biyooley guluf geliyeen halkaasina ay Sheekh Uweys, ardadiisii iyo taageera-yaashiiba ku dileen. Waa yaabe, Sayidku isaga oo falkaasi ka marag furaya wuxu gabay ku yidhi:

DOQON BAAN OGEYN SUUDIYOW DAHAYA NAAREEDE WUXUU DOOKHANNEEYOO XUMAAN DELI LA MEERAABA DEMBIGUU FALAAYAA UWEYS LOOGU DAW GALAYE CANDHO-DOGOBLE GOORTAAN DILAA ROOBKU NOO DA'AYE

6.4.3. Dilkii ilma Cabdalla Shixiri

Waxa kale oo uu Aw Jaamac Cumar weriyey inuu Sayidku diley **ilma Cabdalla Shixiri**[1] **iyo hooyadood, xoolahoodiina dhacay,** kadib markii uu aabbahood **(Cabdalla Shixiri)** uu ku markhaati furay kolkii laga ashkateeyey **Sheekh Maxamed Saalax.** Sayidku midhkaa ma diidin ee isagaaba qirtay. Waxaanu maansadan ku yidhi:

Eelkii qabsaday Reer Catoosh adhax gariirtaaba
Ilmo daadisaa iyo sidii aar u oroddaaba
Afka duubtayaa iyo gafuur umal la taagtaaba
Isku eebataa iyo nin kale eed ku dadabtaaba
Ardiyeysataa iyo dillaal oon ka dhigataaba
Ingiriiska eygaa sidii Eebbe baridaaba
Nin ibtilo ku dhici baa tahaye urug la taahdaaba
Amminkii habeennimo hurdada aladla booddaaba
Raggii uu waraabuhu abxaday agas u qaaddaaba
Asay xidhatayaa amase weer kugu abaadyaaba
Ashkatootayaa iyo warqado ku andacootaaba
Ararihiyo debeddaa martoo naga ufootaaba
Awtaamisaa iyo sidii geel u oloshaaba
Arki meysid Ina Shixiriyow innamadaadiiye[72]
Adiguna Amxaar baad tihiyo ehel nijaaseede !

---

[72] Toddoba wiil oo uu dhalay Cabdulle Shixiri iyo hooyadood buu Ina Cabdalla Xasan unuunka ka jaray, isaga oo u aaneeyey ka soo horjeedkii uu aabbahood ka soo horjeedsaday.

6.4.4. Dilkii ilma Cali Dhuux Aadan Gorayo[73]

Haddii aynu hore uga hadalnay inuu Ina Cabdalla Xasan Xasuuqay ilma Cabdalla Shixiri oo uu isagu qirtay sida ku cad bogga 145aad, hadda waxaan hoos ku soo gudbinayaa sheeko yaab badan oo ku saabsan Cali-Dhuux Aadan Gorayo oo minweynadii reerkiisu kaga cabatay in baxsigiisii ay ku goblantay oo 7carruura uu oo ay dhashay uu Ina Cabdalla Xasan ka dilay. Waxaanay sheekadu odhanaysaa sidan:

> *Cali Dhuux Aadan, sideedaba wuxu ahaa nin Ilaahay cimrigiisa raajiyey, wuxuna noolaa boqol iyo dhawriyo toban sannadood (1856-1962).*[74]
> *Waxa uu ku kacaamay beeshiisa oo tiirri ah oo uu Eebbe weyne rag iyo xoolaba u buuxiyey... Qoys-hoosaadkiisa jifiyeed ee Reer Gorod Xirsi keliya ayaa alqiyaan ahaa oo kumanyaal fardo ahi ka duullaami jireen.*
>
> *Markii Sayid Maxamed jookha loo lulay; Cali-Dhuux waxa uu lahaa qoys ka kooban marwo iyo 7 ubad ah oo qaybtood korrantahay.*
> *1904tii ayuu Cali-dhuux ka googoostay Daraawiish oo markaas Eyl degganayd, kaddib markuu arkay Afdabool Aadan Galaydh oo geeltoosiye ku quraacanayo. Hadduu jeedladayba toddobadiisii carruurta ahaa sarmo gudban baa loo dhigay, xoolihiisiina waa lala wareegey; naagtiina waxa la yidhi yaan looga dambayn, meelna yaanay u kicin.*
>
> *15-sanno ka bacdi Cali-Dhuux wuxuu yimi qalcaddii Taleex oo ciidammadii huwanta Ingiriis qabsadeen; meeshii wuxu ka helay xaaskiisii oo keli ah oo iyana joogtey cimri aysan sugayn in wax ubad ah oo dambe laga soo xuddumiyo. Muddo dhawr sanno ah kaddib (oo Cali-Dhuux guursadey Ugaaso Kaahin Feedhoole oo labo ubad ah markaas u*

---

[73] https://www.doollo.com/mainpage/boggasuugaanta/calidhuux/qaafku, Facebook, June 22, 2015 ·

[74] Kolka 1962 laga jaro 1856 waxay noqonaysaa 106, markaa wuxu jirey boqol iyo dhawr gu' ee boqol iyo dhawr iyo toban gu' muu noolayn!

yeelatay) ayey Xaaskiisii minweynta ahayd ee carruurteedii Daraawiish lagu xasuuqay ay Cali Dhuux ku hiiftay inuu goblankeeda masuul ka ahaa oo aan ubadkeeda la warjeefeen haddii uu iska joogi lahaa oo aanu ka fakadeen Dariiqo iyo Sayid....
Cabatinka haweeneydu wuxuu Cali-Dhuux xasuusiyey sooyaal aad u dheer oo wahan iyo walbahaar xambaarsanaa, wuxuuna soo gocday ayaamihii beeshiisu calanwalayneysey ee geela, fardaha iyo ragga ka buuxdey; waxa uu hibtey adeerkii Qoorwaa Jaamac iyo raggii qaafada ahaa ee talo qabeenka ahaa ee uu geedka xaajada la fadhiisan jirey... waxa uu ka murugoodey sida muddo 20 sanno ah Reer Cali Geri guud ahaan, gaar ahaanna reer Gorod Xirsi meesha uga baxeen... waxa uu isku qanciyey in qadder Ilaah dhacay isna wax badani ka dhugfadeen... Waxa uu xaaskiisa ku baraarujiyey in "wax tegey lama tiigsadee" ayIstiqfaarsi iyo toobbadkeen ku faro-adaygto... wuxuuna Cali dhuux Aadan Gorayo gabay la yidhaa QAAF-KU-DHIGO LOOXA ku yidhi:

Qudhmis iyo qarroor-weyne iyo Ilaha qaansoole
Qawdhaha ka baxay tuur-wareen qararro baasheeda
Qodda Dhagaxle, qoorriga Hayiyo Tuman qallaalkeeda
Qaallaha madheedhkii lahaa quruxdii reenweyne
Qotonkii Yamayskiyo halkaan qadow ku beeraynay
Quruuntii intaa degi jirtaan qudhi ka noolayn-e

Nimankii qusuusiga ahaa qoran ma daajaane
Qaandhaamihii kuma lisaan qamaca jiilaal e
Qiyaas caaneheedoo dhanaan kuma quraacdaane
Qarrog buuxa Aagaan qafilan qalaxsan maayaane
Qorfe awrta kama soo raraan qabo Ogaadeene
Qunbe subag ah quud inan-gumeed qaybsan mahayaane
Qalanbaawi nimankii ahaa qaranki reer Jaamac
Qab intey la liicaan hagoog qam isma siiyaane
Qawad laabta joogiyo xarrago lama qamaadaane

Ina Cabdalla Xasan Ma sheekh Buu Ahaa, Mise...?

Qoortii bannaanayd shirkii qun uma heeshaane

Qaryad gabadha qaalida haween lama qisoodaane
Jalmad-qabaxle, qool Cadan ka yimi qayli la xiddeeyey
Intay qalab magaalo u xidhaan uma qushuucaane
Aqal qaacle derin loo qatimay kulama qooqaane
Qarashaalihii lama dhacaan qirada feedhnaaye
Qosolka iyo haasaawihii ku qarxin maayaane
Qol-dugsoon intay jiifsadaan qabay ma fuudaane.

Dhallinyaro qabiibiyi fardaha kuma qadhaabtaane
Senge qaarar weyn iyo darmaan qooqin mahayaane
Ashkir-qoodh-qab, xamar-qaayib iyo qalas ma fuulaane
Baroor qadanlehoo midabka aad qad iyo laas mooddo
Qolqol uma dhisaan geed intay qun ugu waabaane
Qol-ku-jire qasaaraha rogaal uma qalqaalaane
Hadba qolo intey weeraraan kagama qayshaane
Intay qoorta kaga weeciyaan kuma qateeyaane
Waa lagu quweyn jirey tolkay qaanka boolida'e
Qaankiisa oo tuban haddii la qoryo waa geele
Qaanuun abaanduule iyo qarad ma soocdaane

Naagyahay adduun iga qarriban quusna waan ahaye
Qab-baa madaxa kaa buuxa oo waad qadhaadhahaye
Waxaan la qarwayaa leylka dhexe qoommamiyo ciile
Raggii aniga ila qayr ahaa qoladii reer Jaamac
Qoonkaad ogayd baan la shiray amase Qoorwaaye
Maantana qudhaydiyo Cabdoo qaawan baa hadhaye
Qabiilkii ku guursaday la madhi qoomkii reer Gorode
Waa duni qiyaamihii dhacoo qiiq ka baxayaae
Qarri iyo Ogaadeenka yaal qaraxi Doofaarre

Iidoor qareen kama dhigteen qaatay halihiiye
Hadba qolo waxaan ula degaa waa qariibnimo'e
Qalbi haddii aad leedahay asaad qaadan talayda
Qaydada Ilaahay ka timid Qaaddir taladiisa
Qawlkii Eebbahay iyo sharciga hays qilaafina'e
Qaatumadu yey kaa xumaan qirada diineede
Qaybtaadii soo laasataye qaaf-ku-dhigo looxa.

Xigasho: Abwaan cali Dhuux Aadan Gorayo Facebook page

6.4.5. Dilkii Dhiimo Ciise

Sida bogga 100aad ku xusan waxa ka mid ah dadka loo tirinayo inuu Ina Cabdalla Xasan gardarrada ku dilay haweeneydaa la odhanjirey Dhiimo Ciise oo ka mid ahayd xaasaskiisii tirada badnaa. Ha dilee tuu ku dhigay baa ka darnayd.

Mahadhada afka lagu soo tebiyey waxay sheegtay in markii uu dilay afadaa uu yidhi, 'Saddex biloood uma tegin. Markii u dambayseyna way matagaysey ee caloosheeda ha la baadho bal iney uur lahayd iyo inkale." Kolkii la hubiyey ee la yidhi Sayidi wax uur ah oo ay lahayd ma jirto ayuu yidhi, baa la yidhi, " Marxuumad lagu gefey dheh!"

6.4.6. Dilkii Garaad Cali Garaad Maxamuud

Dad badan ayaa madmadow kaga jirey Sheekhnimada *Ina Cabdalla Xasan* oo markay aad ugu fiirsadeen sida uu wax u wado u arkay in ay arrintiisu wadaadnimo ka qotodheer tahay. Taasina waxay rumoowday kolkii uu diiday, gaashaankana ku dhuftay, taladii *Garaad Cali Garaad Maxamuud*. Taladii iyo sidii Garaadka loo dilayba ka eeg bogga 168 aad.

6.4.7. Dil wadareedka uu Ina Cabdalla Xasan geystey

Gabayga oo ah caddaynta keliya ee loo hayo dhacdooyinkii iyo mahadhooyinkii Soomaaliyeed darteed ayaa waxa qasab igu ah inaan arrin kasta oon ka hadlayaba aan marag uga dhigo tix ama tuduc kolba kii ku habboon. Haddaba inuu falkaas Sheekhu falay - ha falo ama taladiisaba ha lagu fuliyee - waxa isna ku eedeeyey ninka la yidhaa **Cali Jaamac Haabiil** waxaanu ku yidhi :

KUN TAWXIIDSANAAYUU SIDII TAYS[75] U GAWRACAYE

Ujeeddada tuducan haddii aan aad u axadhno waxa inooga dhadhamaysa inuu hal-abuuruhu inna dareensiinayo inuu Sayidku dad badan oo muslin ah oo Alle-ka-cabsi daraaddii wardiga iyo tawxiidka toona aan afka ka dhigin uu sida xoolaha u gawracay.

Douglas Jardine baa isna qoray inuu wadaadku dilal wadareed ku kacay waxaanu yidhi:[76]

Wuxu isku mar wada dilay 66 nin. Kuwaas oo lagu eedeeyey inay maleegayeen sidii ay xarunta uga firdhan lahaayeen.

Markale wuxu Jardine weriyey inuu Ina Cabdalla Xasan 300 oo dumar ah yidhi ha la naafeeyo. Waayo wuxu ku riyooday

---

[75] (carabi) Orgi.
[76] Jardine, Douglas, *The Mad Mullah of Somaliland*, 1st ed. 1923,p.51.

ayaga oo aan tukanahayn. Waxana wax aad loola yaabo ah sida uu dumarkaa uga dhex gartay dumarkii faraha badnaa ee xarunta joogey! 8.5. Falalka Alla ka fogaadka ah ee uu Ina Cabdalla Xasan ku kacay

Sheekh inuu fal dhinaca Eebbe u dhoweynaya mooyee falaad ka fogeynaya ku kacaa mid la maqlay iyo tu la arkijireytoona ma ahayn. Falalkan soo socda ee Alla ka fogaadka ihi waxay ka mid yihiin waxyaalaha lagu buriyey sheekhnimadii Ina Cabdalla Xasan. Qofkasta oo falalkan akhristana tallan baa ka gelaya Sheekhnimadii Ina Cabdalla Xasan. Waxba yaanan hadalka sii wadine falalkaas waxa ka mid ah sidii loo dilay Shide Dhabarjilic oo odhanaysa:[77]

" ...*Inkastoo taasi arrin culus ahayd haddana rag baa yeelay. Raggase badankiisii waa diidey. Waxa la weriyey* **Shide Dhabar jilic** *oo sheekadiisu gadaal ku imandoonto inuu ka mid ahaa raggii taladaas sida caddaanka ah u diidey. Dilkiisiina iyadaa (diidmadaasaa) sabab u ahayd.* **Dabadeed Sayidku wuxuu guddoomiyey in ninkaas la dilo.** *Hase ahaatee waxa loo diley si qaab daran oo laga jidh naxo. Oo waa sidee? Inta markii hore xabbad lagu dhuftay ayaa maydkiisii fardo lagu tunsiiyey. Dabadeedna qoobkii fardaha ayaa hilibkiisii googooyey.*"

Diinta Islaamku aad bay u ilaalisay milgaha iyo maamuuska meydka. Sidaasi awgeed in meyd qoob fardood lagu

---

[77] *Aw Jaamac umar Ciise, Taariikhdii Daraawiishta iyo Sayid Maxamed C. Xasan, 1976, bogga 31aad*

dul socodsiiyaa waa arrin aad looga argaggaxo. Cidda falaadkaa faliddiisa iyo fulintiisa guddoomisey toona Islaan-nimo meelna kama soo galaan. Sheekhna kuma sheegikarno, ee akhriste bal adigu wax ku sheeg.

Falka labaad ee kaa ka daran wuxu Ina Cabdalla Xasan ku kacay mar uu hubinayey awooddiisa iyo sida looga cabsado. Sida la weriyey:

"... *ayuu maalin Jimcaha Ina Cabdalla Xasan u sheegay Daraawiish inaan salaadda Jimce la tukandoonin. Markay duhur gaadhay baa Sheekh la odhanjirey Sh. Maxamed Cali Qablax oo kolkaa xarunta ku sugnaa arrintana aan ka warqabini weydiiyey raggii mawlaca joogay oo uu ku yidhi, "Waar maanta miyaan salaaddii la oogeyn, waa sidee?" Nin Daraawiishtii ka mid ah oo mawlaca fadhiyey baa ugu warceliyey, Salaaddii Jimce Sayidka ayaa joojiyey oo maanta lama oogayo." Ina Cali Qablax baa yaab Alla u keenay. Waanu iska aammusay. Kolkay xilligii salaadda gaadhay buuse daree-may in hadalkii la sheegayey wax ka jiraan oo uu dhab yahay. Intuu salaaddii duhur aqimay buu yidhi, "Waar ninkii Ina Cabdalla Xasan ka cabsanayowna salaadda ha tukan ee iska fadhi, kii Eebbe ka cabsanayawna kaalay oo ila tuko." Waxana la weriyey in kolkii cidi ku soo biiriweydey uu Ina Cali Qablax keligii salaaddii duhur halkii ku tukaday*"[78].

---

[78] Arrintan waxa iiga sheekeeyey Inj. Maxamed Xaashi Xandulle oo ah aqoonyahan dhaqanka, sooyaalka iyo suugaantaba ku xeeldheer oo aan kula kulmay magaalada Ottawa ee dalka Kanada 2004tii.

Sidii caadada u ahayd, Ina Cabdalla Xasan wuxu xanwarsaday in salaaddii Jimce la tukaday oo aan dheg loo jalaqsiin iyo in hadalkiisii la fuliyey oo aan la tukan. Warkiina wuxu ku helay in Sh. Maxamed Cali Qablax mooyee cid salaaddii duhur tukatay aysan jirin. Sida la wariyey, Ina Cabdalla Xasan midhkaasi muu jeclaysan. Shir gaar ah baanu la yeeshay Ina Cali Qablax. Waxana la weriyey in talooyinkii uu Ina Cali Qablax wadaadka siiyey ay ka mid ahayd: haddii aanu Ina Cabdalla Xasan saddex 'X' oo kala ah: wuu xujoobey, ha la
xidho iyo xabbadeeya, xarunta dhexdeeda ka joojin ay xaruntu noqon doonto meel goraygu ka hadaafay.
Hadal iyo dhammaantii falalkaasi ma yihiin kuwii sheekh laga filayey? Warcelinta akhristahaa laga sugayaa oo sheegi.

6.5. Dhaca

Arrimaha ay Diinta Islaamku aad uga hadashay reebtayna waxa kale oo ka mid ah dhaca sida ku cad aayadda 188aad ee, *Suuradda Al-Baqara* (5).

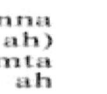
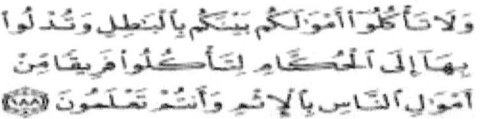

Ujeeddada aayadda ka eeg bogga 257aad (5)

Wadaadna in uu dadka ka waaniyo una sheego *If* iyo *Aakhiraba* dhibaatada booliga la cunaa leeyahay mooyaane inuu abaabulo col reero gelaaya xoolana lagu soo dhacayo hormuudna uu ka noqdaa waa arrin la yaab leh. Haddaba waxyaalihii *Sheekhnimadii Ina Cabdalla Xasan* lagu buriyey ayuu dhacuna ka mid ahaa. Falkaasi inuu dhacay, wadaadkuna ku kacay, waxa weriyey *Aw Jaamac Cumar Ciise*. Waxaanu ka yidhi:[79]

> *"Bishii juun 1900 ayaa Daraawiishtu ku duushey beelo deggenaa Gaaroodiga u dhexeeya Hargeysa iyo Oodweyne. Kuwaas oo, siday Daraawiishtu sheegtay, lagu tuhmay inay Ingiriiska xidhiidh la lahaayeen. Waxaanay ka soo dhaceen geel lagu qiyaasay 2 kun oo halaad. Duullaankaasi wuxuu caan ku yahay oo loo yaqaan Dayax weerar. Ragga taariikhda sheegaa sida ay weriyeen kaasi waa duullaankii ugu horreeyey oo Daraawiishi qalqaalo ugu kacdo, xoolo Soomaaliyeedna lagu dhaco.*
>
> *Iyadoo laysku ogaa in Diinta kor loo qaado dalkana gaalo laga difaaco ayaa colkaa la ambabixiyey. Nin sheekh ah oo la odhanjirey Shariif Cabdulle Shariif Cumar ayaa ilaalo u ahaa. Sayidkuna waa diray. Markii colkii dareeray culimadii diin tuna hor socoto geelaana la soo dhacay ayuu nin arrintaas ka yaabay oo geeraar mariyey waxaanu yidhi :*
>
> > *Col ashraafi wacaysiyo*
> > *Caalin reero dhacaayiyo*
> > *Cilmi geel lagu qaado*

---

[79] Aw Jaamac Cumar Ciise. *Taariikhdii Daraawiishta iyo Sayid Maxamed Cabdulle Xasan,* 1976, bogga 28aad

> *Sayidkii calmanaayow*
> *Cimri yuu ku simaayoo*
> *Cidhibteeda ogaada !!!* "

Sheekadaas haddii aynu aad ugu fiirsanno ama ugu dhabbagallo waxa innoogu cad afar arrimood oo kala ah:

A. In tallaabadii u horreysey ee uu Ina Cabdalla Xasan ku dhaqaaqay ahayd aargoosi iyo nacayb uu u hayey dadkii uu wax gashan kariwaayey ee aragtidiisa saluugey, arrinkuna ahayn gaalo la dirir.

B. In reerahaas tuhun lagu galay, xoolahoodiina la dhacay tiiyoo aan wax caddayn ah lagu hayn, iyo

C. Tuhunkaasi oo ah inay xidhiidh la lahaayeen Ingiriiska, iyo

D. Sida geeraarka ku cad in wixii Sayidku dadka ku waanin jirey iyo falalkiisu ay is burinayeen.

Waxa haddaba isweydiin leh waxay Diinta Islaamku ka qabto tuhunka iyo xidhidhka gaalada lala yeelanayo? Runtii diintu si cad bay arrinta tuhunka u reebtay (Al-xujraat Aayadda 12aad)[80]. Sheekh, badheedh mooyee, inuu tuhun wax ku xukumaa waa arrin yaabkeeda leh.

Arrinta ku saabsan waxay Diinta Islaamku ka qabto xidhiidh la yeelashada Gaalada iyo inuu Sheekh Maxamed Cabdalla Xasan arrintaa ogaa iyo in kale waxa si hufan u tilmaamay Aw

---

[80] Suuradda Al-xujaraat, aayadda 12aad.(eeg bogga 124aad ee buuggan)

jaamac Cumar Ciise. Isaga oo arrimahaa ka hadlayana wuxu yidh:

"*Kolkii uu dhammaaday kulankii Iligo-daldala ee dhexmaray Pestalozze oo ah wakiilkii dawladda Talyaaniga iyo Maxamed Cabdulle Xasan, lana gebagebeeyey gogoldhiggii heshiiska, ayuu ninkaasi ku laabtay dhulkii dawladdiisu ka dhoweyd si uu ugu werceliyo dabadeedna Talyaanigu arrintaa u gaadhsiiyo dawladda uu qareenka u ahaa. Daraawiishina talay isugu noqotay. Waxa lays la soo qaaday afar arrimood oo ay ugu horraysey tan hoos ku qorani:*

1. Daraawiish haddaynu nahay, mabda'eennuna ku dhisan yahay Diinta Islaamka, in aynnu gaalada heshiis la dhigannaa Shareecada Islaamka ma ku bannaan tahay?
Haddii **qusuusidii**[81] *oo Sayidku madax u yahay arrintaas ka taliyeen si fiicanna looga hadlay waxay arrintaa ku go'aamiyeen sida tan :*

Ineynnu heshiis gaalada la dhigannaa Sharci ahaan waa bannaan tahay siduu **Nebi Maxamedba** *(NNKHA) ula dhigtay heshiiskii* **Xudeybiya.**"

Waxa halkaasi innooga caddaatay in Diinta Isaamku oggoshahay in gaalada heshiis lala gelikaraa iyo inuu Ina Cabdalla Xasan arrintaas ogaa. Sidaasi darteed, duullaanka iyo dhaca uu reerahaasi ku qaaday waa gef aanu geedna ugu

---
[81] (Carabi) ereyga asalkiisu waa Khusuusi. Waana guddi u gaar ahayd Ina Cabdalla Xasan oo uu la tashan jirey

gabban. Ciddii midhkaa waddaninimo ama geesinnimo ku sheegaysaa waa iyada iyo garaadkeed.

Inuu Sayidku dhac badheedh ah oonu geedna ugu soo gabban ku kacay waxa isna ku eedeeyey **Cali Jaamac Haabiil**. Waxaanu yidhi:[82]

> *Safar waa la taakulin jiree lama takliifeyne*
> *Isna turuqyaduun buu jaraa timirta riixdaaye*
> *Taag nimaan lahayn iyo agoon buu ka taajirey e*

....

6.5.1. Dhacii Daraawiishta oo gaadhay Koonfur

Bogga 122aad ee buugga layidhaa: *Taariikhda Soomaaliya: Hannaankii Dawladnimo ee Saldanadda Geledi (1750-1920)* soona baxay 2019kii baa lagu sheegay inay daraawiishi 1907dii weerar ku qaadday meesha la yidhaa *War buueey*, halkaana ay ka qaadday lo' tiradooda la sheegay shan fadhi (500 boqol oo neef).

Qayladhaan loo diray Suldaan Cismaan baa lagu qalqaaliyey ciidan xoogle oo soo dhiciya xoolahaasi. Budhcaddi kolka ay maraysey meesha layidhaa *Teyteyleey* oo hadda loo yaqaan Balcadda baa lagu gaadhay, lo'diina lagag soo dhiciyey.

Dhacii iyo xasuuqii joogtada ahaa ee daraawiishtu ku haysay dadkii Soomaaliyeed ee ka tirsanaa Saldannaddii Geledi, baa ku qasbay madaxdii Saldanaddaasi inay dawladdii Talyaaniga heshiis la gasho. Qodobbada lagu heshiiyey waxaa ka mid ahaa qodobkan:

---

[82] Tuducyada gabayga oo dhan eeg bogga 125 aad.

1. Inuu ka difaaco daraawiishtii Sayid Maxamed Caballe Xasan oo soo gashay agagaarka waqooyiga Webi Shabeelle.[83]

Halkaa waxa inooga soo baxay inay dhab ku salaysanayd maansadii Abwaan Cali Jaamac Haabiil ee ay ka midka ahaayeen labadan tuduc ee odhanayey:

> *Muslinnimo nimaan kugu dhaqayn muumminnimo khaasa*
> *Gaal maxasta kuu dhawra ood magansataa dhaama.*

---

[83] Bogga 124aad ee buugga Taariikhda Soomaaliya: Hannaankii Dawladnimo ee Saldanadda Geledi.

6.6. Mahdi sheegasho

Mahdigu waa nin la yidhi wuxuu iman doonaa ama soo bixi doonaa kolka ay adduunyadu gabaabsi ku dhow-dahay, si uu u badbaadiyo dadka iyo diinta Muslinka. Arrintaa **Mahdigu Quraanka kuma soo degin oo Ilaahay lagama hayo.** Waxase jira **Xadiis** laysku haysto, inuu dhab yahay iyo in kale, oo arrintaa ka hadlaya. Arrintu siday doonto ha noqotee Ina Cabdalla Xasan wuxuu isku tilmaamay ama sheegtayba inuu yahay Mahdigii dadka loo soo diray Midhkaana laguma eedaynayo lagamana samaynayo ee isaga ayaa afkiisa laga hayaa waxaanu yidhi: [84]

MACNAHA KEENADIID LAGUMA OGA MAGAC ISLAAMEEDE
MURTAD WEEYE OO FERENJIGUU MAANDHIHIIS YAHAYE
KU MILLAADA INUU MUUMMIN NOQON UMA MALAYSAANE
IIDOOR MACAANKII JANNADA MACANDIDII SEEGYE
MARSADII BERBERA LOO DHIGAY MAGANE AADAANE
KU MILLAADA MAALOOTIYADU WAA MALAANMALIYE
*DAD NINKII **MAHDIGA** DIIDEY OO GAAL U MUXUBAYSAN*
MACBUUDKII ALLUU GOOYEY IYO MAXAMEDKEENNIIYE
KU MILLAADA MAWTIDII LA NAAR WAA MAKHRUUN FALANE

NIN MAHDUUSHI KUU MUUQATAAN MAANKI KULA JOOGIN
MAGALLOOTIGIISA HA ARKINA WAA WAX KAA MAQANE
KU MILLAADA CAAWUU MIRKICI MELEG ALLUU KEENYE.

---

[84] Aw jaamac Cumar Ciise, Diiwaanka gabayadii Sayid Maxamed Cabdalla Xasan, 1999, bogga 201aad.

Dhacdadaasi dad badan ayey kaga yaabisay. Oo waa kuwee? Waa kuwii markii horaba sheekhnimadiisa diiddanaa ee magacaba lahaa meel buu kaga dhacee xaal ha laga qaado! Dadku iskuma jirine ragga aad u dhaliilay gacantana afka geliyey, midhkaana ka wareeray waxa ka mid ahaa **Cali Jaamac Haabiil.** Waxaanu yidhi :

> Taladii ilaahay ka qaad tuuggii reer xamare
>
> Tacabkii ba'a waa sida fircoon tab iyo diinaaye
>
> Safar waa la taakulin jiree lama takliifeyne
>
> Isna turuqyaduun buu jaraa timirta cuurtaaye
>
> Taag nimaan lahayn iyo agoon buu ka taajireye
>
> Kun tawxiidsanaayuu sidii tays u gawracaye
>
> Toddobuu qabaa naago xor ah tuu falaa darane
>
> Ma talyaanigaasaa mahdiya tanina waa yaabe

Haddii aan tuducyadaa si caadiya u qeexno waxa uu halabuuruhu leeyahay ma ninka tuugga ah ee tabiihii iyo khiyaamooyinkii **Fircoon** leh, safarrada iyo maatadana aan ka tegeyn, culimadiina gumaaday ee toddobada naagood isku kolka qaba ayaa Mahdiya ?

6.7. Basaasidda

Basaasiddu waa doonista ama isku dayga laysku dayo in la helo xog qof kale ama dad kale u gaar ah tiiyoo aanu qofkaasi ama dadkaasiba iska dhaadahayn. Arrintaa iyada ahna Diintu si cad ayey u reebtay. Eebbe ayaana aayadda 12aad ee Suuradda Al-xujraat, ku yidhi, "**Ha isbasaasina!**"

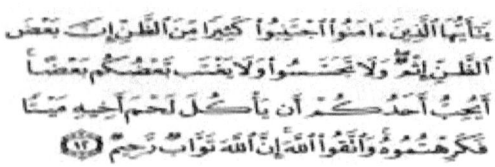

w ka dhawr-
ah, maxaa
a dambi, ha-
a qaar yuu-
jecelyahay
ka walaalkiis
iin arrintaa,
tooba aqba-

Sida aayadda loo qeexay ka eeg bogga 257 aad (6)

Haddaba, Ina Cabdalla Xasan, arrintaa basaasidda wuu ku kacay. Sidii aan hore u soo sheegayna intaanu u gabyin Cali Jaamac Haabiil, ayaa sida la sheegay, uu diray nin darwiish[85] ah oo u soo basaasa una soo ogaada iimaha uu Cali Jaamac lahaa. Taasina waa tii keentay in markii uu ninku yidhi, "dabar buu ilkaha ku lahaa, xubintiisa tarankuna wey weyneyd" inuu ku yidhaa isna :

HUURAALE CALI JAAMAC IYO HULUQ DAMEER BAA LEH

---

[85] Waxa la weriyey oo la yidhaa ninkaasi wuxu arkay Cali Jaamac Haabiil oo maydhanaya.

Ina Cabdalla Xasan Ma sheekh Buu Ahaa, Mise...?

Ninka la odhan jirey **Ammaan Faarax**[86] oo ka mid ahaa raggii Ina Cabdalla Xasan sida aadka ah uga soo horjeeday ayaa isna ku sheegay tuducan soo socda inuu Wadaadku wax basaasi jirey. Waxaanu yidhi:

KA BISKOONNEY BELEDII TALEEX IYO BASAASKIIYE

Haddaba nin yidhi sheekh baan ahay oo haddana wixii Ilaahay yidhi ha samaynina ayaan ku kacaya maxaydin ku tilmaami lahay deen? Falkaasina waxa uu ka mid yahay arrimihii Sheekhnimadii Sayidka lagu buriyey laguna diiddanaa.

6.8. Labacanlaynta

Labacanlayntu waa jirjiroolanimada aan qofka sina loogu soo hagaagin. Arrintaasina waa arrin Weynuhu dhaleeceeyey. Dadka ku kacana Wuxu ku tilmaamay inay beenaalayaal yihiin sida aayaddan ku cad.

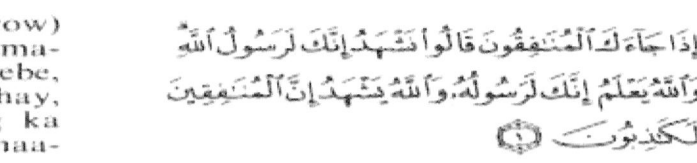

---

[86] Ogaadeen, Makaahiil

Arrintaasi, runtii, iyana waxa ay ka mid tahay arrimihii lagu buriyey Sheekhnimadii Maxamed Cabdalla Xasan. Inuu ku kacay-na isaga qudhiisa ayaa inoo sheegay waxaanu yidhi:[87]

....

Sidii aar wax mootiyi waxaan micida ruugaaba
Soomaali kale waxaan malgoo madaxa gooyaaba
Iidoor waxaan meeriyoo malas u daadshaaba
Minka waxaan diyaafad u dhigoo malab ku siiyaaba
Madaddaalo beeniyo ciyaar waxaan ku maahshaaba
Maaweelo aan jirin waxaan maandhe ku hayaaba
Waxaan maansaboolli iyo jiib ugu madiixaaba
Salaan aan milgo lahayn waxaan midigta saaraaba
Wixii aan magoogaayey waa miiska aan falaye

Makhrib dumay sidiisii xeryaha ma u madoobeeyey
....

6.9. Diradiraha

Dad isku dirku ma fiicna. Sheekh inuu balaayo demiyo mooyee inuu isagu dab huriyaa waa arrin yaabkeeda leh. Haddaba, diradiruhu wuxu isna ka mid ahaa waxyaalihii lagu buriyey Sheekhnimada Ina Cabdalla Xasan. Aw Jaamac Cumar Ciise oo arrintaa ka warramaya ayaa yidhi:
Waxa jirtey in nin la odhanjirey Hurre Muxammad Liibaan uu dilay nin kale oo loo hanweynaa oo la odhanjirey Cabdullaahi

---

[87] Sh. Jaamac Cumar Ciise, *Diiwaanka Gabayadii Sayid Maxamed Cabdalla Xasan,* 1999, bogga 206-207aad.

Aadam Kiyo. *Waxa Sayid Maxamed halkaas uga muuqatay in haddii labadaas reer colaadi dhex marto uu midkood Daraawiish ku biiridoono. Markaa waxay Sayid Muxammed la ahaatay inuu isku diro, si aan nabadi uga dhex dhalan oo uu guubaabiyo nimanka nabarka loo geystey.*

Isaga oo weliba tusaya sida uu uga xunyahay ninka la dilay ayuu mariyey maansadan hoos ku qoran. Waxaanu yidhi:[88]

Waxa gabayga loo qaybaya waa qalqaalsamiye
Waxa geela qaaliga ka dhigay qiimuhuu yahaye
Qarfo hawda waxa loogu wadi waa qatimayaaye
Waxa qanamka loo dhaqanayaa, waa qabbaan guriye
Lo'da waxa qumbaha looga luli, qaabka dhayda ahe
Fardaa qoolka waxa loogu guri, qoob ka orodkiiye
Waxa gabadh qaryada loo togtaa, guur ha kuu qumo e
Qoys weyn waxa loo dhistaa, qani gobaadeede
Qadhle awra waxa loo rartaa, qaadka iyo xooge
Waxa qeyli loo xidhanayaa, qurux asluubeede
Qaraafiicda waxa loo toshaa, seydho qodaxeede
Masallaha wax loo qaabsadaa, qiro salaadeede

Culimada waxaa loo quweyn, waa qob iyo dhawre
Wax munaafaq loo quudhsadaa, qawlka beenta ahe
Waxa qoorta loo jari kufriga, qiil ku waajibaye

---

[88] Aw Jaamac Cumar Ciise, Diiwaanka gabayda Maxamed Cabdalla Xasan, 1999, 224-227aad.

Sooyaal

Qeydada waxa loo baxshaa, waa qorshiyo deeqe
Qaraamaadka waxa loo ratibi, waa qabuul duco e
Wax a Quluwallaha loo diraa, waa qabuuraha e
Wax qaddiibka loo tumanayaa, qaarar gooyada e

Qarash waxa magliga loogu guri, qayb ha kuu galo e
Wax loo qaadan gaashaan inuu, qaashka celiyaaye
Rag wuxuu isugu qiimayaa, waa qarfaafada e
Waxa geesi qalabkaw sitaa, waa qabiibnimo e
Qayrada wax loo marahayaa, qaylo dirireede

Wax qisaasta loo dhiibayaa, qoomamaa hadhiye
Waxa qaalli loo raadsadaa, waa qisada diine
Qalinduurre waxa looga tegey, waa quraan yariye
Daaroodka waxa loo qudh jari, waa qaskay faliye
Iidoorka waxa loo qatayn, waa qafaalnimo e
Waxa qumayga loo dilahayaa, waa qaxaabnimo e
Cabdillaahi[89] waxa loo qudh jaray, waa qabiilli'iye
Qoon adag hadduu leeyahaan, loo quturihaynin
Qooq laguma toogteen ninkii, qaaliga ahaaye
Waraabaha qaloombiyahayaa, kuma qadeeyeene
Qaraddiyo jinaadkii dhurwaa, kuma quraacdeene
Intuu qalamsadoo cuno gadaal, qaaqda ma hayeene
Qalbigey xanuunsada markaan, qaallalow dayo e
Qab iyo luuli qaabkuu ahaa, qeydadii midabka
Qarqarrootigii socodka iyo, qalanja laafyoodka

---

[89] Cabdillaahi Aadan (kiyo) Maxamed Liibaan

Ina Cabdalla Xasan Ma sheekh Buu Ahaa, Mise...?

Qun-u-hadalka qaadhaanka geed, quudka bixintiisa
Qasadkii buruudkiyo markay, qaawo ololeyso
Qayraamintii waranka iyo, qabas kuleylkiisa

Fuley baa qammaada e ninkii, qala la.'aantiisi
Goortaan qiyaas fiiriyaa, lay qumbiciyaaye
Qori dalab sidiisaa wadnaha, lay qadhqadhiyaaye

Anaa quusan waayeye bahdiis, qoonsan mahayaane
Qaraabada kuwii ugu dhowaa, uma qamiiraane
Nimankii qiyaamaha ku raray, kuma qamaamaane
Qarri[90] kuma simaan weerarkay, qabax ku siiyaane
Qardam kama dhigaayaan intay, subax quraamaane

Qaday kagama yeedh shaan guntii, qudhunka weyneyde
Huwan qoorrigeeda ha xushiyo, qaara geeda lehe
Haw xilato qabay xoor leh iyo, qadow karuurkeede
Qol dug soon intay jiifsadaan, qaac ha loo shido e

Giddigoodba qayl qayl dhaliyo, qaraf ha eedeel1e
Haaruunku qalalaasuhuu, kala qaxaayaaye
Markay qaraxdo baaruuddu waa, kala qumaayaaye
In kastoo qabniyo maal adduun, laga qaniimeeyo
Qormadooda oo idil haddaan, qaydna laga reebin
Waa ila qadhaadh reer Cismaan, qaan-ka-guradkiisu
Qaraajiinta Doolaal haddaan, qiiqa laga duulin
Ragga qaafadooda ah haddaan, waran la qaadsiinnin

---

[90] Qarri: Qarrijiqood – Buur webi Shabeelle xaggiisa sare ku taal.

Sooyaal

Waa qaran maxaa loo lahaa, qolada Liibaana?

Nin qaddeeca dhigi waa sidii, qoojka aan falaye
Aniguba quruunoo dhan baan, hoor ka soo qubaye

Ingiriisba qoorriga badeed, qaati kala roorye
In kastuu qabiillaawe yahay, qaayin iyo daayin
Ninkii qaamilaad lihi dagaal, waa u qumiyaaye
Anaan qaaridayn Bah Cabdalladu, inay qatawdaaye

Qacdii hore Cammuud[91] baan lahaa, qaarashuu tegiye
Qabkii Faarax[92] uma soo rogeyn, inuu qaboobaaye

Qamuunyada Hudliyo[93] Kaahin [94] waa, qabay daruureede
Qar buu duminayaa Kabadhe[95] waa, qaraw ishaalleeye
Qasadkoodu Deyl[96] iyo Khaliif, waa qaboonada e
Maxaa qaaday laba Shiil[97] markii, qorigu qiiqaabay
Qaddarkii Ilaah iyo wed baan, layska qarineyne
Qasiraadba waw lumi ninkii, qaamudkiis galaye
Alla qiira daranaa Jiciir[98] , Qaaddirkey magane!

---

[91] *Cammuud Siciid Liibaan.*
[92] *Faarax Maxamed Liibaan*

[93] *Hudle -Boojaalli Yuusuf Maxamed*
[94] *Kaahin Maxamed Liibaan*
[95] *Maxamed Kabadhe*
[96] *Deyl Maxamed Liibaan*
[97] *Shiil Yuusuf Maxamed Liibaan iyo Shiil Maxamed Liibaan Jiisow*
[98] *Jiciir Maxamed Liibaan Jiisow*

6.10. Boolicunidda (Xaaraan cunidda)

Ereyga booli wuxu ka mid yahay ereyada looga hiishey kuwa shisheeye. Waxa meeshiisii la geliyey ereyga 'xaaraan'. Haddaba wax yaalihii lagu eedayey Ina Cabdalla Xasan waxa ka mid ahaa boolicunidda. Booliguna wuxu ka mid yahay waxyaabaha ay Diinta Islaamku innaga reebtay sida aayaddan ku xusan:

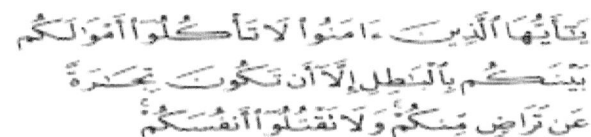

*Sida loo qeexay aayadda 29aad ee Suuraadda An-nisaa
Ka eeg bogga 258 aad* [8]

Sheekh inuu midhkaa dadka ka waaniyo mooyee inuu hormood ugu noqdaa waa arrin yaabkiisa leh.

Dadkii Ina Cabdalla Xasan wax ka qoray may sheegin wax xoolo ah ama hantiya oo uu Berbera kala soo degey markii uu yimid. Kolkii uu ka baxayna lama tibaaxin wax xoolo ah oo uu la baxay.

Sida aynu haddaba mahadhada ku hayno, duullaankii ku caan baxay Dayax weerar baa lagu tilmaamaa inuu ahaa duullaankii ugu horreeyey ee ay Daraawiishi qalqaalo ugu kacdo, xoolo Soomaali -yeedna ku soo dhacdo. Waxaana la weriyey (Aw Cumar Jaamac, 1976:28) in xoolahaasu ahaa-yeen xoolihii u horreeyey ee ay daraawiishi ku degto.

Haddaba, xoolo kasta oo aanad xoogsan ama aan muquuno ahaan laguu guddoonsiini waa booli. Wixii ka tarmaana waa booli. Taasna waxa caddaynaysa maahmaahda tidhaa: "*Hal booliyii nirig xalaala ma dhasho.*" Sidaasi awgeed, haddii aan nidhaa Ina Cabdalla Xasan booli ku nool buu ahaa tan iyo intuu godka ka galay ma filayo inuu dambi innaga raacayo.

6.11. Laaluush bixinta

Diintaa Islaamku, bixinta iyo qaadashada, laaluushka aad bay uga soo horjeedda sida ku cad aayadda 188aad ee Suurat Al-baqara (eeg bogga 121aad). Haddaba inuu Sheekh midhkaa ku kacaana waa arrin yaabkeeda leh. Laaluush bixintuna waxay ka mid tahay waxyaalihii lagu buriyey sheekhnimada Ina Cabdalla Xasan. Inuu midhkaa ku kacay waxa lagu weriyey buuggaa diiwaanka Sayidka. Aw Jaamac oo arrintaa ka hadlayaana wuxu yidhi:[99]

Guyaashii Daraawiish tiirkeedu adkaaday, ololeheeduna calan walaynaayey, dadna u kala miirmay nin gaalada dhinaceeda ka soo jeeda iyo nin waran iyo gaashaan qaatay oo gaalada hor taagan iyo nin aan labada gewesood mina raacin oo gegi dhexe iska jooga oo ishaafalataynaaya ayaa nin gabyaa ah oo magaciisa

---

[99] .*Aw Jaamac Cumar Ciise, Diiwaanka Gabayada S.M.X.1974, Xamar, bogga 34aad-38aad.*

la odhan jirey Aadan Axmed Dubbe oo degganaa buuraha Ceerigaabo iyo afaafkooda gabay mariyey uu kaga gilgilanaayey hadallo Sayidku isagaan dad kala soocin gaalo ku sheegay, gaar ahaan degmada Aadan Axmed Dubbe ka mid yahay. Wuxuuna yidhi:

> Dariiqada Axmediyaanu nahay eheladeediiye,
> afkana kama dhignoo jamacaan idilkii haynaaye,
> Umuuru diinka waxaan raacsanahay nabi ibraahiine,
> Gaalada ninkii nagu ismaa waanu na aqoonee,
> Insha allaahu aakhiraba waysku arki doonaaye,

Aw Jaamac oo arrinta sii faahfaahiyey baa yidhi:

> Sayidkii markuu maqlay gabaygaas wuxuu hubsaday ninkaa lillaahinimadiisa iyo inuu yahay nin diin iyo iimaan leh, waxgaradna ah. Dabadeed wuxu u diray baqal hadiyada iyo rag ergo ah iyo masafadan. Wuxuuna Sayidku hadal ugu gabagabeeyey waxtar iyo waxsiin haddaad doonayso xarunta kaalay.

Intaa kaddib Aw Jaamac wuxu raaciyey masafadii uu Ina Cabdalla Xasan u diray Axmed Aadan Dubbe. Waxaanay masafadu odhanaysaa:

> Ragga bixitimaayow,　　　Bishaaradu ha gaadhee,
> Bela laga xijaabyoow　　　Bayin waxow tidhaahdaan
> Ayaantaad bad baaddaan,　Sagaal halaan ku bari baan,
> Aadan wayga baab mida　 Baqalka kuugu soo diray

Ina Cabdalla Xasan Ma Sheekh Buu Ahaa, Mise...?

Warsangeliga baydhee,
Ballankii Ilaah furay
Bidcafalaha nagu yidhi,
Xaajada baddaalka ah
Ee baara weynoow
Cawar beydka ugu galay
Iyagiyo berberiguba,
Baha gaalo weeyoo
Baayacaadda Cadameed,
Ibleys bawgu baaqoo
Boqorka u guddoonshaa,
Bastaloosi weeyoo
Badaawida xujowdaad,
Adiguba u baantaye
Waadiga biddoodkiyo,
Boonlaha ku sheegaye
Badhaadha Alla-yeelyow,
Adigaa i beejaye
Beddel inaad ka dhigataan,
Baqalka kuugu soo diray
Marna baad aan leeyahay,
Bilna kuuma imannine
Biya aan ku siiyana,
Bushumaa ma saarine
In kaley buleysaye,
Adigu beer ma dubannine
Bismillee bilowgaan,
Baqalka kuugu soo diray

Baashiga abaareed
hadday beeshu geeddido
Boqoolaa hadhsimadii,
Haddii budulka lagu dhaco
Buska inaad ka fuushaan,
Baqalka kuugu soo diray

Haddii aad bannaankiyo,
Bocoodaha ka guurtaan
Ee baallaheediyo,
Barqamaalle lagu furo
Buurta inuu ku koriyaan,
Baqalka kuugu soo diray
Cidahoo barwaaqaa,
Beri samaha dooggii
Barqagaadhka reeraha,
Baashaarka gobannimo
Dantaa inaad ku bogataan,
Baqalka kuugu soo diray

Haddaad baadi doon tabay,
Beytaalis xoolaad
Aadan bananka dheer iyo,
Berri kale u saafurin
Badhax inaad ku rarataan,
baqalka kuugu soo diray

Ina Cabdalla Xasan Ma sheekh Buu Ahaa, Mise...?

Haddii bogox col loo waco,
Waa beled Amxaaree
In kastoo buufis lagu wado,
Bigifsiga ma daayee
Kufri inaad ku boobtaan,
Baqalka kuugu soo diray
Nin wadaad basariyana,
Barakaa ka raacda e
Anna waan u baahnahay,
Ducaad igu bantookhdoo
Inaan khayr balleeyaan,
Baqalka kuugu soo diray

Bacdigeedna aakhiro,
Bacadkiyo kulaylada
Bancaddaha qiyaamaha,
Sida bilig hillaac yidhi
Baalal inaan ka yeeshaan,
Baqalka kuugu soo diray

Bojayoo sagaalkii,
Biidna kama aan dhaafine
Bigi iguma laabnoo,
Waa iga bashuuqdee
Big yaroo kaleetaan,
Badin mayee ku sii dari

Dad nin bela sameeyiyo,
Burge lagama waayee
Buuryaqabbo xaasidi,
Bakhayl hadday i moodaan
Oo baaniyaal dhaho,
Bal dayooy wuxuu wado
Hadalkaa bishaaca ah,
Iyagaa ku ba'ayoo
Adduun baafis inaan ahay,
Burhaan looma helayee
Buubsi waxaan ku taabiyo,
Boolina ma haystoo
Kolay neef badhkii tahay,
Baas lagaga qaadoo

Muslin waxaan ka buurtana,
Baqti buuba iga yahay
Been inaanan sheegayn,
Waa igu billahoo
Boqol halaadoo aan bixiyaa,
Beesad nama dhaantoo
Wixii laysku bededana,
Barashaa ka fiicane
Haddaad baaha doon tahay,
Berri adigu ii imo
Haddii kalese booskaa,
Yaan bahalku kaa dilin

Sooyaal

Dabinkii uu Ina Cabdalla Xasan la rabay buu Gabay-xoog ku dhacay. Waxaanu kaga soo warceliyey masafadiisii gabaygan hoos ku qoran waxaanu yidhi:

> *Awal maanso waa taan dabroo, daayey waayaha e*
> *Ka da'weyni daandaansi, iyo diradirayntiiye*
> *Waa layga wada doonayaa, doogsintaan baraye*
> *Aan daleeyo caawana qalbigu, way dikriyayaaye*
> *Deggane Maxamedow waxaynu nahay, ul iyo diirkeede*
> *Dadka kale ha joogee adaan, iga digtoonayne*
> *Raggiinii dariiqada ka yimid, durug warkiisiiye*
> *Dunjigiisba waan wada jeclaa, degaha Reer Nuure*
> *Wixii duub leh deris baanu nahay, iyo Daraawiishe*
> *Sayid Maxamed dooduu i yidhi iyo, daabbada uu keenay*
>
> *Waa ii soo duceeyaye Allow, darejadiis raaji*
> *Midna waqaan Ilaah ugu darraan, labada daaroode*
> *Muslin oo dhan baa diiq ku jirey, jeeruu daahiraye*
> *Awliyada duushuu carshiga, kula dekeeyaaye*
> *Ninba wuxuu debnaha ugu hayiyo, daarka iyo laabta*
> *Daniguu gartaa waxa qalbiga, kaga dahsoonaaye*
>
> *Kun halaad nin subax soo didshoo, duul u yimid siiyey*
> *Oo aanay duntaa iyo la noqon, dibi la loogaayo*
> *Deeq nin ugu faanaa ma jiro, Dir iyo Daaroode*
> *Nin la diini kama soo if bixin, duniyadeenneere*
> *Dirir Ferenji baa ugu badnaa, dab iyo baaruude*
> *Isagiiba dabaq buu ku riday, duhur dharaareede*

Ina Cabdalla Xasan Ma sheekh Buu Ahaa, Mise...?

Dabar iyo hogaan buu ku xidhay, duluflahoodiiye
Dangaraaradii bay dhegihii, wada dilaaceene
Dogoble iyo ka kici ceelashay, wada degmaysteene
Burco kama dabaaldego wixii, dabada gaabnaaye
Nimankuu lasoo duulayoo, dab iyo reer siiyey
Diintii ka saar oo hadday, wada duloobeene

Doofaaradaasaa jihad lagu deyaayaaye
Dadow dirira loo kala dilaac, labada daamoode
Afartaa da'da intaan ku dhigay, daw ma ku hagaajay

Ma daliil dhaqsaday sida wadaad, deelka ka higaadshay
Dig ma yeedhshay sida danab cir dhacay, ama gu' duulduulay
Duufaan ma soo riday sidii, diiqalyada xoomir
Ma dalleeyey sida doonyahoo, qalamigii duubay
Shiraacaan darmaanka ugu xidhay dakhalka maw buuxshay
Deebaanka maw soo qabtoo, ma u dabayl raacshay
Warsangali dariiqii ka baydh, daahirkii Nabiye
Sayid Maxamed deeqduu baxshay, bilo ku doogeene
Waxa dararta laga maalayaa, deebluhuu dhaqaye

Waa niman diihaal lagu korshiyo, gaalo daallima e
Dadna waxay ka doorteen kufriga, inay dillaalaane
Ha lagu duulo nimankaasi waa, debendebyoobeene

7. Dadka ku qiray inuu falal dil ah ku kacay

Dad badan oo rag iyo dumarba leh baa ku qiray Ina Cabdalla Xasan inuu falal dil ah ku kacay. Dadkaasi waxa ka mida:

7.1. Ina Dhalamudhe:[100]

Inuu fal dil ah ku kacay waxa ku qirtay haweenayda la odhan jirey Ina Dhalamudhe oo wadaadka u doonnanayd. Ibraahin Xuseen Ismaaciil 'Cirro-suge'[1] ayaa ii sheegey inuu Ina Dhalamudhe kula kulmay magaalada Muqdisho 1967kii. Xilligaasi Ina Dhalamude waxay ahayd islaan aad u da' weyn. Dhallin-yaranimadeedii ayey u doonnanayd Ina Cabdalla Xasan. Xilliguna waa xilligii uu dilay Alla haw naxariistee afadiisii la odhanjirey Dhiimo Ciise.

Ina Dhalamudhe waxay haddaba Ibraahin u sheegtay in kolkii uu dilay afadaasi ay go'aansatay inaanay wadaadka xilo u noqon oo ay baxsato.

Intaanay tegin waxay u digtey laba wiil oo ay walaalo ahaayeen oo xarunta joogay. Labadii wiil iyo iyadiba sidii bay ku fakadeen. Dhacdadaasu inay dhacday Ina Cabdalla

---

[100] Ibraahin Ismaaciil Cirro-suge waa dhakhtar xoolaad waana abwaan wayn. Waa abwaankii hal abuuray **riwaayaddii la odhanjirey: labuun bays dhinacyaalle dhaayahaaga ku fiirso** ee ay heesaheeda ka midka ahayd heesta caanka ah ee Cunnaabi ee ay wada qaadaan Saado Cali iyo Qalinle

Xasan baa tilmaamay. Isaga oo innamadii ammaanaaya inantiina af lagaad-deynaya ayuu yidhi:

Dhillanimo waxay yeesho mooyee
Wallee Dhalamudhe rag buu dhalay!

7.2. Geylan Nuur-gurey

Dadka kale ee ku qiray inuu Ina Cabdalla Xasan ku kacay dilal fool xun-xun waxa ka mid ah ninka la odhan jirey **Geylan Nuur-gurey** oo tumaal ahaa waxaanu yidhi:[101]

Hadday maanso caraf leedihiyo caashaq iyo xiiso
Awal baan ka soo calafsadaan cayn walbow idhiye
Cajab weeye maantana adduun camalka joogaaye
Ceeryaamadii shalay dhacdiyo cararka reer oogo
Cadcadkii la laayiyo raggii ciridda gowdhiidhay
Caynaan-waraariga haddii la isku caatoobey

Ee labada ciidan isu timid ceelka ina diinle
Car joog, iyo car soo soco, hadday caymankaa noqotay
Nin cisaaro qaba waxaan lahaa waa la caajumiye
Illaa nimaka waa loo cadgoyn cune abuurkiiye!

Nin caddaaday oo caalimoo madaxu cawsoobey

---

[101] Yaasiin Cismaan Keenadiid, Ina Cabdille Xasan ela sua attivita letteraria bogga 263-264aad

Sooyaal

*Oo ciidan inuu galo kolhore laga calool duubtey
Ninku waa caruusee warmaha ku cadcaddee oo dil
Rabbi iyo nebaa la cuskadee caado ma ahayne
In wadaadku ceeb huriyey oo camal kufaaroobey*

*Iyo inuu cilmi aan lala aqoon curiyey oo keenay
Caammaanu nahay oo qalbigu naga carruurowye
Iyagaa cibaadada hayee cullimo weydiiya !*

*Carruur dhalatayoon weli guryaha caaradna udhaafin
In caloosha laga soo ridoo haadda la cunsiiyo
Rabbi iyo nebaa la cuskadee caado ma ahayne*

*In wadaadku ceeb huriyey oo camal kufaaroobey
Iyo inuu cilmi aan lala aqoon curiyey oo keenay
Caammaanu nahay oo qalbigu naga carruurowye
Iyagaa cibaadada hayee culimo weydiiya !
Horta naag calool loo jilbaha ciidda gelineysa
Waxay la cartanlaysaba haddii dumarku soo ciidmo
Ciyaal maalintaa la arkayaad ciidaggale mooddo
Inuu caawinaa la arkijirey calaf nin haystaaye
Caanahakan naasaha ku yaal cunuggu yuu nuugin
Cadkana gooya gaalada cad bay camal wadaagaane
Rabbi iyo nebaa la cuskadee caado ma ahayne
In wadaadku ceeb huriyey oo camal kufaaroobey
Iyo inuu cilmi aan lala aqoon curiyey oo keenay
Caammaanu nahay oo qalbigu naga carruurowye
Iyagaa cibaadada hayee cullimo weydiiya !*

7.3. Cali Jaamac Haabiil

Cali Jaamac baa u marag furay Geylan Nuur-gurey oo tilmaamay inuu Ina Cabdalla Xasan maato lays ahaa. Waxaanu yidhi:[102]

Allahayow adduunyada adaa uuntay keligaaye
Allahayow arwaaxaha adaa qora arsaaqdoode
Allahayow addoomuhu aday kuu irkanayaane
Allahayow is1aankuba aday ku acbudayaane
Allahayow albaabbada adaa ooda oo fura e
Allahayow ma awddide xaqaad soo iftimisaaye
Allahayow aduun baw arxama kii itaal darane
....

7.4. Cabdillaahi Yuusuf Axmed

Cabdillaahi Yuusuf Axmed madaxweynihii hore ee DKM ah ayaa dhowaan soo saaray buug la yidhaa: Halgan iyo hagardaamo. Markii uu ka warramayey taariikh nololeedkiisa wuxu yidhi:[103]

"Beesha aan ka dhashay dagaalka ma ayan jeclayn oo dagaalladii hore uga dhici jirey gobollada dhexe baa dad

---

[102] Gabayga oo dhan ka akhri bogga 126-127aad.

[103] Cabdillaahi Yuusuf Axmed, Halgan iyo Hagardaamo, 20011, bogga 13 aad

badani uga geeriyooday, duunyo badanina uga luntay. Dagaal uu "Suldaankii HOBYO" ku soo qaaday 1920naadkii dhibaato weyn baa beeshayada ka soo gaadhay. Sidaasi oo kale muddo wax yar arrintaas ka horreysey, waxa qoyskayaga weerar ku soo qaaday koox ka tirsan daraawiishtii Sayid Maxamed Cabdille Xasan oo isku meel kawaanka ku saaray awoowahay Axmed Yey, ayeeyaday iyo toddoba wiil oo ay dhaleen."

Haddii aad, haddaba, akhriste isu foodisay falalkii Ina Cabdalla Xasan iyo kuwii Sheekhyadii aan horey u soo xusay maxaa kaaga soo baxay? Haddii aad ka maagayso inaad iskaa go'aan u gaadho rag baa caddaystay ee ka eeg bogagga soo socda.

8. Raggii Ina Cabdalla Xasan Ku Tilmaamay Inaanu sheekh iyo wax u dhow toona ahayn

Falalkii Sayidka kolkii laga yaabay ee dhinac loo saaro la garan waayey qofba wax buu ku tilmaamay. Qaarbaa yidhi, "Ninku Insi maahee waa shaydaan." Qaarna shaydaan iyo Fircoon labadaba way kuwada tilmaameen.

Haddaba ragga shaydaanka iyo Fircoonka kuwada tilmaa -may waxa ka mid ah **Cilmi-carab Cabdi**[104], oo **Dhulbahante** ahaa. Waxaanu yidhi:

Abeesaduba dhul u-ekiday kugu idlaysaaye
Oogada sareetiyo dubkuu nooga eeg yahaye
Aadanaha wuu shaabahaa waanuse ahayne
Islaan baa khalqigu moodayaa waa ibliis kanuye
Insi maaha shaydaanku waa ruuxaan la aqoone
Asxaabtii fircoon buu ka hadhay odayadoodiiye
Ashahaado goortuu qiree uu addimay waayo
Awliyo la mood shawse waa ehel cadaabeede

Ragga ka soo horjeeday aadna ula yaabbanaa falalkii Ina Cabdalla Xasan, kolkay dhanna u saariwaayeenna ku tilmaamay shaydaanka waxa isna ka mid ahaa **Cali jaamac**

---

[104] Yaasiin Cismaan Keenadiid, Ina Cabdulle Xasan ela sua attivita letteraria bogga 74aad

Sooyaal

Haabiil.[105] Waxaanu yidhi isaga oo ka ducaysanaya

> Allahayow adduunyada adaa uuntay keligaaye
> Allahayow arwaaxaha adaa qora arsaaqdoode
> Allahayow addoomuhu aday kuu irkanayaane
> Allahayow islaankuba aday ku acbudayaane
> Allahayow albaabbada adaa ooda oo fura e
> Allahayow ma awddide xaqaad soo iftimisaaye
> Allahayow aduun baw arxama kii itaal darane
> Allahayow adaan eex aqoon eedna aan geline
> Allahayow awood taada baa loo aqoonsadaye
> Nin kaloo itaallihi ma jiro, adiga mooyaane
> Allahayow middii uur leh iyo tii irmaan dumarka
> Allahayow ummulihii nin diley, ubad jaqsiinaayey
> Allahayow agoon iyo miskin. Aadanaha liita
> Allahayow nimaan oday da' iyo, habar ka oolaynnin
> Allahayow mid aabi iyo kibir, muumin ku idleeyey
> Allahayow ilaahnimo nimaan. kugu addeecaynin
> Allahayow ibliis shiikh u eg, aannu garan weyney
> Allahayow mid oogada jidhkana, aad insiga mooddo
> Allahayow misana aan ahayn, awliyana sheegtay
> Allahayow mid ruuxuu arkaba, ku adyadoonaaya
> Allahayow ninkaa ku inkiree, diidey amarkaaga
> Allahayow nin aayadaha iyo, diinta ku adeegta
>
> Allahayow misana aan u odhan, sidayahaayeenba

---

[105] Yaasiin Cimaan Keenadiid, Ina Cabdille Xasan ela sua attivita letteraria bogga **267**aad.

Allahayow aqoonlaawahaa, eydu dabajoogto
Allahayow adigu waad og tahay, waadna aragtaaye
Allahayow arooryo iyo galab, goor alliyo leylba
Allahayow ibliiskaas khalqigu. ka ashtakoonaayo
Allahayow ha nagu eegin kaa, kuu ergaan nahaye
Allahayow addoommaannu nahahay diinta aamminaye
Allahayow baryada naga ajiib, kuu ergaan nahaye.

Mar Cali Jaamac Haabiil la weydiiyey waxa uu ku suusay Ina Cabdalla Xasan buu si la yaableh oo murtiyeysan kuna ladhan tahay farshaxannimo iyo aftahannimo ku warceliyey maansadan soo socota. Waxaanu yidhi:

Madi cararta maqasheeda koris minawsan baa dhaanta
Marwo camalxun maangaab ninkeed maqasha baa dhaanta
Mataan lidiqa laas miile leh yaa mitabis dhaama
Tol kaa maarmay gacal kaa mashiyey mudane kaa leexday
Xididkii aan maamuus lahayn ma lihi baa dhaanta
Muslinnimo nimaan kugu dhaqayn muumminnimo khaasa
Gaal maxasta kuu dhawra ood magansataa dhaama.

Cali Jaamac Haabiil toos innoogumuu odhan wadaadka waxaas iyo waxaas baan ku diidey oo uu falay. Wuxu isu keen barbardhigay dhawr arrimood oo isu liddiya. Xulka iyo go'aankana akhristaha ayuu uga tegey. Tusaale ahaan, bal u fiirso dhawrka tuduc ee u horreeya:

Madi Cararta maqasheeda koris minawsan baa dhaanta

Madigu waa hasha caanaha badan. Hayeeshee, haddii ay cararto oo aanay ilmaheeda ama cidkale toona ujoogsan waxba tarimaayaan badnida caanaheedu. Waayo, ilmaheedu majiqikarayo, dadkuna ma maalikarayo. Hasha sidaasa buu innoo tilmaamay Abwaanku in ta caanaha yar ee ilmaheeda u joogsato ee inta yar ee candhadeeda ku jirta uu ka jiqikaraa dhaanto.

Mar kale isaga oo dhinac kale wax innaga tusaya ayuu yidhi:

Marwo camal xun maangaab ninkeed maqasha baa dhaanta.

Halkanna wuxu inna dareensiinayaa Cali Jaamac in afada dhabeesha ah ee camalka xun, dad la socodna lahayn ay dhaanto ta aan garashada badan lahayn ee saygeeda taladiisa maqasha. Mar kale wuxu isu keen barbardhigayaa in ceelka biyaha badan ee dhoobada miidhan ah uu dhaamo durdur yar oo aad kolba iska sugto maaxdiisa oo aad xareed ka dhaansataa.

Wuxu abwaanku sidaa laba arrimood isgu keen foodiyaba ugu dambaynta wuxu inoo sheegayaa in qofka muslinka ah ee aanay muslinnimadu daacad ka ahayn ee ku gumaadaya uu dhaamo gaalka adiga iyo maatadaadaba badbaadinayaa.

9. Ma Kacdoon Culimuu Ahaa Mise Shirqool Gumeysi?

Abwaannada oo keliyihii kumay kicin ama may diidin hab dhaqankii iyo siduu Ina Cabdalla Xasan wax u wadey ee culimada lafteedu aad bay uga biyadiideen uguna kaceen. Culimadii Dariiqada Qaaddiriyada haysatay ka sokow waxa ka horyimid oo diiday, siduu wax u wado, kuwii hormuudka u ahaa Dariiqada Saalixiya ee uu Wadaadku watey.

Sheekh Cali-Nayroobi oo fadhigiisu ahaa magaalada Laamu, Dariiqada Saalixiyadana sheekheeda ahaa, dhinaca koonfur oo dhan, iyo Sheekh Ismaaciil sheekh Isaxaaq oo isna fadhigiisu ahaa magaalada Berbera, madaxna ka ahaa Dariiqada Saalixiyada, dhinaca Soomaalilaan, labadubana saaxiib la ahaayeen, Sheekh Maxamed Saalax, ayaa ka mid ah culimadii ka hor timid Maxamed Cabdalla Xasan.

Sida lagu hayo mahadhada, culimadu waxay go'aansadeen in Sayidka laga soo ashkateeyo Sheekh Maxamed Saalax oo ahaa Sheekhii ijaasada soo siiyey looganna warramo waxyaalaha foosha xunxun ee uu ku kacayo. Dawladaha Ingiriiska iyo Talyaanigana la waydiisto gargaar ah sidii Culimadaas loo qaadi lahaa loona geyn lahaa magaalada Maka oo uu fadhiyey Sheekh Maxamed Saalax.

Sooyaal

Ugu dambeyntii waxa la guddoonsaday in la diro labada Sheekh ee kala ah Sheekh Cali-Nayroobi iyo Sheekh Ismaaciil Sheekh Isaxaaq. Kolkii ay gaadheenna waxay u sheegeen in Ina Cabdalla Xasan uu dadkii gumaaday isaga oo Diintii ku adeeganaya, sharcidarro badanna ku kacay; dariiqadiina uu ka leexday. Waxaa-nay ka codsadeen inuu arrintaa wax ka qabto.

Dhanka magaalada Cadan waxa isna ka tegey Sheekhyadiina u markhaati furay ninka la odhan jirey Xaji Cabdulle Shixiri oo uu Ina Cabdalla Xasan aad ugu kalsoonaa, Cadanna wakiil uga ahaa, oo danaha daraawiishta ka fulin jirey.

Arrintaas kolkuu Sheekh Maxamed Saalax dhegeystey wuu garawsaday waxaanu u soo direy Ina Cabdalla Xasan warqaad dheer oo canaan ah oo uu ku diiddan yahay waxyaalahaa uu ku kacayo kagana codsanayo inuu ka waantoobo arrimahaas lagu soo edeeyey. Warqaaddii oo af Ingiriisi loo haltebiyey waa tan hoos ku qoran[106]:

"Praise be to God ... To my brother and friend the powerful Seyyid Mohamed bin Abdul la. After compliments to you and your people, praying for your long life and for your welfare. If you want to know about me, I am well, by the grace of God...

---

[106] The Mad Mullah of Somaliland by Douglas Jardine, O.B.E. (Secretary to the Administration, Somaliland, 1916-21) 1st Edition; London 1923; pp184-185.

I have always been anxious and enquiring about your doing and welfare. I know that you have not grown weak, and are capable of fighting. I have this news before my eyes - that you and your people have got into bad ways; you are no longer minding the Sharieh law.

I have proofs that you have ceased to abide by that law in that you loot and enjoy other men's wives, you shed their blood and rob them and their property. You can be called now neither a Muslim nor a Christian; you have ceased to know your proper religion, because do not go according to it, and do all sorts of bad things.

I do not approve of this, because it is not according to the Sharieh law. The prophet has laid down.....
 I think God will punish you for your misdeeds in this world, only do not forget that he is not blind to all that you do....

Henceforth I wish to have nothing to do with you and your belongings. I will not write to you, and I do not want you to write to me. Those who walk in the way of God are sure to be protected by Him. You call yourself " Seyyid ",but whence you obtained this title is not known. You do not conduct yourself like a Sheikh, or walk in the path shown to you by our prophet Mohamed....

Sooyaal

> *You had better leave off calling yourself "Seyyid" and would do well by keeping to your self respect and instructing your people in the path of God and religion, and by ceasing to call yourself "Seyyid", "Mahd", or any such thing. By assuming these titles, which do not belong to you, you will forget what you know of religion...*
>
> *Mohammedans are not those who take their neighbours' blood on their hands, or those who deserve their neighbours' curses... Leave off all this and fear God and the judgment day, when children will have to separate from mothers... You are at present like a shipwreck, tossing and drifting this way and that way, unable to know or to make for any harbour. I think you are quite old and wise enough and do not therefore require instruction. Hearken to all I have said, and it is for you to choose whether you will listen or not; but if you do listen to me or continue in your present state, it will be with the protest of myself and all the other Mussulmans, who will at once raise their voice and might against you and your people. It is enough what you have already done, and now leave off your bad habits and ways, or else I will not write or have anything to do with you in the future, and will take care to inform all our Mohammedan brethren of your doings, and you will cease to belong to our tarika..."*
>
> 28 Del-Hejja
> Sayid Mohamed Bin Salih Rashid,
> Successor to Seyyid Ibrahim Rashid.

Warqaaddaas kolkii af Soomaali loo hal-tebiyeyna waa tan iyana hoos ku qoran:[107]

<<*Ammaan Eebbaa leh* .... *Waxay ku socotaa walaalkay iyo saaxiib kaygii awoodda lahaa Sayid Maxamed Cabdulle Xasan. Salaan adiga iyo dadkaaga kaddib, waxaan kuugu ducaynayaa cimri dheer iyo barwaaqo. Haddaad dooneyso in aad warkayga ogaato, mahad Eebbe waan nabaddoon nahay.*

Anigu weligey waxaan quuddarraynaayey oo warsan jirey inaan ogaado arrimahaaga iyo lad naantaada. Waan ogahay inaadan debcin oo aad dagaallami karto. Warka indhahayga horyaal waxa weeye inaad adiga iyo dadkaagu jid xun ku socotaan, ka fekerimaysid Xeerka Shareecada. Run cad baan hayaa inaad iska deysey u hoggaansanaantii Shareecada oo aad dadka dhacdo, kuna raaxaysato ragga kale haweenkooda, dhiiggooda inaad qubto, xoolahoodana dhacdo. Hadda Muslin iyo Kiristaan midna laguma sheegi karo; diintaadii runta ahayd aqoonteediina waad joojisay oo kuma socotid siday ku farayso, xumaan oo dhanna waad samaysaa.

Anigu ma oggoli sidaas, maxaa yeelay ma waafaqsana xeerka Shareecada Islaamka, Nebigii wuxuu jideeyey....

---

[107] Sh. Jaamac Cumar Ciise, Taariikhdii Daraawiishta iyo Sayid Maxamed Cabdalla Xasan, 1976, bogga **183**aad

Waxan filayaa in Eebbe kugu ciqaabi doono xumaha aad adduunka ku samaynayso, ha u malayn inuu ka indhala'-yahay waxaad samaynayso oo dhan...

Hadda ka dib ma doonayo inaan lug ku yeesho adiga iyo waxaad leedahayba, waraaqo kuuma soo qoridoono, mana doonayo in aad ii soo qorto. Kuwa ku socda waddada Eebbe waxay hubaan inuu gargaarayo, kuwa waxa xun sameeyana, sidaa soo kale waxay hubaan inuu ciqaabi doono....<<Seyyid>> baad isku magacawday, goortaad derejadaa heshayse lama yaqaan. Uma dhaqantid sidii Sheekh, kumana socotid wadda-duu ku tusay Nebigeennii Maxamed....

Waxa doorroon inaadan isku magacaabin <<Seyid>> ee aad dhawrtid sharafkaaga oo ku amarto dadkaaga inay raacaan waddada Eebbe iyo diinta, aadna joojiso inaad isku magacawdo Seyid, Mahdi ama wax la mid ah. Haddaad isa siiso derejooyin-kaas oo aadan lahayn, waxaad illaawi doontaa waxaad diinta ka taqaan.

Dadka Maxamadiyada aamminsan ma aha kuwa dhiigga deriskooda gacanta gesha, ama mutaysta habaarka deriskooda.... Waxaasoo dhan ka tag oo Eebbe ka cabso iyo maalinta xisaabta, oo carruurtu ka cararidoonto hooyooyinkood... haatan waxaad la mid tahay markab jabay oo liicliicaya oo sabbaynaya dhinacan iyo dhinacaas oo aan aqoon karin, gaadhina karin marsadii. Waxaan filayaa inaad nin weyn oo caqli leh tahay oo aad wax amar ah u baahnayn. Dhug u yeelo waxaan kuidhi oo dhan, adayna kula gudboontahay inaad kala doorato inaad maqasho iyo in kale. Hase ahaatee haddaadan dhegeysan ama aad ku sii waddo sidaad haatan tahay, waxay noqondoontaa in aannu cabanno oo aniga iyo Muslinka oo dhammi dhaqso codashadayada iyo awoodayada ku kicinno adiga iyo dad kaaga. Way kugu filan yihiin waxaad hadda ka hor samaysay ee iska daa hababka iyo caadooyinka foolxumada leh ee aad ku jirto. Haddii kale kuuma soo qoridoono, wax dambana kugu darsan maayo mustaqbalka, waxaa aad samay-naysana waxaan ogeysiin doonaa walaalaheenna Maxamadi-yada ah, waxaadna noqondoontaa nin aan ka tirsanayn Dariiqada Saalixiya... >>

28Dul-xijja
Seyid Maxamed Bin Saalax Rashiid
oo dhaxlay Seyid Ibraahim Rashiid.

10. Waran kugu soo noqon doona lama riddeeyo

Arrintii caynkaa aan ka soo sheekaynay ahayd, illayn Ina Cabdalla Xasan baa libin lala doonayee, waxa laga dhigay inuu Ingiriisku Culimadan soo abaabulay oo uu arrinkuba ahaa arrin uu gumeyste watey. Aw Jaamac Cumar Ciise oo arrintaa ka hadlayaana wuxu yidhi:

"1908kii dabyaaqadiisii ayaa Ingiriis abaabulay siyaasad foolxun oo Sayid Maxamed ka horjeedda. Wuxu u yeedhay koox wadaaddo ah oo dariiqooyin kala duwan madax u kala ah: Qaaddiriya, Axmediya, Saalixiya iyo Andaraawiya. Wuxu ku yidhi, " Sayid Maxamed wuxu doonayaa inuu dalka iyo diintaba madax u noqdo, hadday taasi dhacdana waxa iman doona inuu dariiqooyinka kalena baabbi'iyo, tiisana dhulka ku faafiyo, dabadeedna isaga keliyi arlada u taliyo, wuxuna amar xoog leh ka haystaa Sayid Maxamed Saalax oo Maka fadhiya, waxa xun oo uu samaynaayana aan ka warqabin. Maxay idinla tahay haddaad Sheekh Maxamed Saalax u tagtaan oo wuxu wadaadku arlada ka wado uga warrantaan? Dawladduna taa way idinku taageeray-saa." Waxay yidhaahdeen: waa oggolnahay wixi suuragal ah; waxana la isku af gartay in arrintaa la socodsiiyo oo Sayidka Shiikhiisii oo Sayid Maxamed Saalax ahaa lagu diro, si uu sharafka uga qaado, ama xiriir uga goosto.

Qunsulkii Talyaaniga ee Cadan fadhiyey ayaa arrintaa ka war helay, dabeedna Ingiriiska wuxu u sheegay in dawladdiisuna taa qayb xoog leh ka qaadanayso. Si kastaba arrinta ha loo maammulee, ugu dambayntii waxa la diray rag ay ka mid ahaayeen:[108]

1. Shiikh Cali-Nayroobi oo fadhigiisu ahaa magaalada Kismaayo, geyigaana dariiqada Saalixiya madax uga ahaa iyo dhinaca koonfur oo dhan. Soomaalida koonfureed dhexdeedana magac weyn ku lahaa, dadku si weyn u raacsanaa.

2. Shiikh Ismaaciil Shiikh Isaxaaq oo Berbera fadhiyey, dariiqada Saalixiyana madax ka ahaa dhinaca waqooyi dadkuna aad u raacsanaa laguna kalsoonaa. Labaduna waxay saaxiib la ahaayeen Ijaasadana ka qaateen Sheekh Maxamed Saalax, agtiisana magac weyn bay ku lahaayeen. Dabadeedna waxay u sheegeen in Sayid Maxamed dunidii wareeriyey, dil, dhac iyo sharci-darro ku kacay, diintii Maxamadiya iyo dariiqada Saalixiya dawgoodii ka weecday; waxayna weydiisteen inuu taa wax ka qabto.

2. Shiikh Madar oo dariiqo Qaadiriya ah ku lahaa Hargeysa iyo culimo kale."

Waxa xusid mudan sida uu Aw Jaamac u tilmaamay kaalinta labada Sheekh ee ay isku cidda yihiin, waa Sh. Cali-

---

[108] Aw Jaamac Cumar Ciise, Taariikhdii Daraawiishta iyo Sayid Maxamed Cabdalla Xasan (1895-1920), 2005, bogga 224aad

Nayroobi iyo Sh. Ismaaciil Sh. Isaxaaq oo labaduba Dhulbahante ahaa, iyo sida uu kaalintii Sh. Madar hoos ugu dhigay. Taasaana runtii innagaga filan inaanu Aw Jaamac dhexdhexaad ka ahayn qorista mahadhada Ina Cabdalla Xasan ee uu doc u janjeedho. Isaga oo Aw Jaamac hadalkiisii sii wata wuxu yidhi:

"Shiikh Maxamed Saalax hadalkoodii ma rumaysan, hase yeeshee wuxu ku yidhi, " Anigu u malayn maayo waxad sheegeysaan in wax ka jiraan, bal hadalkiinna wax rumaynaya ii keena".

Meelaha ay aragtida Aw Jaamac Cumar Ciise werbiga ka leedahay ma yara. Haddii aan is nidhaa wax ka sheega waxa u horraysa ta odhanaysa inuu Sh. Madar Axmed Shirwac ka mid ahaa raggii Maka tegey ee Ina Cabdalla Xasan soo ashkateeyey.

Runtii, Cabdirasaaq Caqli oo ah qoraha buuggaa ladhkiisu yahay '*Sheekh Madar: aasaasahii Hargeysa*' marna ma tibaaxin inuu Sh. Madar weligii carro-edeg dibadda uga baxay. Midda labaadi waa hadallada Aw Jaamac ee is burinaya. Wuxu Aw Jaamac inoo sheegay inay *Sh. Cali-Nayroobi* iyo *Sh. Ismaaciil Sh. Isaxaaq* saaxiibbo la ahaayeen *Sh. Maxamad Saalax* agtiisana magac weyn ku lahaa-yeen. Hayeeshee, kolkii ay arrintii Ina Cabdalla Xasan kala hadlayeen, wuxu Aw Jaamac innoo sheegey inuu hadalkoodii rumeysan waayey oo uu ku yidhi, 'Bal hadalkiinna wax rumaynaya ii keena.'

Sidee bay u dhicikartaa in qof milgo iyo maamuus kuu hayaa uu kuugu yidhaa been baad sheegaysaa?! Nin baa laga sheegey, "Ilaahow Alif wax male iyo wax buu leeyahay mar ha naga wada yeedhsiin." Sidaasi awgeed, labadaa hadal meesha ma wada qabtaan ee mid uun baa dhab ah ee bal Aw Jaamac dib ha loogu noqdo oo halla warsado ka dhabta ah.

Waxa kale oo wax lagu qoslo ah sida laysugu deyey in dadka loo majara habaabiyo oo maskaxda looga xado, warqaddii uu Sh. Maxamed Saalax u soo qoray Ina Cabdalla Xasanna looga dhigay mid aan ahayn tii dhabta ahayd ee uu qoray Sh. Maxamed Saalax. Akhriste bal u fiirso waxa la qoray:

> *Wadaaddadii xarunta Daraawiishta joogey oo arrinta u war hayey waxay yidhaahdeen, Sheekh Maxamed Saalax wuxu u yeedhiyey karraanigiisii oo wuxu ku yidhi: "Qor waxan kuu yeedhiyo". Isla markaa wuxu qoray waraaq hadallo qabow oo wacdi iyo waano ahi ay ku qoran yihiin.*
> *Sheekh Maxamed Saalax wuxu waraaqaha ku saxeexi jirey kaatun caan ah oo lagu yaqaan, magaciisuna ku daabacan yahay. Kaatun-kaasna fartiisa kama bixin jirin markuu musqusha gelaayo maahee, maxaa yeelay, waxa ku qornaa magaca Ilaahay. Hase ahaatee raggii xadhigga baas*

maleegayey karraanigii bay hoos kala heshiiyeen oo waxa la qoray warqad kale oo ka duwan tii Sheekh Maxamed qoray, hadallo aad u foolxumina ku qoran yihiin. Dabeedna markuu suuliga galay ayaa karraanigii kaatunkii ku dhuftay!

Horaa loo yidhi: hadal dalab leh lug dalab leh laga arki oge, waxa isweydiin leh sida ay wadaaddadii xaruntii Taleex joogey waagaa u ogaadeen waxa ka dhacayey magaalada Maka. Aw Jaamac Cumar Ciise wax caddayna oo midhkaa rumeeya oo taageero ah innama soo hordhigin.

Hadallada isburinaya ee uu Aw Jaamac rabo inaan sidooda ku qaadannaa ma yara. Wuxu inoo sheegey inuu Sh. Maxamed Saalax wax ku saxeexijirey kaatun uu magaciisu ku qoranyahay oo caan ahaa. Haddana wuxu ka dabakeenay inuu iska bixinjirey kolkuu musqusha gelayo. Sababta oo ah waxa ku qornaa buu yidhi magaca Ilaahay. Maxaa magaciisa iyo ka Ilaahay meel ku wada qoray?

Sheekada soo socotaa waxay burineysaa warkii uu Aw Jaamac qaybta hore innoogu sheegay ee ku saabsanayd tirada sheekhyadii loo qaaday Maka. Waxaanu yidhi Aw jaamac:

"Si kastaba ha loo maammulee, bishii Maarso 1909kii ayaa wadaaddadii ayagoo hawshii loo diray soo abyey, waraaqdii Shiikh Maxamad Saalax Sayidka u soo qorayna sida Cadan

yimaaddeen; dabadeedna warqaddii waa la badiyey si culimada waaweyn ee Soomaaliya loogu qaybsho' kaddibna waxa la gudo galay sidii arrinta loo fulin lahaa.

1909kii bishii Maarso dhexdeedii ayaa waxa Cadan ka soo ambabbaxay markab Talyaani ah oo la odhan jirey "Elba" oo sida; qunsulkii Talyaaniga Cadan u fadhiyey, Sheekh Ismaaciil Sh. Isaxaaq, Sheekh Cali-Nayroobi, Xaaji Cabdille Shixiri. Isla bishaa Maarso dabayaaqadeedii ayaa markabkii maalin maalmaha ka mid ah, soo dhigtay marsada Iligdaldal. Nin dhambaal-wade ah ayaa waraaqdii iyo kuwii kaleba loo dhiibay oo inta saxiimad la saaray xeebta la geeyey. Waxana lagula ballamay; waraaqahaas dariiqada gee, maanta maalinteeda ayaa inoo muddo ah ee xeebta imaw sixiimad baannu kuu soo diraynaaye. Dabadedna markabkii Xamar buu u gudbey."

Sheekada qaybteedii hore wuxu Aw Jaamac inoogu sheegey in tirada Sheekhyada la qaaday ahaayeen Saddex Soomaaliya laga kaxeeyey iyo mid Cadan kaga biiray. Kuwaasi oo kala ahaa 1. Sheekh Cali-Nayroobi, 2. Sheekh Ismaaciil Sh. Isaxaaq, 3. Sheekh Madar iyo 4. Xaaji Cabdille Shixiri.

Qaybta dambana wuxu Aw Jaamac inoogu sheegayaa in Sheekhyada markabka la soo saaray ee hawsha soo dhammeeyey ahaayeen: Sheekh Cali-Nayroobi, Sh. Ismaaciil

Sooyaal

iyo Xaaji Cabdille Shixiri. Xaggee baa tolow lagaga tegey Sh. Madar? Ma Makuu ku hadhay? Ma Cadan baa lagaga tegey, mise marka horaba lama socon?

Sidii aan kor ku xusay lama hayo war tibaaxay inuu Sh. Madar marna ka mid noqday culimadii loo qaaday Maka. Hadalkan dambe ee Aw Jaamac baana midhkaa u markhaati furaya.

Hadal iyo dhammaantii, haddii uu Gumeysigii Ingiriisku arrinta soo abaabulay oo uu Culimadii ku kiciyey, Abwaannadana tolow yaa ku diray? Ma Gumeystahaa ayana ku yidhi, "Waar ninku idin laaye u gabaya oo sidan iyo sidaa dhaha!" Waa arrin af ka weyn. Waxana halkaa innooga dhuroobey in farriintii ay maahmaahdu inna faraysey ee ahayd kol haddii aad been sheegeyso bal tu run u dhow sheeg aan lagu dhaqmin. Beentaasina run uma eka ee waa mid dalba juuqadeeda meel dheer laga soo arkayo!

11. Bayuurtii u weyneyd
(The biggest scandal)

Aniga oo, sida aan soo sheegay, uu tallan igaga jiro hadallada Aw Jaamac Cumar Ciise ee ku saabsan Culimada loo diray Xijaas ayaan dib u akhriyey daabacaddii 1aad iyo tii 2aad ee *Taariikhdii Daraawiishta iyo Sayid Maxamed Cabdalla Xasan*. Waxaanan la kulmay arrin iga yaabismmuay :

1. Bogga 179-180 ee daabacaddii 1aad ee ay soo saartay Wasaaraddii Hiddaha iyo Tacliinta Sare, Akadeemiyaha Dhaqanka, Muqdisho, 1974kii, Aw Jaamac Cumar Ciise kuma qorin kumana sheegin inuu Sh. Madar ka mid ahaa raggii loo qaaday Maka.

2. Waa yaabe bogga 224-225 ee daabacaaddii 2aad ee isla buuggaasi ee ay maalgelisey dawladda Jabbuuti soona baxay 2005ta waxa ku qoran inuu Sh. Madar ka mid ahaa raggii loo qaaday Maka.

Hadal iyo dhammaantii, beenaale markhaatigiisuu fogeeyaaye ku soo dhowow akhriste, oo ila akhri, bogaggii oo aan ka soo dheegey daabacaddii 1aad iyo tii 2aad ee buuggii Aw Jaamac Cumar. Sidaasi darteedna miyaan la odhan karin mahadhada Ina Cabdalla Xasan been abuur kama madhna, in dib loo qoraana waa lagama maarmaan?

Daabacaaddii 1aad ee Muqdisho, 1974kii, sidan bay u qoran tahay:

SHIRQOOLKII GUMEYSIGA

Muddo akan sano iyo dheeraad ah haddii Ingiriisku Daraawiish la dagaallamayey oo ciidammadoon qaybta 2aad ku soo sheegnay lagu soo sasray, gaobalasan magacyadooda soo sheegnayna lagu kulmay, ayaa hadan la qaado iyo heshiis la kala dhigtaa markii midna meelmar noqon waayey ayaa Ingiriisku ku fakiray oo malaha wuxuu bayiri «wua maxay xariggan adag oo isu haya wadaadkaiyo dadka reacsan? Waa diinta Islaamka ee aidoo loo kala fueduri karaa ? Sida la og yahayna siyaasadda Darnawiishta iyo mabaadi'da ey ku shuqaynaayeen waxay ku dhisnayd diinta Islaamku iyo werdiga dariiqada Saalixiya oo xurumteedu magaalada Maka abayd.

1908dii dabayaaqadiiaii ayaa Ingiriisku abaabuley siyaasad foolxun oo Sayid Maxamad ku hor jeedda. Wuxuu u yeeray koox culimo ah oo dariiqooyin kala duwan madax u kala ah : Qaaddiriya, Axmadiya, Saalixiya iyo Andaraawiya. Wuxuu ku yiri, «Sayid Maxamad wuxuu doonayaa inuu dalka iyo diintaba madax u noqdo, hadday taasi dhacdana waxa iman doona inuu dariiqooyinkiinnu baabbi'iyo tiisana dhulka ku faafiyo, dabadeedna isnga keliyi arlada u taliyo, wuxuuna amar xoog leh ka haystaa Sayid Maxamad Saalax oo Maka fadhiya waxa xun oo uu samaynaayaaa aan ka war qabin. Maxay idinla tahay haddaad Shiikh Muxamad Saalax u tagtaan oo wuxuu wadaadku arlada ka wado uga warrantaan? Dawladduna taa waydiinku taageereyssa».

Waxay yiraahdeen waa oggol nahay wiaii suurugal ah; waxaana laysku af gartay in arrintaa la soodaliyo oo Sayidka Shiikhiisii oo Sayid Maxamad Saalax abaa lagu diro sii uu sharafka uga qaado, ama ziriirka uga gooato.

Qunnulkii Talyaaniga ee Cadan fadhiyey ayaa arrintaa ka wuu belay, dabadeedna Ingiriiska wuxuu u sheegay in dawladdiisu taa qayb xoog leh ka qaadanayso; si kastaba arrintaa ha loo maamulee, ugu dambaystii waxa la diray rag ey ka mid ahaayeen: Shiikh Calinayceebi oo fadhiggiisa ahaa magaalada Luwao, dariiqada Saalixiyana shiikhacedii ahaa, dhinaca koofur oo dhan, Soomaalida dhexdeedara magac weyn ku luhaa, dadkuna si weyn u reacsanaa Shiikh Ismaciil Shiih Isaaxaq oo Berbera fadhiyey, dariiqada Saalixiyana madax ka ahaa dhinaca waqooyi dadkuna aad u rascsanaa laguna kalsoonaa. Labaduma waxay asaaiib la ahaayeen jaasadana la qaateen Shiikh Muxamed Saalax, agtiisana asagoo weyn bay ku lahaayeen. Dabadeedna

— 179 —

waxay u sheegeen in Sayid Maxamad dunidii wareeriyey : dil, dhac iyo sharcidarro ku kacay; diintii Maxamadiya iyo dariiqada Saalixiya dawgoodii ka weecday; waxayna weydiisteen inuu taa wax ka qabto.

Shiikh Maxamad Saalax hadalkoodii ma rumaysan, hase ahaatee wuxuu ku yiri; «Anigu u malayn maayo waxaad sheegeysaan in wax ka jiraan, bal hadalkiinna wax rumaynaya ii keena». Dabadeedna Xaaji Cabdulla Shixiri oo nin caana ahaa, Daraawiishna magac weyn ku lahaa, Sayid Maxamadna aad ugu kalsoonaa, Cadanna wakiil uga ahaa oo danaha Daraawiishta oo dhan ka fulin jirey, hase ahaatee marka dambe Daraawiish ku ballan furay ayaa Cadan Markab laga saaray oo Maka la geeyey. Dad badan oo xajka gudanaayeyna waa la raaciyey.

Cabdulle Shixiri wuxuu halkaa ka caddeeyey waxa Sayid Maxamad laga sheegayaa inay run yihiin. Sheekh Maxamad Saalaxna sidaas buu ku oggolaaday inuu Sayid Maxamd waraaq canaan ah u qoro.

Wadaadda xaruntii Daraawiishta joogey oo arrintana u war haysay waxay yiraahdeen, «Sheekh Maxamad Saalax wuxuu u yeeray Karraanigiisii oo wuxuu ku yiri, «qor waxaan kuu yeeriyo». Isla markaa wuxuu qoray waraaq hadallo qabaw oo waedi iyo waano ahi ay ku qoran yihiin.

Sheekh Maxamad Saalax wuxuu waraaqaha ku saxiixi jirey kaatun caan ah oo loo yaqaan, magaciisuna ku daabacan yahay; kaatunkaarna fartiisa kama bixin jirin markuu suuliga gelaayo maahee, maxaa yeelay waxa ku qornaa magaca Ilaahay. Hase ahaatee raggii xarigga baa maleegaayey karraanigii bay hoos kala heshiiyeen oo waxa la qoray warqad kale oo ka duwan tii Sheekh Maxamad qoray, hadallo aad u foolxumina ku qoran yihiin. Dabadeedna markuu suuliga galay ayaa karraanigii kaatunkii ku dhuftay.

Haddaynu taas u fiirsanno, waxaad mooddaa inay ma jirto tahay maxaa yeelay culimadii madaxda ka ahayd dariiqada Saalixiya oo Soomaaliida ahayd oo dhan wuxuu u diray waraaqo kala duwan oo Sayid Maxamad lagu ceebaynaayo. 5

Si kastaba arrinta ha loo maamulee, bishii Maarso 1909 ayaa wadaadadii ayagoo hawshii loo diray soo ebyey, waraaqdii Shiikh Maxamad Saalax Sayidka u soo qorayna sida Cadan yimaadeen; dabadeedna warqaddii waa la budiyey si culamada waaweyn u Soomaaliya loogu qaybsho; kaddibna waxa la guda galay sidii arrinta loo fulin lahaa.

Sooyaal

Daabacaaddii 2aad ee Jabbuuti, 2005ta sidan baa iyana loo qoray:

> 224
>
> ## Shirqoolkii Gumeysiga
>
> Muddo shan sano iyo dheemad ah haddii Ingiriisku Darraawiish la dagaallamayey oo cidammadaan qaybta 2aad ku soo sheegnay lagu soo saaray, guubahaan magacyadooda soo sheegnayna lagu kulmay ayaa ballan la qaado iyo heshiis la kala dhigtaa markii midnaa meelmar noqon waayey, ayna Ingiriisku ku fakirey oo malaha wuxu isyidhi "Waa diinta islaamka ee sidee loo kala furfuri karaa? Sida la og yahayna siyaasaddi Darraawiishta iyo mabaadiida ay ku shaqaynaayeen waxay ku dhisnayd diinta Islaamka iyo weedaga dariiqada Saalixiya oo xarunteedu magaalada Maka ahayd.
>
> 1908kii dabayaaqadiisii ayaa Ingiriisku abaabuley siyaasad fooldxun oo Sayid Maxamad ka hor-joedda. Wuxu u yeerry kooc wadaado ah oo dariiqooyin kala duwan madax u kala ah: Qaadiriya, Axmediya, Saalixiya iyo Andaraswiya. Wuxu ku yidhi, "Sayid Maxamad wuxu doonayaa inuu dalka iyo diimaha madax u noqdo, hadday taasi dhacdana waxa irmaa doona inuu dariiqooyinka kaleeta baabbi'iyo, tiisana dhulka ku faafiyo, dabadeedna isaga kelyi arladi u taliyo, wuxuna amar xoog leh ka haystaa Sayid Maxamad Saalax oo Maka fadhiya, waxa suu oo uu samaynaayaani aan ka war qabin. Maxay idinla tahay hadaad Shiikh Maxamad Saalax u ragtaan oo wuxu wadaadku arlada ka wado uga warrantaan? Dawladkhina taa way idanku tageercysaa" waxay yiraahdeen: Waa oggol nahay wixi saariigal ah; waxuna la isku af gartay in arrintaa la seedsiiyo oo Sayidka Shiikhiisii oo Sayid Maxamad Saalax ahaa lagu diro, si uu sharriika uga qaado, arrta xiriirka uga goosto,
>
> Qunsulkii Talyaaniga ee Cadan fadhiyey ayaa arrintaa ka war helay, dabadeedna Ingiriiska wuxu u sheegay in dawladdiisuna taa qayb xoog leh ka qaadaneyso. Si kastaba arrinta ha loo maamuloo, ugu dambaystii waxa la diray rag ay ka mid ahaayeen:
>
> 1. Shiikh Cali-nayroobi[1] oo fadhigiisu ahaa magaalada Kismaayo, geyigaana dariiqada Saalixiyana madax uga ahaa iyo dhinac koonfureed oo dhan. Soomaalida koonfureed dhexdeedana magac weyn ku lahaa, dadkuna si weyn u raacsanaa.
>
> 2. Shiikh Ismaaciil Shiikh Isxaaq[2] oo Bebera fadhiyey, dariiqada Saalixiyana madax ka ahaa dhinaca waqooyi dadkuna aad u
>
> 1. *Shiikh Cali'nayroobi: Dhulbahante.*
> 2. *Shiikh Ismaaciil Shiikh Isxaaq: Dhulbahante.*

raacsanaa lagurta kalsoonaa. Labaduna waxay saasaib la ahaayeen Ijaasadana ka qaateen Sheekh Maxamad Saalax, agtiisana magac weyn bay ku lahaayeen. Dabadeedna waxay u sheegeen in Sayid Maxamad dumdii wareeriyey; dil, dhac iyo sharcidarro ku kacay, diintii Maxamadiya iyo darriiqada Saalixiya dawgooxdii ka weerday; waxayna weydiisteen inuu taa wax ka qabto.

3. Shiikh Madar[3] oo dariiqo Qaadiriya ah ku lahaa Hargeysa iyo culimo kale.

Shiikh Maxamad Saalax hadalkoodii ma rumaysan, hase ahaatee waxu ku yidhi; *"Aniga nooselayn muayo suxuud sheegayaaan in wax ka jiraan, bal hadalkiiina wax rumaynaya ii keena"*. Dabadeedna Naaji Cabdalle Shixiri oo min caan ah abaa, Daraawiishaa magac weyn ku lahaa, Sayid Maxa-madna aad uga kalsoonaa oo Cadanna wakiil uga ahaa, danaha Daraawiishta oo dhan ka fulin jirey, hase ahaatee markii dambe Daraawiish ku ballan furay ayaa Cadan markab laga saaray oo Maka la geeyey. Dad badan oo xajka gudanaayeyna waa la raaciyey.

Cabdille Shixiri wuxu hailkaa ka caddeeyey waxa Sayid Maxamad laga sheegayaa inay run yihiin. Sheekh Maxamad Saalax sidaas buu ku oggolaaday in uu Sayid Maxamad waraaq canaan iyo waano ah u qoro.

Wadaaddadii xaruntii Daraawiishta joogey oo afrinta u war hayey waxay yiraahdeen, Sheekh Maxamad Saalax wuxu u yeeray karraanigiisii oo waxu ku yidhi: *"Qor waxaan kuu yeeriyo"*. Isla markaa wuxu qoray waraaq hadallo qabow oo waedi iyo waano ahi ay ku qoran yihiin.

Sheekh Maxamad Saalax wuxu waraaqaha ku saxiixi jirey kaatun caan ah oo lagu yaqaan, magaciisuna ku daabacan yahay. Kaatunkaasna fartiisa kama bixin jirin markuu musqusha gelaayo maahee, maxaa yeelay, waxa ku qornaa magaca Ilaahay. Hase ahaatee raggii xarigga baas maleegaayey karraanigii bay hoos kala heshinyeen oo waxa la qoray waraqad kale oo ka duwan ti Sheekh Maxamad qoray; hadallo aad u foolxumiina ku qoran yihiin. Dabadeedna markuu sauliga galay ayaa karraanigii kaatunkii ku dhutray!!.

___
3. *Shiikh Madar-Ismag*

Weli yaabkii baan ku jirnaaye, Aw Jaamac Cumar Ciise wuxu mahadhadii Ina Cabdalla Xasan u rogay ood tunka

Sooyaal

lagu sido oo kolba ciddii ujeeddo laga leeyahay lagu raalligeliyo.

Daabacaaddii 1aad ee buugga la yidhaa Diiwaanka gabayadii Sayid Maxamed Cabdalla Xasan ee uu soo saaray Akademiyihii Dhaqanka iyo Suugaanta laguna daabacay madbacaddii qaranka ee Muqdisho gu'gu kolkuu ahaa 1976kii iyo Daabacaaddii 2aad ee soo baxday 1999kii ee lagu daabacay magaalada Neyroobi ee dalka Kiiniya midna kuma qornayn inuu Ina Cabdalla Xasan ula jeedey '*Ciisaha bakhtiga hiiga*' reerka Ciise Muuse oo ka tirsan Habar Awal.

Eeg sawirkan bogga soo socda ku yaal ee aan ka soo qaaday bogga 166aad ee daabacaaddii 2aad ee buuggaasi kor ku xusan.

Ina Cabdalla Xasan Ma sheekh Buu Ahaa, Mise...?

Hankakoobsi iyo booblaa iyo hoobsi guluf baa leh
Hantham iyo humaiga reenka iyo higilla guutaa loh
Hannas weerar iyo qaylo iyo hirif colaad baa leh

Heeraa in layskula bixiyo heeggan dirir baa leh
Hiney iyo wirey maalintey humuro joogtaa leh
Haadaa qabiilnimo nimaan lagu holeyn baa leh

Hawa beena Soomaalidaa hadafka raacdaa leh
Hadal rumaa Darzawishta iyo wali hanuunaa leh
Ragga diinta hoyga u noqdiyo hanad Shirshooraa leh

Hulqihii dad bari soo baxshiyo hoogey dumar baa leh
Wixii habar Majeerteena iyo halamash naagaa leh
Xaar laysku hoylaamiyiyo halalac Mooraa leh

Hammuunaan damay iyo hunguri lala hadaaqaayo
Handadka iyo heemada markuu hadawga leefaayo
Warsengeligu haybtuu yihiyo horor dugaag baa leh

Hoobaaq laguu qodahayiyo hagar shisheeyaa leh
Hundhur iyo caloobxumo ninkii cadawgi heoraa leh
Hankurigyiyo uur gulgubuc ninka hiijo qabey baa leh

Inaad luqunta hoogaamisiyo hogasho cill baa leh
Meeshiyo haboen ankhuraad hibaasho maag baa leh
Hauka Alle Eebbow ninkii libin hoyaadshaa leh

Hohl iyo caku iyo hif ninkii hawkar galay baa leh
Halaaka iyo laandayr ninki marin habaabaa leh
Hinji iyo habaar Waaq ninkii huray Ustaadkaa leh

Heeggaa in loo maro arlada habi la'aan baa leh
Hor Allah in loo jeensadiyo haajir ealimaa leh
Haawiyada naareed ninkii feranji huystaa leh

Idoorka hoosada Berbera ka hawisaa hey! leh
Harag urayn Muusa Carrahii hocadhin jiray baa leh
Hadduu awrku reeryada ka rido hogey? Arab baa leh

Xaar hartura Habaryoonis iyo Harar nin joogaa leh
Ceesaha bakhtiga hiigayiyo haqay midgaan baa leh

Sooyaal

Hayeeshee, daabacaaddii 3aad ee Jabbuuti lagu daabacay 2005tii, sida ka muuqata sawirka soo socda ee isna laga soo qaaday bogga 374aad ee buuggaasi, waxa ku qoran inuu Ina Cabdalla Xasan ula jeedey *'Ciisaha bakhtiga hiiga'* reerka Ciise Muuse.

```
Hoh! iyo caku iyo hiif ninku, hawkar galay baa leh
Halaako iyo laandeyr ninku, marin habaabaa leh
Hinji iyo habaar-waaq ninku, huray astaadkaa leh

Heeggaa in loo maro arlada, habi la'aan baa leh
Hor Ilaah in loo jeensadiyo, haajir culimmaa leh
Haawiyada naareed ninku, Ferenji haystaa leh

Iiddoorka hoosada Berbera, ka hawiraa hey! leh
Harag uraya Muuse-Carrihii, hooli jirey baa leh
Haddiuu niriggu heeryada ka rido, hoogey! Arab baa leh

Xaal hadura Habaryoonis iyo, Herer nin joogaa leh
Ciisaha" baqtiga hiigayiyo, haqay Midgaan baa leh
Hunraale Cali Jaamac¹ iyo, huluq dameer baa leh

Xidli Inimo habboonkeed ninkii, lagu hurtaa baa leh
Hargaarnonyin iyo ceeb ninkii, gun u hoyaadaa leh
Hiddo xunwa gabooy hayrle iyo, horinta Cawl" baa leh

Hub wanaagsan heensiyo fardiyo, haybad iyo luuli
Hadyad deeqa hoo iyo waxsiin, hor Alle geystaa leh
Haunnaan qurux san haashaar gobeed, hodan Dariiqaa leh

Heerwaynkiyo haleelada nirgaha, loo hinqimaayo
Haamaha karuurkee la shuban, holaca jilaalka
Heel xoolo laga huuxiyiyo, tubana Eebbaa leh

Hal madow higgaad iyo Quraan, ha iyo wow reebban
Haranni miyo hooyaale gabay, heello iyo maanso
Nin kaleba naftiisa ha hafree, hoodo anigow leh!
```

3. Cali Jaamac¹ Cale Jaamac Hanbul wuxu uhuu gabayan caan ah, wuxuu u ka inik idina raghbi Sayid Maxamood u gabeyey.
4. Ciise ururso oda jeedaa Ciise Muuse - Habar Awal.

Waxa haddaba isweydiin leh sida loogu kalsoonaan karo buugaagta Aw Jaamac Cumar Ciise?

Si kasta ha ahaatee, 12kii bishii Meey ee 2009-ka[109] mar uu Aw Jaamac Cumar Ciise booqasho ku yimid magaalada Hargeysa oo lagu martiqaaday madal suugaaneed uu qabanqaabiyey urur dhaqameedka la yidhaa HAVOYOCO, wuxu bilawgiiba ka cudur daartay in wax laga weydiiyo gabayadii Ina Cabdalla Xasan. Taasi qudheedu waa marag ma doon caddaynaysa inuu ogaa inuu arrintan u sameeyey ula kac iyo raalligelin uu ku raalligelineyey dawladda dalka Jabbuuti oo maalgelineysey daabacadda buugga.

Markii hore Ina Cabdalla Xasan baa laga cabanayey ee hadda isagii baaba dembi laga galay oo hadba wax aanu u jeedin iyo wax aanu odhan laga samaynayaa. Hadal gun buu leeyahee, ma filayo inuu jiro dembi ka weyni, if iyo aakhiraba, been abuur laga sameeyo qof dhintay.

1. Boobe Yuusuf Ducaale
2. Aw Jaamac Cumar Ciise
3. Axmed Aw Geeddi

Aragtidani, runtii, innaguma cusba. 1910kii baaddari Talyaaniya ayaa ka biyadiiday tuduc ka mid ah tuducyo uu

---

[109] Axmed Aw Geeddi baa midhkaa ii toosiyey oo sheegay inaanu gu'gu ahayn 2005-tii ee uu ahaa 2009kii.

Sooyaal

Cali Jaamac Haabiil ku duray Ina Cabdalla Xasan oo uu ku yidhi:
Ma Talyaanigaasaa Mahdiya tanina waa yaabe.

Kolkii uu Baaddarigu tuducaa hal-tebinayey ayuu ereygii Talyaani ku beddeley Yuhuudi. Tuduciina wuxu ka dhigay:[110]

Ma Yuhuudigaasaa Mahdiya tanina waayaabe.

Sida uu Borof. Siciid Samatar buuggiisa ku sheegay arrintaasi way shaqayn weydey. Waayo Baaddarigu waxaanu ogayn in sababta loogu soo daray ereyga Talyaanigu ay tahay si loo ilaaliyo xaraf raaca gabayga oo ku socda dhawaaqa 't', 'y'-duse aanay meesha qaban karin. Tan qudheeduna sidaasi ayaanay Aw Jaamac uga soconayn. Waayo qof kasta oo aad waydiisaa wuxu garanayaa in 'Ciiseha' uu Ina Cabdille Xasan sheegayaa ahayn Ciise Muusaha hadda lagu sheegayo ee uu yahay reerka la yidhaa Ciise Madoobe.

Gefefka uu Aw Jaamac Cumar Ciise ka galay Ina Cabdalla Xasan ma yara. Si ay ujeeddadiisu ugu meel marto, wuxu ka saaray gabaygaa dhawr tuduc oo ay ka mid yihiin

---

[110] Said Samatar. Oral Poetry and Somali nationalism the case of of Sayyid Mahamed 'Abdille Hasan. London and New York: Cambridge Unversity, 1982. pp. 148-149.

kuwii uu beesha Habar Awal iyo beesha Samaroon uu ku caayey. Waxaanay kala yihiin:

1. Ka uu beesha Habar Awal ku duray oo ahaa:

Hamma beena hadal aan waxtarin Habar Awali baa leh,

Iyo

2. Ka uu beesha Samaroon ku duray oo ahaa:

Hilib uraya Gadabuursigii huursan jirey baa leh.

Falkani wuxu dhabaynayaa hadallo dad badani sheegijireen oo sheegayey in maansada Ina Cabdalla Xasan wax badan laga saaray meelaha qaarna la beddelay. Waxana lay sheegey in gabaygaa laga saaray dhawr tuduc oo uu ka mid ahaa kii uu wax kaga sheegay beesha Samaroon.

12. Maxay Nooga binniixay Taladii Garaad Cali Garaad Maxammuud iyo Diidmadii Ina Cabdalla Xasan?

Dad badan ayaa madmadow kaga jirey Sheekhnimada *Ina Cabdalla Xasan*. Markii ay aad ugu fiirsadeen sida uu wax u wadana u arkay in ay arrintiisu wadaadnimo ka qoto dheer tahay. Taasina waxa ay rumoowday kolkii uu diiday, gaashaankana ku dhuftay, taladii *Garaad Cali Garaad Maxamuud*.[111] Taas oo ahayd sidan:

> "*Garaad Cali Garaad Maxamuud oo ahaa Garaadkii Dhul-bahante ayaa diiday kana soo horjeestay arrintii uu Ina Cabdalla Xasan watay ee ahayd in Garaadka iyo dadkiisuba Dariiqada Saalixiya qaataan oo ay isaga hoos yimaaddaan.*
>
> *Arrintaa kolkii uu Garaadku diiday ergo ayaa loo diray. Waxaanay ergadii sheegtay kolkii ay soo laabatay in uu Garaadku ku yidhi, "Wiixii diin ah ama diinta ku lug leh Wadaadku ha xukumo. Wixii reer ah ama dadka Nugaal deggan xaalkooda ah ha ii dhaafo, dhulkayagana gaalo ma joogto, tan xeebaha iyo magaalooyinka lagu sheegayna dagaal ku doonan mayno.*"

---

[111] Aw Jaamac Cumar Ciise, Taariikhdii Daraawiishta iyo Sayid Maxamed Cabdalla Xasan , bogga 25aad

Ina Cabdalla Xasan Ma sheekh Buu Ahaa, Mise...?

Sida la weriyey Ina Cabdalla Xasan taladaa kolkii loo keenay wuu diiday kamana warcelin. Dad badan oo ay arrintaasi kaga yaabisayna waxa ay isweydiiyeen waxa uu wadaadku doonayey.

Runtii, sida la weriyey, cidina kuma mutuxin oo lama odhan wadaadow maxaad rabtaa, isna waxaasaan doonayaa ma odhan ! Hasa yeeshee sheekan hoos ku qoran ee uu Aw Jaamac Cumar Ciise buuggiisa ku sheegay baa caddaynaysa inuu Ina Cabdalla Xasan ka dambeeyey dilkii **Garaad Cali Garaad Maxamuud.** Waxaanay sheekadu u qornayd sidan:

> "Bishii Oktoobar ee 1899kii baa sir lagu ogaaday in Garaadkii laba warqadood oo kala duwan diray: middood wuxu u diray Boqor Cismaan oo u talin jirey gobolka Boosaaso iyo xeebaha bari oo ku yidhi, "Wadaad Ogaadeen ah oo dariiqo aan dhulka laga aqoon wata ayaa dunidii walaaqay, dadkiina kaxaystay. Dab iyo askarba ii soo dir." Mid kalena wuxu u diray Ingiriiska. Hase ahaatee, waraaqdaa uu Ingiriiska u diray waa la qabtay. Markii taa la ogaaday, horena loo tuhunsanaa, waxa loo qaatay inuu daraawiish ka soo horjeedo. Dabadeedna rag baa loo diray oo waa la xujeeyey waana la diley isagaoo war ma qabto ah." [112]

---

[112] Aw Jaamac Cumar Ciise, Taariikhdii Daraawiishta iyo Sayid Maxamed Cabdalla Xasan, bogga 25aad

Inuu arrinkaa ka dambeeyey waxay caddaatay kolkii uu go'aansaday inuu Daraawiish ka raro xaruntii ay tiil, una raro xaggaa iyo carro **Ogaadeen.** Dhacdadaasi dad badan ayey sii fogeysey oo ku adkaystay dareenkoodii hore, qaar kale oo badanna dareen cusub ayey gelisey.

Sida aynu mahadhada ku hayno, Ina Cabdalla Xasan marna ma tibaaxin mana carrabbaabin inuu doonayo inuu dhiso ama sameeyaba maammul Soomaaliyeed. Waxa keliya ee uu odhan jirey waxay ahayd: "**Dariiqada Saalixiya ha la qaato, diinta ha la xoojo, gaaladana ha lala dagaallamo.**"

Intaan haddaba gaalo la dagaallankeed laysla gaadhinba ku dhaqankii diinta iyo falalkiisii ayaa layskaga horyimid. Sababta oo ah Ina Cabdalla Xasan diinta dalka iyo dadka uma keenin, dadkuna si fiican ayey diinta u yaqaanneen, una jireen dad isaga uga aqoon badani. Wadaaddadana waa la yiqiin hawshooda iyo waxa ay u qabtaan bulshada. Taana waxa kuu caddaynaya tuduc-yadan hoos ku qoran oo uu tiriyey nin ka yaabay sida uu wax u wado iyo waxa uu sheeganayaa sida aanay isu lahayn. Waxaanu yidhi :

WAA TII WADAAD REER U YIMI WAANIN JIREY JEERE
WAATAY WAXYEELLADII AHAYD WAN AY U LOOGAANE
WADEECO ALLA DIINTII HADDAA WEERAR LOO ROGAYE

Tuduca koobaad waxa inooga cad ninka Wadaadka ah ama Sheekhaba ah in ay hawshiisu tahay in uu diinta fidiyo dadka waaniyo kana waaniyo inay ku kacaan falalka foosha xunxun ee ay ka midka yihiin dilka, dhaca, tuugada, boobka, xanta, beenta, kufsiga iwm., farana in ay ku kacaan wanaagga.

Tuduca labaadna waxa uu abwaanku inoogu sheegay in dhibaatada ugu weyn ee Wadaadku ay ahayd, oo keliya, wan ama neef loo loogo inta uu reerka ama beeshaba martida u yahay.

Waa dambe ayuu haddaba Ina Cabdalla Xasan u markhaati furay raggii ka shakisanaa iyo intii ka horjeeddayba oo uu oogta ka caddeeyey inuu madaxnimo doonayey. Waxaanu yidhi:[113]

HADDAAN WAAYEY CALAN LAY NASHIRO TAN IYO NEYROOBI
MIYAAN WAAYEY NAAMUUS JANNIYO DAALAC IYO NAASIL?
HADDAAN WAAYEY CIIDOO NAQLIYO INAAN NUGAAL DAAQO
MIYAAN WAAYEY NEEFAAN XARBADA NAALLO UGU FUULO?
HADDAAN WAAYEY RUUX IGA NAXOO II NASABAD SHEEGTA
MIYAAN WAAYEY NAXARIIS ALLIYO NEBIGA JAAHIISA?

---

[113] Abdi Sheik Abdi, Divine Madness, 1993, p.175

Sooyaal

Tuduca hore waxa innooga cad oo uu Sayidku ku sheegay in uu doonayey inuu ka taliyo inta ka dhex leh **Saylac** iyo **Neyroobi** oo hadda ah magaalamadaxda dalka **Kiiniya**. Waxa kale oo uu Sayidku inoo caddeeyey in haddii uu waayo inuu ka taliyo dhulkaa aan soo sheegnay aanu waayahayn jannada, taas oo ujeeddadu tahay in markii horaba diintu aanay halgankiisa sarkoraad ka ahayne ay ahayd sogor.

Ugu dambayntii, waxa uu **Ina Cabdalla Xasan** halkaa ugu marag furay oo kale raggii ku eedeeyey inuu diinta ku adeegan jirey oo uu ujeeddo kale ka lahaa.

13. Xaruntii iyo Taalladii Sayidku maxay ku dambeeyeen?

Xaruntii Sayidku dhisay sawir-kan baa innagaga filan oo waa meel uu goraygiina ka hadaafay.[114]

Horaana loo sheegay oo loo yidhi meeshii daacadi taallo iftiin baa ka bidhaama, goobtii dulmi yaallina dubuur bay noqotaa. Dariiqadii uu Ina Cabdalla Xasan fidinayey, geeridiisii kaddib, halkii lagama qaadin. Halka dariiqadii Qaaddiriyadu ay geeska Afrika oo dhan ku fiddey.[115]

Taalladii Ina Cabdalla Xasan uu maammulkii Siyaad Barre uga dhisay Xamar, sida la sheegay, kacdoonkii u horreeyey ayaa lagu burburiyey. Waxa loo arkayey inay ka mid ahayd astaamihii cabbudhinta iyo cadaadiska ee marna looma arkayn inay ahayd taallo halyey.

---

[114] Eeg bogga 240aad ee The Mad Mullah, by Jardine.
[115] Scott S. Reese, The best of guides: Sufi poetry and alternate discourses of reform in early twentieth-century Somalia, p.51

Dr. Cali Jimcaale Axmed ayaa buugga la yidhaa *'Invention of Somalia'* ku sheegay in burburintii taalladii Ina Cabdalla Xasan aanay ahayn wax si kamma'a u dhacay. Hayeeshee, ay ahayd arrin ay dadka reer Muqdisho ku muujinayeen diidmadooda ku aaddan mahadhada Darwiishka ee lagu qasbay[116]. Sida laga wada warqabo qalfoofkii taalladaa waxa loo iib geeyey dalalka bariga dhexe.

---

[116] Ali Jimale Ahmed, *'Daybreak is near'* in the invention of Somalia, p.138

14. Cabashadii Ina Cabdalla Xasan

Axmed Faarax Cali 'Idaajaa' wuxu caan ku yahay jacaylka uu u qabo Ina Cabdalla Xasan. Wixii uu Sayidku dembi geystey haddii uu awoodilahaa isaga ayaa tunka u ridan lahaa. Mar uu qiirooday ayuu u garqaaday Sayidkii iyo dadkii ka soo horjeedey. Qoraagu xilligaa nin jiray ma ahayn. Hayeeshee, xanuunkii adeerkii qabsaday uun baa beerqaaday. Dhibkii, dhicii iyo xasuuqii u isagu dadka u geytey umabay muuqan. Isaga halkaa ka duulaya ayuu qoray qoraalkan hoos ku qoran:

Daraawiishtii iyo Soomaalidii ka soo horjeedday keebaa gardarnaa?

"Ingiriiska iyo Soomaalidii uu ku adeegan jirey ee uu dagaalka Daraawiish u soo kaxaysatay waxay in badan ku eedeeyeen inuu wadaadku dhiigyacab ahaa oo aan sokeeye iyo shisheeye u kala soocnayn. Ilaa maantana waxaa la helayaa dad badan oo soomaali ah oo ay weli maskaxdooda ku dambayso raadkii dacaayadda shisheeyaha iyo wadaaddadii Soomaalida ahaa ee sida tooska ah Sayidka ula muransanaa.

Maamulkii gumeysiga iyo Soomaalidii ay isbahaysteeni markay eedda caynkaas ah Sayidka iyo Daraawiishta saarayeen ma xusi jirin duullaammadii iyo weerarradii colka iyo gaadahaba lahaa ee madax iyo minjo toona aan loo kala sooci jirin, xarumaha Daraawiishtana lagu soo qaadi jirey. Ma ay xusi jirin raggii talada Sayidka la wadey ee maagga iyo sida gardarrada ah Fardhiddin iyo Jidbaale xabbadda loogu leefsiiyey, mana xusi jirin wixii ay xoolo dhaqeen ee Ingiriiska iyo dadkii ay wada socdeeni ay dhaca kula meeri jireen. Ma ay xusi jirin inta jeer ee ay Sayid Maxamed kaga oohiyeen, markay dhegta dhiigga u dareen boqollaal nindoor wada ah oo ay daraawiishi ku dhisnayd. Bal si ka fiirsi leh u akhri meerisyadan kugu qasbaya inaad Sayidka la oydo oo aad dhankiisa ka soo jeesato:

> Eebbow geyiga oo dhan waa nalaga guulaaye
> Waa noo gedleeyaan dadkii gaalada ahaaye
> Eebbow Giriig kolay ku tahay nala gamuunneeye!
> Go'na lagama qaadine dulmay nagu gelaayaane
> Gabbaad kale hadday noo helaan waa gam'i lahayne
> Eebbow waxay nagu gabreen diinta soo gala e!
> Eebbow gadhka haddaan qabsaday gaaxshe nabaddiiye
> Eebbow gammaan iyo waxaan gini cas dhiibaayey
> Eebbow garow kagama helin goolashadaan wadaye!
> Ganbalaaligii bay warmaha nagu garraaxeene
> Eebow waa gumaadeen raggii gaanaha ahaaye
> Eebbow waxay gebawadheen Gaagguf iyo Xayde!
> Xirsigii garaaraha lahaa Gaarufkii dile e
> Geydhaale Aw Aadan bay galawga taabteene
> Eebow geesigii Ina Dherey ugu guduudsheene
> Guxushaaga Baynaxa ilmadu waa tan gabaxlayne
> Gorroska Muuse-taaganaa wadnuhu ila gariiraaye

Eebbow ways gamaamaa markuu gaadhka soo maro e!"

Meerisyadaas aannu soo sheegnay waxay ku jiraan gabayada Sayidka kuwa loogu jecel yahay mid ka mid ah. Waa gabayga 'Gudban' amase 'Gaalo-leged' lagu magacaabo ee, aftahannimmada suugaaneed ka sokow, in badan inoo muujin karaya waayihii Daraawiishta iyo, xilligii isaga la tiriyey, welwelkii iyo hammigii hoggaami-yahooda. Waa meerisyo tusaale kaa siin kara dhibaa-tooyinkii Ingiriis iyo Soomaalidii horkacaysey ay Daraawiish u geysteen, rag wixii ay ka laayeen, gardarradii ay hadba ula iman jireen Soomaalidii uu had iyo goor xoolaha iyo lacagta ku miisi jirey siday ugu gacansayreen. Qalbi murugeysan isagoo wada ah oo Eebbe-weyne u cabanaya ayuu ku tawaawacayaa:

"Eebbow, dhulkii aannu lahayn meel aan ka degno nalooga dhaarey. Eebbow gaalo iyo cawaankeed waa noo gooddiyaan. Eebbow, Giriigga aan aad u kala fog nahayba ha ku ahaatee, nin waliba birta naga aslay. Eebbow, eed kama aannu geline, waa gardarro waxa ay noo gumaa-dayaan. Eebbow, dhibaatooyinka ay nagu hayaan waan ka seexan kari lahayn, haddii utun aan ka qabnaa ay jiri lahayd. Eebbow, waa diinta ha la taageero oo jihaadka ha loo soo baxo. Eebbow, nabaddii iyo waanwaantii aan la agtaagnaa la iga hoosqaadi waa.

Sooyaal

Eebbow, waxay ciriidda jiifiyeen Darwiishkii Xasan-Gaarruf Axmed iyo Xayd Aadan Gallaydh. Eebbow, Xirsiwaal Maxamuud ayey Jidbaale gaalo iyo cawaankeed ku mawtiyeen. Eebbow, Aw Aadan Seed iyo Xaaji Maxamuud dheri ayey ugu shubeen. Eebbow, garcad-daaga gaboobey ee Baynax Aadan Gallaydh waa taa ay ilmadu dhabannadiisa qoysey, markii ay god-aakhiro u direen saddexdii Darwiish ee uu dhalay, goobtii Jidbaalena ruuxda lagu weysiiyey. Eebbow wadnahaygu waa gariiraa, markaan arko Muusetaagane Jaamac oo keligii kolba murugo meel la taagan. Eebbow, ma eego e, wejiga ayaan ka dadbaa, markaan arko isaga oo naxdin la dalanbaabbiyaaya oo gocanaaya afartii Darwiish ee uu dhalay, Jidbaalena gaalo iyo Soomaalidii waddey ay ku makaleen'.

Wuxuu Ilaah u cawdo iyo wuxuu u ashtakoodaba, wuxuu dhibaatadii la soo gaadhsiiyey tusaaleeyo oo waxa lagu falay gocdaba, ugu dambaystii wuxuu rabbi ka durraamanayaa inuu libinta u soo meeriyo oo laga gacan-sarraysiiyo dadka gaalada taabacay ee xaqii Daraawiisheed lagu ogaa, godobta badanna ka haya:

> *Eebbow goonji weyn iyo xaq bay naga gullaafteene*
> *Guullow ma helayaan waxay nagu gubaayaane*
> *Eebbow waxay naga gogtaan waa galoof-olole!*
> *Eebbow sidii guun haween 'gii'du waa aniye*
> *Eebbow nin goba baan ahoy guni rifaysaaye*

Eebbow waxaa noo gurmaday gaalo-alifleeye!
Ma gereysni Eebbow waxaa guufanneyska ahe
Eebbow gabooddii dorraad waa ka gar-allayne
Eebbow markaan geyllamey guulmiyoo baqane!
Eebbow guddoonkii sharciga gooye nimankiiye
Eebbow kufriga gedeftaley gacanta haystaane
Eebbow anaa kugu gar lehe guusha ha i seejin!

Sida ay cadawyadiisii ka faafin jireen, Sayid Maxamad ma ahayn nin dhiigga dadka u oomman, dhaca xoolahoodana u jeelqaba. Wuxuu ahaa nin ay waddaniyad kululi beerqaadday, hase ahaatee dadkii uu u danaynaayey ay la garan waayeen. Wuxuu ahaa nin isaga iyo xarunta Daraawiishtaba in badan sidii ifka looga tirtiri lahaa loo guulay, naftiisa la dooni jiray, hagar daamooyin badanna loo geystey.

Markuu fekarey oo habeenno aan tiro yarayn aayo-xumada Soomaalida lala maaggan yahay naftiisa kala dooday, dadkiina ay waanadiisii badnayd wax ku qaadan waayeen, weerar joogto ahina uu xagga Soomaalida kaga socdo ayey la ahaatay dadku laba qaybood uun inuu yahay: Qaybta hore oo ah Daraawiishta uu madaxda u yahay, dantooduna tahay Ingiriis, Talyaani iyo Xabashi inay dhulka Soomaaliyeed ka bedbaadiyaan oo dagaal hubaysan kaga saaraan. Qaybta labaadina waxay ahayd Soomaalida xoogaggaas shisheeyaha ah la soo safatay ee soo hormari jirtey, ceelasha tusi jirtey, dhabbeyaasha la qaado u kala

Sooyaal

tilmaami jirtey, awrta ka iibin jirtey ama ka ijaari jirtey, dabadeedna xarumaha Daraawiishta soo hordhoobi jirtay.

Labadaas qaybood inay Soomaalidu tahay markii uu ka badin waayey ayuu u qaatay, Daraawiishna dhacsiiyey murtida ah, "cadawgaa jaallihiis waa cadawgaa", sida uu Qamaan Bulxan ku gabyey markuu lahaa:

> *Daabaca ninkii kugu dhufta ee daabka kuu celiyey*
> *iyo kii 'duleeshaay' ku yidhi wax isma doorshaane!*

Sayid Maxamad, aragtidaas iyada ah siyaasad qarsoon kama uu dhigin. Wax badan ayuu gabay ahaan iyo qoraal ahaanba ummadda u bandhigay, 'gaalada aan la dagaal-lamayno ninkii taageero u fidiyaa isna waa gaal' ayuu in door ah ku celceliyey. Masafo gaaban waa kii ku lahaa:

> Nin aqdaamo Ferenjiya, maantiyo abuurriin
> Ama aaladdaw sida, ama awrta baw rara
> Ama adhiga baw qada, ama laba ugaadhsada
> Ama uba ilaalaa, ama uurka kala jira
> Ashahaado beeniyo, islaamnimo ha lagu dhaqo
> Ilaahayna nama odhan, anna ma oggolaan karo!

Waa siyaasad cad oo uu degsaday, digniinna u ahayd nin kasta oo xagga gumeysiga u janjeerasada amaba taageero u fidiya, xilli dagaal iyo xilli nabadeed intaba. Hayeeshee, in kasta oo uu waranka Daraawiishtu si toos ah ugu jeeday ninkaas gaalo-raaca ah ee uu sayidku tilmaamay, haddana waxaa dhici jirtey dar aan dagaalkaba war ka haynini inay haasahaasaha iyo gulufka jibbaysan ee ciidammada sayidka ku le'an jireen, hantidoodana ku waayi jireen. Waxaad mooddaa inay Daraawiishtu marar badan ka ilduufi jireen tusaalaha iyo dardaaranka Sayidka, taas oo sabab u noqon jirtey kooxo badan oo xarunta u han-weynaa in ay ka fogaadaan.

Gefaf dhowr ah oo ay Daraawiishi gashay ayaa maanta la tiriyaa, hase ahaatee way yar yihiin markii la barbar-dhigo guulihii ay soo hooyeen iyo sidii ay magaca dalka iyo dadka Soomaalida sare ugu qaadeen, in kasta oo, ciidan ahaan, ugu dambaystii looga adkaaday."

Waxa cad inuu Idaajaa dhinac qudha wax ka eegay. Xanuunkii wadaadku ka cabanayeyna saaqay. Ha yeeshee, inuu wadaadku isna dad dhibay oo dhanka kale laga Alla baryayey lamuu socon ee bal ila eega cabashadan hoos ku qoran:

15. Cabashadii Cali Jaamac Haabiil

Cali jaamac Haabiil oo caan ku ahaa ka horimaadkii Ina Cabdalla Xasan baa isna dareensanaa inuu wadaadku dad iyo duunyaba Soomaali dhammeeyey. Isaga oo isaguna Eebbe ka baryaya inuu ninkaa waalan ka qabto ayuu isaga oo ka ducaysanaya yidhi:[117]

ALLAHAYOW ADDUUNYADA ADAA UUNTAY KELIGAAYE

ALLAHAYOW ARWAAXAHA ADAA QORA ARSAAQDOODE

ALLAHAYOW ADDOOMUHU ADAY KUU IRKANAYAANE

ALLAHAYOW ISLAANKUBA ADAY KU ACBUDAYAANE

ALLAHAYOW ALBAABBADA ADAA OODA OO FURA E

ALLAHAYOW MA AWDDIDE XAQAAD SOO IFTIMISAAYE

ALLAHAYOW ADUUN BAW ARXAMA KII ITAAL DARANE

ALLAHAYOW ADAAN EEX AQOON EEDNA AAN GELINE

ALLAHAYOW AWOOD TAADA BAA LOO AQOONSADAYE

NIN KALOO ITAAL LIHI MA JIRO ADIGA MOOYAANE

ALLAHAYOW MIDDII UURLEH IYO TII IRMAAN DUMARKA

---

[117] **Yaasiin Cimaan Keenadiid,** Ina Cabdille Xasan ela sua attivita letteraria, bogga **267**aad.

Ina Cabdalla Xasan Ma sheekh Buu Ahaa, Mise...?

ALLAHAYOW UMMULIHII NIN DILAY UBAD JAQSIINAAYEY

ALLAHAYOW AGOON IYO MISKIIN AADANAHA LIITA

ALLAHAYOW NIMAAN ODAY DA'A IYO HABAR KA OOLAYNIN

ALLAHAYOW MID AABI IYO KIBIR MUUMIN KU IDLEEYEY

ALLAHAYOW ILAAHNIMO NIMAAN KUGU ADDEECAYNIN

ALLAHAYOW IBLIIS SHEEKH U EG AANU GARANWEYNEY

ALLAHAYOW MID OOGADA JIDHKANA AAD INSIGA MOODDO

ALLAHAYOW MISANA AAN AHAYN AWLIYANA SHEEGTAY

ALLAHAYOW MID RUUXUU ARKABA KU ADYADOONAAYA

ALLAHAYOW NINKAAS KU INKIREE DIIDAY AMARKAAGA

ALLAHAYOW NIN AAYADAHA IYO DIINTA KU ADEEGTA

ALLAHAYOW MISANA AAN U ODHAN SIDAY AHAAYEENBA

ALLAHAYOW AQOONLAAWAHAA EYDU DABA JOOGTO

ALLAHAYOW ADIGU WAAD OGTAHAY WAADNA ARAGTAAYE

ALLAHAYOW AROORYO IYO GALAB GOOR ALLIYO LEYLNA

ALLAHAYOW IBLIISKAAS KHALQIGU KA ASH-KATOONAAYO

ALLAHAYOW HA NAGU EEGIN KAA KUU ERGAAN NAHAYE

ALLAHAYOW ADDOOMMAANU NAHAY DIINTA AAMMINAYE

ALLAHAYOW BARYADA NAGA AJIIB KUU ERGAAN NAHAYE

Sooyaal

Hadal gun buu leeyahee, labadaasi dacwadood tii la soo aqbalay way caddahay. Dacwadda la diiday baana dulmi, boob iyo dhac ku cad yihiin. Haddaba Idaajaa ma Ilaahay buu ka garyaqaansan yahay? Warcelinta akhristaha ayaan u dhaafay.

16. Axmed F. Cali 'Idaaja' iyo Sayidkiisii Ina Cabdulle Xasan

Dadka dareemay indha isku qabadka Idaajaa ma yara. Gar iyo gardarraba wuxu rabaa inuu innaga dhaadhiciyo inuusan Ina Cabdalla Xasan wax gef ah samayn. Dadka la xasuuqayna ahaayeen kuwa wadaadka gef ka galay oo gaalo u soo hoggaamiyey. Si kasta haw dhigee nin magaciisa ku soo gaabshey *Siciid dhegecadde* ayaa qoraalkan soo socda kaga falceliyey aragtidii Idaajaa. Waxaanu yidhi:[118]

"Axmed Faarax Cali 'Idaajaa' waa ka dheregsanayn inuu geesi iyo halyeey u yaqaan kii maatada iyo birmagayda xasuuqa sida Maxamed Siyaad Barre iyo Maxamed Cabdulle Xasan, laakiin waxaa igu cusub qiil u raadinta uu hadda la yimid ee uu ku leeyahay Maxamed Cabdulle Xasan inuu wax gumaado gar buu u lahaa waayo dadkaasi, waa siduu ku andacoonayee, waxay la jireen oo ay biyo iyo baad siin jireen Ciidankii Ingiriiska isla markaana waxay tusi jireen halkii ay joogeen Ciidankii la jiray Ina cabdulle Xasan."

---

[118] Qoraalkan waxan ka soo dheegtey degelkan sumaddiisu tahay http://www.qarannews.com/show/831.html Date:2004-06-26

Siciid Dhegacadde isaga oo arrintaa beeninaya waxa uu xusay dhacdadan:

"Gabgable Xirsi wuxuu ku noolaa deegaanka u dhexeeya Godob-jiraan iyo Ayl. Waxana la dhashay 14 nin iyo 4 gabdhood. Maalin kaliya ayaa waxaa usoo hadhay 2 gabdhood iyo nin, intii kale waxaa lagu xasuuqay weerar ay soo qaadeen ciidankii uu Idaajaa u yiqiin mujaahi-diinta. Su'aasha meesha taal ayaa waxay tahay Ingiriis dooxadaas ma joogay? Ina Cabdulle Xasanse xaggee fadhiisin u ahayd? sow Taleex ma ahayn? Masaafada ay isku jiraan iyo gaadiidkii xilligaas la isticmaali jiray iyaduna waa iswaydiin kale. 7 jirka halkaas lagu gowracay qiilka ku siinaya Ingiriis oo xeebaha intuu Caaqilo waraaqo ka saxiixday tamash-laynaya buu wax u basaasay ma garan."

Waxa kale oo uu Siciid aragtidiisii ku sii taageeray dhacdadan yaabka leh ee sheegeysa:

"Qubato Magan oo ku xijaabatay 90-meeyo ayaa markay maqasho magacii Sayidka waxa oohinteeda iyo qay-ladeedu soconjireen ilaa ay ka daasho. Waxana ku kellifay maalin cad ayuu Ina Cabdulle Xasan qoorta ka jaray ninkeedii iyo wixii ubad ay dhashay, xoolihiina ka dareersaday.

Ayadoo gablan iyo da' iskugu darsantay ayey nafi baday tuugsi. Haddii ay noolaan lahayd Qubato oo loo sheegi lahaa sababta loo xasuuqay ubadkeedii iyo saygeediiba inay ahayd waxay wax u basaasijireen Ingiriiskii way yaabi lahayd. Waayo Qubato waligeed xitaa qof Ingiriis ah ma arag. Ceelkii ay maalintaa ka cabbaysay ee ay ku ag gablantay waxa lagu magacaabaa *'Shadaydley'* wuxuna ka agdhowaa ceelasha Ceel-Gows iyo Xammurre. Iska daa Ingiriis tagee waligeed laguma arag qof aan magaca Soomaali wadan."

Siciid oo dooddiisii sii wata ayaa kolkanna yidhi:

"Axmed Faarax Cali 'Idaajaa' shaki iigama jiro inuu og-yahay amase uu akhristay buugagta laga qoray dagaal-kii dhexmaray Biyo-maal iyo Talyaaniga oo in ka badan 25 sano ay ku horjoogeen Xeebta Gobolka Shabeellada Hoose gaar ahaan marsada Marka, ayagoo ka ceshanayey khayraadkoodii oo uu rabay inuu dhaco, iyo siduu Ina Cabdulle Xasan u luggooyay oo uu raggoodii u khiyaanay kaddibna u xasuuqay. Aynu ka soo qaadanno waxoogaa buuggii Shiikh Jaamac Ciise uu ka qoray dhowr jeerna ka jeediyay Iidaacaadda BBCda kaasoo ah Dagaalkii Biyo-maal Iyo Talyaani. Inkastoo Shiikh Jaamac

Ciise runta uu sheegay oo uu ku dhaamo Idaajaa xagga run sheegidda haddana wuxuu ka mid yahay Sh. Jaamac dadka u xagliya dhanka Ina Cabdulle Xasan. Hadal badan haan ma buuxshee aan qormoyinkiisii in yar oo ka mid ah kasoo qaadano waana tan anoo soo guurinaya siduu u qoray:

Kadib markii Biyo maalka ay gabaabsi ku noqotay rasaastii iyo hubkii ay ku dagaalamayeen ayey waxay warqad u qorteen Sayid Maxamed Cabdulle Xasan oo Ingiriis dagaal qaraari dhexmarayo. Warqadii oo ku qoran Afcarabi ayuu ku saxiixay Suldaankii Biyo-maal, waxuuna udhiibay 3 nin oo dagaal iyo aftahanimo lagu tirinayey. Warqadda nuxurkeedu wuxu ahaa maadaama ay la dagaalamayaan saancaddaa Talyaani ah in uu bal hadduu ku dhaamo usoo dhiibo hub iyo rasaas, xitaa hadduu ka gadanayo ay la diyaar yihiin waxkasta oo uu sheegto abaalna u haynayaan. Nimakii markii ay ugeeyeen Sayid Maxamed Cabdulle Xasan warqadiina akhriyay ayuu muddo kadib waxuu usoo dhiibay nimakii jawaab. Waxayna u qornayd sidan:

Suldaanow wan helay warqaddii aad iisoo dirtay waana fahmay wixii ku yiil,haddaba maadaama aanu labo gaal la dagaalamayno aniga xaggayga hub waa hayaa laakiin waxaa igu yar raggii dagaalami lahaa ee waxaad yeeshaa ii soo dir Ciidan ila jabiya Gaalka Ingiriiska. Muddo dhan 3 sano markay iga garab dagaalamaan waxaan kuugu soo dhiibi wixii hub aad u baahato.

Markii khabaarkii soo gaadhay suldaankii Biyomaal waxuu shiriyay dhammaan cuqaashii reerka arrintiina wuu u bandhigay waxayna talo goosteen inay u diraan 1500 oo nin iyo faradahoodii. Calaa kulli xaal, nimakii u tage Sayidkii. Dagaallo badanna la gale. Waqtigii markuu dhammaadayna (3 sano) Sayidkii haddana sii korodhsay waqti kale. Ugu dambayn 5 sano markii ay raggii joogeen ayna arkeen inayan waxna ka soo socon Sayidkii, ayey maalintii dambe ku yidhaahdeen, "Sayid maxaad noo haysaa dhulkayagii wali talyaani baa ku fidayee?" Wuxu yidhi, "Iga war suga muddo 4 beri ah." Waxuuna amar ku bixiyay in dhegta dhiigga loo daro. Maalintii ballantu ahayd ayey soo wada yimaaddeen dhammaan raggii ka yimmid dhul Banaadir (Sh. hoose) wixii dagaalladii ku dhintay ma ahane. Jawaabtii ay heleenna waxay noqotay in hareeraha xabbad lagala maray dhegtana dhiigga loo daray. Waxa ka badbaaday wax aan ka badnayn tobaneeyo nin kuwaasoo fardo ku cararay oo la gaadhi waayey. Waxayna u galeen badi dhulkii uu joogay Cali dhuux oo aay sayidka iska soo horjeedeen. Dhawrna waxay galeen Mudugta Sare.

Ugu dambayntii, wuxu Siciid dhegacadde hadalkiisii ku soo gunaanaday:

"Waxaan weydiinayaa Idaajaa kuwaasina ma Ingiriis bay u hiilinayeen? Haddii uu rabana buuggii iyo Sh. Jaamac Ciise waa xaadir. Cajaladihii uu u duubay BBCda, uu hadda ka hadlo Idaajaa, wuu ka heli. Dadkii xasuuqii Ina Cabdulle Xasan ka badbaaday waxaa ka mid ahaa Duqii Magaalada Marka aabbihiis oo lagu magacaabi jiray Cismaan Amxaar. Cismaan 10 sano ka hor buu ku dhintay Magaalada Marka. Cismaan aabbihiis wuxuu u galay Cali dhuux iyo deegaan-kii uu joogay. Wuxuuna ka guursaday gabadh ay is xigeen Cali Dhuux sanado badan kadibna waxay u wareegeen Dhankaas iyo Itoobiya. Cismaan Amxaar wuxuu Soomaaliya yimmid 35 sano ka hor isagoo wata ilaa 5 carruur ah oo maanta qaarna dalka joogaan kuwana dibadaha.

Sheekadani waxay innoo caddaynaysaa sida ay Idaajaa iyo rag la mid ihi u qarinayaan gabood falkii Ina Cabdalla Xasan.

17. Waxtarkii iyo Waxyeelladii Halgankii Ina Cabdalla Xasan

Hawl kasta oo la qabto waxa lagu beegaa waxtar ama waxyeello midkay soo hoyso. Hoggaamiyahana waxa lagu beegaa dhib iyo dheef midkuu dadkiisa u soo hooyo. Tusaale ahaan Joosaf Istaalin oo ahaa hoggaamiyihii dalkii burburay ee la odhanjirey Midawga Soofiyeeti, oo dalka in badan madax ka ahaa ayey dadkiisu, geeridiisii kadib, sidaasi ula xisaabtameen.

Intii uu dalka hoggaankiisa hayey wuxu dalkaasi ka dhigay dawlad xoog leh oo u babac dhigtay reer galbeed oo dhan. Waa ninkii hirgeliyey habkii hantiwadaagga ee ka hirgalay dhulkaasi. Hayeeshee, hababka uu guulahaasi u soo maray ama uu ku gaadhay baa ahaa qaar uu dad badan ku laayey, dhibaato badanna uu dad ugu geystey. Sidaasi awgeed, kolkii uu dhintay dib ayaa loo eegay hawl qabadkiisii waxana lagu gunaanaday in waxyeellada uu dadka iyo dalkaba u geystey ka badnayd waxtarkiisa. Sidaa darteedna, waxa la guddoonsaday in laga xayuubiyo milgihii iyo maammuuskii halyeynimo. Meydkiisiina waxa laga saaray xabaalihii qaranka, waxana lagu daray xabaalaha dadka caadiga ah lagu aaso. Waxa haddaba habboon in sidaasi si la mid ah la isugu foodiyo waxtarkii iyo waxyeelladii uu halgankii Ina Cabdalla Xasan u soo hooyey dadka Soomaaliyeed.

Ina Cabdalla Xasan Ma sheekh Buu Ahaa, Mise...?

Dadka aragtida Ina Cabdalla Xasan taageersani ma jecla in labadaasi arrimood laysu foodiyo ama laga hadlaba. Waxtarka qudha ee ay sheegaan waa aragtida laga been abuuray ee sheegta inuu hormuud u ahaa dawladnimada Soomaaliyeed iyo halabuurkii uu ka tegey. Hayeeshee, intii ka soo horjeeddey waxay tilmaamaan in dhibkiisu ka badnaa waxtarkiisa.

Dad badan oo mahadhada Ina Cabdalla Xasan wax ka qoray baa arrintaasi ka marag kacay. Tusaale ahaan, Dr. Siciid Sh. Samatar oo arrintaasi ka hadlaya ayaa yidhi, " Haddii la masanuuniyo dhimashada ay geysteen, kacdoonkii daraawiishta iyo olalayaashii uu gumeysigu kaga horjeedey, kolka laysku daro, waxay gaadhaysaa ilaa 200,000 oo qof."[119]

Douglas Jardine oo ka warramaya wixii dhacay Xaaraamacune baa tibaaxay tirada dadkii ku dhintay hooggaasi. Waxaanu yidhi, "Hooggaasi waxa lagu qiyaasaa in saddex daloolow dalool tiradii ragga ee reer Soomaalilaan ay halkaasi ku hoobteen. Mana jirin qoys ka badbaaday tabaaladaasi. Hoogga xooggiisuna wuxu ku habsaday beesha Dhulbahante."[120]

---

[119] Samatar, Said Sh. The case of Ina Cabdalla Xasan
[120] Jardine, Douglas. The Mad Mulla of Somaliland

Waxa aragtidaasi taageeraysa sheekadan yaabka badan ee uu Sh. Jaamac Cumar Ciise soo weriyey. Waxaanay sheekadu odhanaysaa:[121]

"Sheekooyinka Cagaarweyne ee layaabka leh waxa ugu daran middan uu weriyey *'Maxamad Xaaji Xuseen'* oo ku magac dheeraa "*Sheeka xariir*" guddigi Af-Soomaaligana ka mid ahaa. Wuxu noo sheegay sheeko layaab leh; "*Ma run baa mise waa been*" wuxu yidhi: *Dagaalkii Cagaar Weyne markuu dhacay waxan ahaa kuray yar, waxannuna degganayn meesha la yiraahdo baaf oo degmada Qabridaharre ah*". Xerada geelayaga raarteeda dambe meel u dhow waxa ku yiil geed qurac ah oo ugaxani u tiil Gorgor. Sidii loo joogey ayaa gorgorkii la waayey. Aabbahey ayaa wuxu yidhi: *'War gorgorkii geedkan fadhiyi jirey xaggee buu u kacay, ayaantan lama arkine?*" Wuxu maqnaadaba dhawr casho kadib iyadoo guriga raartiisa la fadhiyo ayaa gorgorkii soo muuqday. Aabbahay iyo rag kale ayaa kolkaas isweydiiyey meeshuu ku maqnaa. Intii hadalkii la hayey ayuu geedkii ugaxdu u tiil ku degey, kolkaasay laantii la jabtay, dabadeedna dhulkuu habsaday oo kici waayey! Markaasey raggii yidhaahdeen: *'War culays ku*

---

[121] Aw. Jaamac Cumar Ciise, Taariikhdii Daraawiishta iyo Sayid Maxamed Cabdalla Xasan, Jabbuuti, 2005, bogga 114 aad.

soo kordhay aawadiis baa laantu ula jabtaye, gorgorka dooxa oo bal eega waxa ku soo kordhay".

Nin la odhan jirey Maxamuud-Gurey ayaa Gorgorkii dooxay, waxana calooshiisii laga soo saaray 500 oo xiniinyo rag ah. Inta dhabannada la qabsaday ayaa lays wada eegay oo waxa la yidhi: 'War maanta geyiga Soomaaliyeed wax weyn baa ka dhacay oo aan hore loo arkine bal aan war dhawro.'

Labo maalmood haddii la joogey ayaa warkii noo yimid oo naloo soo sheegay in Daraawiish iyo Ciidammadii Ingiriis ay isku birjabeen oo Cagaarweyne dagaal ba'ani ka dhacay".

Sheekadaasi waxay ina tusinaysaa guuldarrada goobtaas ka dhacday iyo waxa rag haadda loo wadhay. Waa yaabe haddii uu gorgor keliyi sidaas meydkii uga dhergey, inkastoo sheekadu maskaxda ka weyn tahay, maxaad umalayn dugaaggii iyo haadkii kale ee raqdii yimid ayagana?

Dhibaatada uu geystey intaasi oo qudha laguma sheegi-karo. Dhanka horumarka dalka iyo dadkaba hoos ayuu u celiyey. Dawladdii Ingiriisku wixii ay ka qaban lahayd ama u qaban lahayd dalka iyo dadka, dagaalkii Ina Cabdalla Xasan ayey ku hakadeen. Wixii qarash ku baxay dagaalkaasi waxay ku bixilahaayeen dhismaha iyo horumarka dalka iyo dadka. Taasina waa ta keentay in uu gumeysigii Ingiriisku aanu wax

Sooyaal

weyn u qaban Soomaalilaan.

Naftiisa iyo qoyskiisii tii uu u geystey ma yarayn. Markii la jebiyey wuxu u magan galay Oroomo.[122] Taasi oo keentay in ninkii laga biqijirey reerkiisii la biliqaysto. Aw Jaamac Cumar Ciise oo arrintaa ka warramaya ayaa qoray sheekadan:[123]

"Daraawiishi waa jabtay, Sayid Maxamad waa dhintay, dariiqadii waa laga kala yaacay, dadkiina wuxu noqday dibri laxdii laga riday, oo xaasaskii reer Xasan Nuur iyo wixi raaci karay Gindhir iyo gurigii reer Daadhi baa loo raray, taasoo had iyo jeer la yidhaahdo Sayid Maxamad baa ku dardaarmay. Haddaba in kastoo dhulka Xabashidu u talin jirtay waxa talada haystay koox walaalo ah oo Muxumed Daadhi oo Caruusa boqor u ahaa dhalay. Daraawiish wixi halkaa tegeyna iyagay la degeen oo magan u noqdeen, dab waxay wateen waa laga qaaday, xoolo badanna waa laga dhacay. Iyadoo arrintu sidaa tahay ayaa rag hawo kama madhnee gabdhihii reer Sayid iyo dumarkii Daraawiishtii kale' qabi jireen nin waliba wuxu doonay inuu wax ka helo.

Qacdii horeba gabadh magaceeda la odhan jirey Naado Buraale Cabdi Cumar oo uu Khaliif Shiikh Cabdille ka

---

[122] B.W. Andrzejewski with Sheila Andrzejewski, *An anthology of Somali Peotry*, Bloomington, Indiana Universty Press, 1993, pp.48

[123] Aw Jaamac Cumar Ciise. *Taariikhdii Daraawishta iyo Sayid Maxamed Cabdulle Xasan*, daabacaaddii 2aad, Jabbuuti, 2005.bogga 370 aad

dhintay, dabadeedna Sayid Maxamad dumaalay ayaa waxa guursaday Cali Diniqo oo guriga Cali Inteli Daadhi ka tirsanaa. Sida la weriyey Nuux Muxumad Daadhi oo Boqor ahaa markaana Xabashidu siisay darejada xaggooda loo yaqaan Qiyaashmaash ayaa wuxu doonay Jamaad Sheekh Cabdille oo Sayid Maxamad walaashiis ahayd.

Kaddibna wuxu la hadlay Sheekh Yuusuf Sheekh Cabdille oo Sayid Maxamad walaalkiis ahaa, xaasaskii reer Xasan Nuurna oday u ahaa, wuxuna weydiistey in gabadhaa la siiyo, Sheekh Yuusufna taa waa oggolaaday. Hase ahaatee, Jamaad guurkaa waa diiddey. Nuux wuxu ahaa boqor oo diidmadaa ma garaysan. Dabadeedna wuxu la hadlay Xuseen Maxamuud Faarax oo ku magac dheeraa 'Xuseen-Dhiqle" ahaana ninkii gabayga Sayid Maxamad marin jirey, guriga reer Sayidna ka tirsanaa tan iyo intuu godka ka galay. Wuxu ku yidhi: Jamaad Sheekh Cabdille ayaan doonayaa inaan guursado ee ha lay siiyo", Xuseen wuxu ka baqay hadduu yiraahdo: ku siinnay inuu ku naar muto siday isaga la ahayd. Hadduuse yiraahdo ma oggoli in boqorku taa garaysan waayo ama ka xumaado. Haddaba wuxu ku jawaabay gabayga la baxay "Qayb libaax" oo wuxu yidhi:

Qiyaashow libaax baa dhurwaa, qaybi yidhi soore
Wuxu yidhi hilbaha jeex dhan qalo, qoon dhan baan nahaye

Sooyaal

Markaasuu qabbabaalihii, qoonsadoo dilaye
Dhirbaaxuu il kaga qaaday oo, hoor ka soo qubaye
Af-qashuushle goortuu dhintuu, sii qataabsadaye

Qambadhuudhsi iyo oohin buu, qoob dunuunucaye
Dawacuu markaas soo qabsaday, sida qisaaseede
Iyadoo qadhqadhi buu ilkaha, qoodhqabkii xoqaye
Wuxu yidhi qanjaafule xumeey, tali qaddaarkaaga
Adeer gacalle qaar iyo dalool, qaaxo iyo feedho
Qummud iyo baruur iyo leg iyo, qawdhihii kuruska
Kuu wada qorsheeyaye islaw, neefka wada qaado
Markaasaa wixi qaday qabsaday, qoobab kadafley e
Waxa la yidhi qabiil male dayoy, qaybiyaha aare
Innagoo quruun dhana maxaa, qado inoo diidey?
 Qacdii hore haddaan deyey kobtii, weerku sii qulushey
Badh baa kuu qisma ah waa wuxu, eeday qaaryare e
Aniguna qudhaasaan ahoo, lay qulqulateeye
Duqii noo qab weynaa wakaas, qooqa loo dilaye
Qaddarkii Ilaah iyo Rabbaan, quud ka sugayaaye
Anigaan qudraba hayn miyaan, qamash ka soo waaqsan?
Qudhaydaan u yaabaye miyaan, ina qasaarteeyey?!
Anna qayb libaax weeye taad, igu qasbaysaane
Dadka igu qoslaayiyo kobtaan, ka qalbi diidaayo
Qadayeey adduunyo uma socon, waad i qaxarteene
Qadankii Dariiqiyo haddaan, qadimaddii waayey
Labadii qofee nagaga hadhay, qaafadii dumarka
Tii quruxda roonayd hadday, Cali la qooqeyso
Qudhoo keliya baa nagu hadhoo, qalabku no yiille
Iyana qaata naadaba rag bay, qaac u shidataaye!

Ina Cabdalla Xasan Ma sheekh Buu Ahaa, Mise...?

Dalka ammintaa la joogaa waa dal Caruusa waxa lagu soo hirto oo talada u hayaana waa reer Muxumad Daadhi oo jeerkaa boqorro u ahaa. Arrini waa tan Ilaah iyo siday doonaan: Jamaad awood ay ku diiddo iyo itaal lagula diriro midna ma laha, hase ahaatee in kastoo aanay guurkaa la dhacsanayn oo ka xun tahay boobkii, dhacii loo geystey iyo dumarkii la boolyey oy ka mid ahayd Naado oo aan xeerkii magani lahayd aan la marin, iyadoo arrimahaas calool xumo iyo tiiraanyo ka hayso ayey had iyo jeer Jamaad waxay xusuusnayd maamulkii Dariiqada iyo martabadii Daraawiishta.

Intaa waxa u dheeraa iyadoo halyeygii Sayid Maxamad la dhalatay, raggii Ingiriis hoorka ka qubayna la soo hilbo dubatey iyo adduun meeshuu maanta ku furay. Haddaba iyadoo la hadlaysa madaxdii Reer Daadhi, waayaha adduun meeshuu ku furayna ka warramaysa, walaalkeed Sheekh Yuusuf dhalliileysa, guurka reer Daadhi iyo waxay ka qabtana tusaaleyneysa waxay marisay gabayga soo socda, gabay qof dumari mariso oo ka murti weynina nama soo marin, waxaanay tidhi:

> *Xuseenoow qof meel laga hayoo, maahsan baan ahaye*
> *Murugeygu raagtoo qalbigu, way madow yahaye*
> *Mid yaroon ku faro iiga gee, madaxda reer Daadhi*
> *Muddaday shiraan iyo ka weri, madasha geedkooda*
> *Axmad iyo Mukhtaar iyo u sheeg, qoonka Maxamuud leh*
> *Xasan iyo Qayaashmaash abtow, dhab ugu maaweeli*

Sooyaal

Malow dhimo e reer Muxumadow, waad i moog tahay dheh
Maxaad iigu mohateen sidii, Naado miis daran dheh
Magaceed ba' falan baad hesheen, oo maraado ah dheh
Malaamalida Khalaf Yuusuf baad, igu masleyseen dheh
Najiskaas manjaha dhuuban baad, moodi ina Shiikh dheh
Ma wuu aabbahay dhalay dad ways, midho yaqaannaaye
Ninkii aniga ii mohanayow, ma ihi caynkaas dheh
Waxan ahay qof godobtiisa maqan, miinyadeed qaba dheh
Murdud baan habeen iyo dharaar, meella duub nahay dheh
Macne ma laha xaajada sidaad, milicsanaysaan dheh
Maroor kuma godlado goodirkaan, loo macnayn igadhe
Malaa baan ku suusuci lahaa, lay mag bixiyaa dheh
Xaqaad naga mihiibteen intuu, jiro makaankiinna
In kastoo mudaahano warqado, laygu madaddaasho
Maqli maayo guur reer Tarrey, maalig baa jira e
Macbuudkii i uuntaa qaddaray, mooggan saan ahaye
Majnuun waalan baan samir aqoon, mawd hadduu helo e
Mishmishiiqsigii iyo ka tegey, midhif-ka-boodkiiye
Magac iyo martabo loo xishiyo, muuno Ina Aadmi
Maantaan lahaa lama hadleen, magaca reytaade
Muquunoobey caawaba haddaad, igu murmeysaane!!
Magantiinna goortaan noqdee, idin miciin moodney
Markab jabay sidiis waydiinkii, noo mahoobbiyaye
Maatada dabkii laga dhiciyo, maalka noo celiya
Midgaantaa la soo boojiyana, Cali kasoo meersha
Waxay gobi ku maamulan jirtana, waa milgo e yeela
Muslin idinka kiin iga xigsada, meetan laga waaye
Marantaan idiin noqon haddaan, helo muraadkay e
Marxabbaan la taag nahay haddaan, la iga maarmayne
Dabadeedna hay meheriyeen ,maqaddimiintiinnu

Haddii kale waa iga maxruum, magac Caruusaadba!'

Waxa haddaba iga weydiin ah: ma dilka, boobka iyo dhaca dadka loo geysto ayeynu ku beegnaa waddaninimada mise waxqabadka, ururinta, daryeelidda iyo abaabulka? Waa qof iyo garaadkii. Waxase hubaal ah in dhibtii uu keenay Ina Caballa Xasan ay afar jibbaar ka badan tahay waxa lagu sheegayo.

18. Ina Cabdalla Xasan oo tusaale xun u noqday Faarax-Laanjeer

Xumo iyo samaba waa layskaga daydaa. Waxase habboon in waxa san layskaga daydo. Wadaaddaduna waxay inta badan hormood u yihiin tusaalaha wanaagsan. Ina Cabdalla Xasanse wuxu isagu kaga duwan yahay wadaaddadii kale isaga oo tusaale xun hormood u noqday.

Sidii aan hore u soo tibaaxnay ammin aan yarayn bay daraawiishi ku hawlanayd boobka iyo dhaca xoolaha dadka Soomaaliyeed. Sidaasi awgeed, dad badan baa u arkay inay diintuba oggoshahay in wax la dhaco. Kolkii lagu qabsadanay yaabay. Bal haddaba aan isla eegno nin la odhan jirey Faarax-Laanjeer sida ay falaadyadii Ina Cabdalla Xasan u marin habaabiyeen:

Faarax-Laanjeer wuxu ahaa nin gabayaa ah. Waxaanu ku caan baxay geel-qaadidda. Mar uu geel dhacay baa lagu xidhay magaalada Berbera. Intii u xidhnaa baa waxa soo booqday nin la odhan jirey Dubbad Xiirey oo ay ilma adeer ahaayeen. Waxaanu u tirshay maanso tuducan hoos ku qoran laga hayo ee odhanaya:

Ka fadhiiso tuugada Ilaah ferejki baa dhow'e

Faarax isaga oo ka yaabban waxan lagu eedaynayo una arkaya inuu haysto jid toosan buu yidhi:

Ina Cabdalla Xasan Ma sheekh Buu Ahaa, Mise...?

Xoolaha xadiidka ah naftaa Xiireyoow jecele
Xayaabada ka soofeenka iyo xuukadiyo goolka
Tani iyo xaawo iyo Aadan waw xumadaysnayne
Xasan iyo xuseen baa ogaa xeer u leeyahaye
Xulafooyinkii horeba way kala xabbaadheene
Xinkii Dheeha lagu gawracaan xiisaddii hadhine
Wadaadkii Xadeed iyo fadhiyey Xalin duleedkeeda
Ee Xodayo geyn jirey intuu Xamar u heenseeyo
Xaafidal Quraan buu ahaa soo xajiyey dhawre
Isagaba Xaq iyo Baadil waw kala xarriiqnaaye
Xaaraan hadduu yahay sengaha kuma xarraansheene!

Xiitooy ma soo hoysan karo oday xagaystaaye
Xijigeedu wuxu saaran yahay xayn walaala ahe
Xidhka geeduhuu ugu jiraa Aar xabeebsadaye
Xanaftiyo warmaha dhiigga leh bay xaas ku korisaaye
Inuu xiinka duulduula yahayna waa xadiisiya e
Xaq Ilaahay maantay tihiyo qalin xisaabeedka
Xasanaad in laysugu qoriyo inay xumaan doonto
Xukunkii Ilaahay qoriyo xaakinkaa werine
Xarbi baarid xayraan coliyo xeeladiyo tuugo
Waa ugu xad-dhaafaa ninkay xiis u dagataaye
Anna way xalaal Xaawisiyo xagalo awr yaalle
Balse lama xujeyn karo ninkii xiito weerara e
Ma xayeesh adhaan dhacay Burcay ka xantamaayeene!

Maxaa haddaba maansadan innooga dhuroobay? Waxa cad inuu Faarax la yaabbanaa arrinta lagu eedaynayey ee ku

Sooyaal

saabsanayd geeldhicidda, taasi oo uu si joogta ah u samayn jirey Ina Cabdalla Xasan oo Quraanka korka ka hayey, sida uu Faarax u haystay, dhawr jeerna soo xajey. Markaa wuxu leeyahay oo haddii ninkii diinta hoggaaminayeyba sidaa yahay oo uu isagu colaadda lagu soo dhaco geelaba uu abaabulo maxaa aniga la iila yaabban yahay?

Hadal gun buu leeyahee miyaan la odhan karin markan Ina Cabdalla Xasan wuxu noqday tusaale xun oo aan lagu dayan karin? Si kale aan u dhigo midhkaase, ninka ku dayashada jaadkaasa leh miyaa lagu sheegikaraa wadaad? Warcelinta akhriste adiga ayaan kuu dhaafay.

19. Dambabaska falaad xumadii Sayidka

Si loo qariyo ama loo dambabeso falaadxumadii Ina Cabdalla Xasan waxa lagu dadaalay in loo abuuro waxqabad iyo halyeynimo aan badi loo aqoonsanayn. Tusaale ahaan, warbixin ay guddidii af Soomaaligu soo saartay 1961kii baa boggeeda 7aad lagu yidhi: horraantii qarnigan dhawr qof oo Soomaali iyo shisheeye ah baa isku deyey inay soo bandhigaan far u gaar ah af Soomaaliga. Sida ku xusan warbixitaasi, waxa ka mid ah dadkaasi, dadka ay magacyadoodu hoos ku xusan yihiin:

1. Sayid Maxamed Cabdalla Xasan

2. Maxamed Cabdalla Mayal oo reer Berbera ahaa

3. Cismaan Yuusuf Keenadiid

4. Sheekh Cabdiraxmaan Qaaddi oo reer Boorama ahaa, iyo

5. Captain J. S. King oo Ingiriis ahaa.

Intii ay soo baxeen buugaagta badan ee ku saabsanayd taariikhda Ina Cabdalla Xasan, dadkuna si weyn wax u akhriyeen, waxa la ogaaday ama la dareemay in taariikhda

Sooyaal

wadaadka ee gacan-ku-rimmiska ihu ay bilaabantay kolkii uu xigaalkii dawladnimada gacanta ku dhigay. Hawsha warbixintaasi waxa hoggaaminayey Raysal Wasaarihii xilligaa oo ahaa Cabdirashiid Cali Sharmaarke iyo Wasiirkiisii Waxbarashada Cali Garaad Jaamac. Taasi baa keentay in lagu daro qodobka 1aad ee ah inuu wadaadku, waa Ina Cabdalla Xasan e, la yidhaa, sidii wadaaddadii kale, ayuu isna far qoray.

Dhab ahaantii, intii aan hawlaha barashada iyo baadhitaanka sooyaalka qoridda far Soomaalida raadkeeada hayey, warbixintaa ka hor iyo kaddib, meel aan ahayn oo lagu sheegayo far uu Ina Cabdalla Xasan qoray ma maqal mana arag.

Markii arrintaa cid ka hadasha, ama la yaabta la waayey, in taariikhdiisa la buunbuuniyaa oo laga badbadiyaa, ammin gaaban bay meel mar ku noqotay. Tusaale ahaan, waxa la tebiyey inay Daraawiish badankeedu yidhaahdeen:[124] Sayid Maxamed saddex meelood buu Nebi Maxamed kala mid ahaa: Magaca, Da'da iyo Jihaadka! Si aan u hubino inuu wadaadku far qoray iyo in kale bal aan kolka hore eegno:

---

[124] Eeg bogga 4aad ee buugga Taariikhda Daraawiishta iyo Sayid Maxamed Cabdalla Xasan (1895-1920) ee uu qoray Aw Jaamac Cumar Ciise, soona baxay 1976kii, ama bogga 32aad ee daabacaaddii 2aad ee isla buugaasi ee soo baxay 2005tii, laguna daabacay Jabbuuti

Warqaddii Sayid Maxamed u qoray Ingiriiska

Maahmaah Soomaaliyeed baa ahayd: Ninkaad kabo ka yeelanayso, kabahiisaa la eegaa! Ujeeddadu waa haddii aad rabto inaad ogaato farsamada iyo farshaxannimada qofka aad kabo ka tolanayso, kolka hore u fiirso kabaha uu isagu xidhan yahay. Haddii aad u bogto waa farshaxan ee ka tolo, haddii kale cid kale u tag.

Dulucdu waxay tahay, intaynaan fartii uu Sayidku dejiyey ka hadal bal aan isla eegno warqaddii jawaabta ahayd ee uu Ingiriiska u qoray.

Bogga 15 ee buugga taariikhdii Daraawiishta iyo Sayid Maxamed Cabdalla Xasan ee soo baxay 1976kii, waxa ku sawiran warqaddii uu Ingiriisku u qoray Sayidka iyo warcelintii uu Sayidku kaga soo warceliyey. (Labadii warqadood kaga bogo bogga soo socda)

Sooyaal

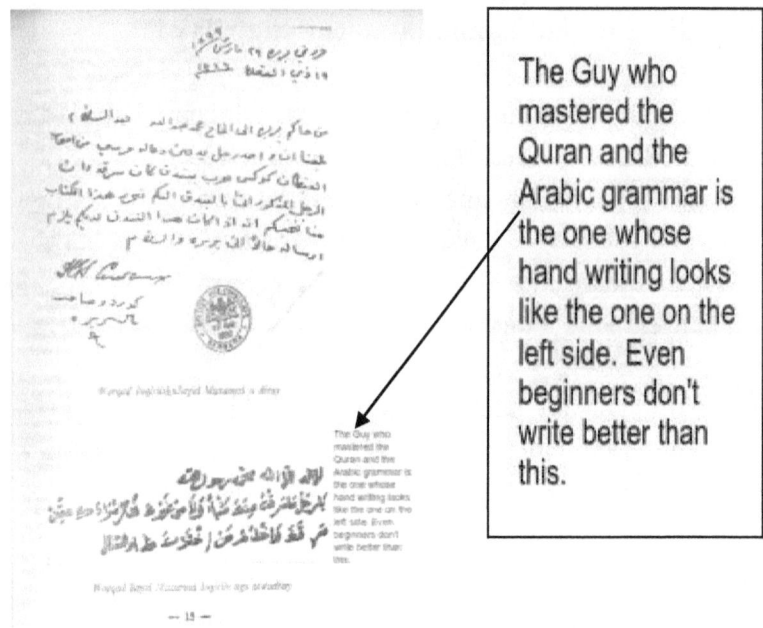

Hadalkaa af Ingiriiska ku qoran buugga laguma xusin cidda qortay, waxaanse u malayn in cid madaxdii Ingiriiska ka mid ahayd ku dul qortay. Hayeeshee, waxaan u haltebin karnaa sidan:

> *Qofka xeeldheere ku ah Quraanka iyo naxwaha af Carabigu waa kan ay fartiisu u egtahay sida ta dhinaca bidix ku taal!*

Isweydiintu waxay haddaba tahay: Ma ninka fartaa qoray baa lahaa aqoon uu ku dejiyo far Soomaali? Haddii carjuuqdhe hore loogu soo caanamaalay, hadda oo wixii uu kacaanku yidhi aan hadal laga odhan jirin, wuxuu arrin hadda marayaa:

> *Midho daray haddaan beri*
> *Duuduub ku liqi jirey*
> *Doorkan waxan hubsanayaa*
> *Dirxi inuu ku hoos jiro !!*
>
> *(Gaarriye)*

Arrinta xiisaha leh baa ah in qoraalka af Ingiriiska ku qoran laga saaray dheegag badan oo ka mid ah buugga Taariikhda Daraawiishta iyo Sayidka sida ka muuqata sawirkan hoose:

Sooyaal

FACSIMILE OF LETTER FROM THE MULLAH, TRANSLATED ON PAGE 40.

Intaa haddii aan Ina Cabdalla Xasan ku dhaafo, bal marka hore aan toosiyo magaca Sheekha labaad ee lagu sheegay Maxamed Cabdalla Mayal. Magaca Sheeku waa: Sh. Ibraahin Cabadalle Mayal. Sida ku xusan bogga 55aad ee buugga sawirkiisu ka muuqdo dhanka midig, waana sheekhii lahaa farta uu ardaygiisi, Sh. Maxamed Cabdi Makaahiil, uu ku qoray buugga la yidhaa:

ه هاي و صلاق ل غ ىـسق ي صرعلت اب كل ه ءاشن هe ay daabacaaddisii 1aad soo baxday 1345kii Hijriyada, tii 2aadna soo baxday 1351, tiisii 3aadna 1353dii, laguna soo daabacay magaalada Bumbay ee dalka Hindiya.[125]

Waxa kale oo xogtaa kor ku xusan lagu daabacay bogagga 138-147aad ee isla buuggaa la yidhaa *Somalia III- La poesia dei somali, la tribù somala, lingua somala* ee uu qoray Enrico Cerulli, sawirkiisuna kor ka muuqdo.

---

[125] I.M.Lewis, The Gadabuursi Somali script, Bulletin of the School of Oriental and African Studies, University of London, Vol.21, No.13. (1958), pp.134-156.

> Un altro tentativo di scrivere in lingua Somala ed in caratteri arabi fu fatto più recentemente da un dotto Somalo: Muḥammad 'Abdī della gente Makāhīl. Il suo lavoro dal titolo: *al–makātibāt al–'aṣriyyah fī 'l–luġah al–Ṣūmaliyyah* fu edito, a cura del *qāḍī* 'Alī Manyān ibn al–qāḍī 'Abd al–Laṭīf, in litografia a Bombay, nel 1353 Egira, presso: al–maṭba'ah al–Karīmiyyah; e comprende 40 pagine in 16º.
>
> Così, continua l'autore, il primo che pose le basi per la scrittura del Somalo fu Ibrāhīm b. 'Abdallāh Maylā della gente Makāhīl degli Isāq. Egli trovò anzitutto che occorrevano due nuove lettere per rappresentare consonanti somale che non si trovano nell'alfabeto arabo; e cioè la consonante *g* che Ibrāhīm rappresentò aggiungendo un tratto alla consonante *k* dell'alfabeto arabo ڪ, come — dice l'autore — nelle parole (somale): *gāšān, gūl, guluf, gabaḍ* ecc. La seconda consonante 'nuova' è il *ḍ* [che non è qui l'enfatica araba, ma la precacuminale del Somalo] e che Ibrāhīm rappresentò aggiungendo tre punti sul *d* dell'arabo ذ, come nelle voci: *aḍi, ḍogor, ḍōf, ḍūl* ecc. Nessuna altra aggiunta, ritenne Ibrāhīm, è necessario fare all'alfabeto arabo per scrivere il Somalo.
>
> Per la vocalizzazione, continua Ibrāhīm, è da notare che vi sono alcune lettere che non vogliono la sola *a* nè la sola *i*, ma le vogliono entrambe, come è [per il nome di Dio]: *Ebbahay*, perchè [in alfabeto arabo] non possiamo scriverlo *Ibbahay* con la sola *i* nè *Aybahay* con la sola *a*; ed ogni simile consonante non avrà la sola vocale *i* nè la sola *a*, ma entrambe »

Sh. Cabdiraxmaan Sh. Nuur (Qaaddi) fartii uu soo saaray iyo hawlqabadkiisii ka eeg bogga 56ad-58aad ee buuggan iyo qoraalka la yidhaa "*The Gadabuursi Somali script, Bulletin of the School of Oriental and African Studies, University of London*, Vol.21, No.13. (1958), pp.134-156".

Captain J. S. King oo Ingiriis ahaa isagana qoraalkii iyo xuruuftii Carabida ahayd ee uu qoridda af Soomaaliga u adeegsaday 1887dii waxa lagu soo saaray wargeyska la odhan jirey: *The Indian Antiquary (August pp. 242-3 and October pp. 285-287, Bombay)*. Faahfaahinta ka eeg bogga 21aad-22aad ee buugga Far Tasawdey soona baxay 2016kii.

Hadal iyo dhammaantii, waxa halkaa inooga dhuroobay inaan la hayn, maqal iyo muuqaal toona, far uu Ina Cabdalla Xasan lahaa ama dejiyey horrayso iyo dambaysa toona oo uu ugu talagalay qoridda af Soomaaliga.

20. Gabagabo

Sidii aan xagga hore ku soo xusay markii uu Ina Cabdalla Xasan Berbera yimid farriin qudha ayuu siday oo uu dadka u sheegay. Farriintaasi oo ahayd inuu wato dariiqo cusub oo la yidhaa Saalixiya. Reer Berbera si wacan ayey u soo dhoweeyeen. Masaajid ayuu ka dhisay magaalada. Wuu ku guursaday. Ilmihii ugu horreeyey halkaasi ayuu ugu dhashay. Dad badan baana intii hore wacdigiisa dhegeysan jirey.

Hayeeshee, kolkii uu bilaabay inuu wax walba ku sheego xaaraan ayey dadki ka yaabeen. Waxaanay u farriin dirsadeen madaxdii dariiqadii ay taageersanaayeen ee Qaadiriya. Wadaaddadii Qaaddiriyada iyo Ina Cabdalla Xasan kolkii laysu aqoon dhigtay waxa caddaatay inaanu Ina Cabdalla Xasan aqoon durugsan u lahayn shareecada. Sidaasi awgeed kolkii uu warki faafay dad badan baa joojiyey dhegeysigii ay dhegeysan jireen wacdigiisa. Kolkii uu go'doon noqday wuxu go'aansaday inuu Berbera isakaga baxo. Dadkii iyo dariiqadii Qaaddirayana uu colaad u qaado.

Sooyaal

Waxa kale oon tilmaan kooban ka bixiyey sida ay falaadyada wadaaddadii dalka yimid iyo kuwa Ina Cabdalla Xasan u kala geddisnaayeen Richard Burton mooyaane. Waxa kale oo aad dareemaysaa sida ay wadaaddadii kale dadka ugu boorrin jireen waxbarashada iyo qoridda af Soomaaliga iyo sida uu Ina Cabdalla Xasan uga soo horjeedey ee aanu u rabin cid aqoon leh.

Waxan tilmaamay milgaha ay sheekhyada kale ku lahaayeen, ilaa haddana ku leeyihiin, bulshada dhexdeeda iyo sida kolka Ina Cabdalla Xasan magaciisa la maqlo looga candhuuf tufto. Waxa kale oo aan soo bandhigay sida falalkii ay diintu innaga reebtay oo dhan uu isagu ugu kacay. Waana waxyaabihii ay dadku kaga boodeen una rumaysan waayeen wixii uu sheeganayey.

Waxan si cad u muujiyey tallaabadii laga qaaday Cabdillaahi Muuse Cabdille Jiciir kolkii uu aflagaaddeeyey ooridiisii iyo sida aan Ina Cabdalla Xasan juuqba loogu odhan, ee weliba loo qarinayey, loogana dhigay halyey qaran oo cir-ka-soo-dhac ah.

Waxa u yaabka badan ee buuggan lagu ogaanaynaa waa sida mahadhada Ina Cabdalla Xasan loo buunbuuniyey ee ay u tahay mid runta ka fog. Ujeeddada u weyn ee laga lahaana u ahayd in ceebtiisa la qariyo dadkii ka soo horjeedeyna la cambaareeyo. Waxa kale oon tilmaamay sida buugaagta Aw Jaamac Cumar Ciise u yihiin qaar aan lagu kalsoonaan karin ee uu kolba sida uu rabo u dhigo aniga oo akhristaha soo hordhigay sida ay u kala geddisan yihiin daabacaadihii u horreeyey ee buugaagtiisa iyo kuwii u dambeeyey ee lagu daabacay magaalada Jabbuuti.

Waxa kale oo aan tilmaan ka bixiyey sida ay waxyeelladii uu Ina Cabdalla Xasan dadka, dalka iyo qoyskiisaba u geystey uga badan tahay waxtarkii uu keenay.

Ugu dambayntii buuggan oo sidii aan filayo hodmin doona, qabyana tiridoona, mahadhadii Ina Cabdalla Xasan ee kala qaarnayd, wuxu dad badan ku dhiirrin inay soo gudbiyaan xogta ay ka hayaan. Waxa kale oo uu buuggani dheellitiri doonaa aragtidii laga haystay Ina Cabdalla Xasan ee dhanka qudha ka rarnayd. Waxana si fudud looga warcelin weydiinta ah: "Ina Cabdalla Xasan ma Sheekh buu ahaa mise …?"

21. Ujeeddooyinka Aayadaha Quraanka ee buugga ku jira

1. Ujeeddada Aayadda 11aad ee surradda Al-xujarat ee bogga 113aad waxa loo qeexay si` dan hoos ku xusan:

11. Kuwa xaqa rumeeyow yuuna yasin Ragna Rag (kale) waxay u dhawdahay inuu ka khayr badanyahaye, Haweenna yayna haween yasin waxay u dhawyihiin inay ka khayr badanyihiine, hana ceebeynina Naftiinna, hana isugu dhawaaqina naanays xun, waxaa xun magaca faasiqnimada iimaan kadib, Ciddaan tawbad keeninna waa daalimiin.

2. Ujeeddada Aayadda 4aad ee suuradda An-nuur ee bogga 120aad waxa loo qeexay sidan hoos ku xusan:

4. Kuwa (Zino) ku Gana (Sheega) Haweenka Dhawrsoon oon Afar Marag ah keenin Garaaca Siddeetan Garaacood, hana ka Aqbalina Marag Waligood, kuwaasina waa uun Faasiqiin.

3. Ujeeddada Aayadda 3aad ee suuradda An-nisaa ee bogga 133aad waxa loo qeexay sidan hoos ku xusan:

3. Haddaad ka Cabsataan inaydaan ku Cadaalad Falin Agoonta Guursada wixii idiin Wanaagsan oo Haween ah, Labo, Saddex iyo Afar, Haddaad ka Cabsataan inaydaan Caddaalad Falin Mid kaliya (Guursada) ama waxay Hanatay Gacmihiinnu Saasaa u Dhaw inaydaan Jawrfaline.

4. Ujeeddada Aayadda 33aad ee suuradda Al-israa ee bogga 140aad waxa loo qeexay sidan hoos ku xusan:

33. Hana dilina Nafta Eebe xarrimay Xaq Mooyee, Ruuxii lagu dilo Gardarro waxaan U yeellay waligiisa Xujo ee yuusan ku xad gudbin Dilka waa loo Gargaaraye.

وَلَا تَقْتُلُوا ٱلنَّفْسَ ٱلَّتِى حَرَّمَ ٱللَّهُ إِلَّا بِٱلْحَقِّ وَمَن قُتِلَ مَظْلُومًا فَقَدْ جَعَلْنَا لِوَلِيِّهِۦ سُلْطَٰنًا فَلَا يُسْرِف فِّى ٱلْقَتْلِ إِنَّهُۥ كَانَ مَنصُورًا ۝

5. Ujeeddada Aayadda 188aad ee surradda Al-baqarah ee bogga 154aad waxa loo qeexay sidan hoos ku xusan:

188. hana ku Cunina Xoolihiinna dhexdiinna si baadhil (Xaq darri ah) idinkoo u dhiibi (Laaluush) Xukaamta si aad ugu cuntaan qayb ka mid ah Xoolaha Dadka dambi idinkoo og.

وَلَا تَأْكُلُوٓا أَمْوَٰلَكُم بَيْنَكُم بِٱلْبَٰطِلِ وَتُدْلُوا بِهَآ إِلَى ٱلْحُكَّامِ لِتَأْكُلُوا فَرِيقًا مِّنْ أَمْوَٰلِ ٱلنَّاسِ بِٱلْإِثْمِ وَأَنتُمْ تَعْلَمُونَ ۝

6. Ujeeddada Aayadda 12aad ee suuradda Al-xujarat ee bogga 1623aad waxa loo qeexay sidan hoos ku xusan:

12. Kuwa xaqa rumeeyow ka dhawrsada wax badan oo mala ah, maxaa yeelay malaha qaarkiis waa dambi, hana is jaasuusina, qaarkiinna qaar yuusan xamanin, miyuu jecelyahay midkiinna inuu cuno Hilibka walaalkiis oo mayd ah, waad necebtihiin arrintaa, Eebana ka dhawrsada waa tooba aqbale naxariistee.

يَٰٓأَيُّهَا ٱلَّذِينَ ءَامَنُوا ٱجْتَنِبُوا كَثِيرًا مِّنَ ٱلظَّنِّ إِنَّ بَعْضَ ٱلظَّنِّ إِثْمٌ وَلَا تَجَسَّسُوا وَلَا يَغْتَب بَّعْضُكُم بَعْضًا أَيُحِبُّ أَحَدُكُمْ أَن يَأْكُلَ لَحْمَ أَخِيهِ مَيْتًا فَكَرِهْتُمُوهُ وَٱتَّقُوا ٱللَّهَ إِنَّ ٱللَّهَ تَوَّابٌ رَّحِيمٌ ۝

Sooyaal

7. Ujeeddada Aayadda 1aad ee suuradda Al-munaafiquun ee bogga 163aad waxa loo qeexay sidan hoos ku xusan:

1. Markay kuu yimaadaan (Nabiyow) munaafiqiintu waxay dhihi waxaan marag ka nahay inaad tahay Rasuul Eebe, Ilaahayna waa ogyahay inaad tahay, rasuulkiisii Eebana wuxuu marag ka yahay inay Munaafiqiintu beenaalayaal yihiin (xaga niyada).

إِذَا جَاءَكَ ٱلْمُنَٰفِقُونَ قَالُوا۟ نَشْهَدُ إِنَّكَ لَرَسُولُ ٱللَّهِ وَٱللَّهُ يَعْلَمُ إِنَّكَ لَرَسُولُهُۥ وَٱللَّهُ يَشْهَدُ إِنَّ ٱلْمُنَٰفِقِينَ لَكَٰذِبُونَ ۝

8. Ujeeddada Aayadda 29aad ee Suuradda An-nisa ee bogga169aad waxa loo qeexay sida soo bogga soo socda ku xusan:

29. Kuwa (Xaqa) Rumeeyow ha Cunina Xoolihiinna dhexdiinna (Si Baadil ah) (Xaaraam ah) inay Ganacsi Raalli aad tihiin tahay mooyee, hana

Dilina Naftiinna, Eebe wuxuu idiinyahay Naxariistee.

يَٰٓأَيُّهَا ٱلَّذِينَ ءَامَنُوا۟ لَا تَأْكُلُوٓا۟ أَمْوَٰلَكُم بَيْنَكُم بِٱلْبَٰطِلِ إِلَّآ أَن تَكُونَ تِجَٰرَةً عَن تَرَاضٍ مِّنكُمْ وَلَا تَقْتُلُوٓا۟ أَنفُسَكُمْ إِنَّ ٱللَّهَ كَانَ بِكُمْ رَحِيمًا ۝

Raadraac

Axmed 'Yey', Cabdillaahi Yuusuf. *Halgan iyo Hagardaamo.*
Scansom Publishers, Stockholm, Sweden, 2011.

B.W. Andrzejewski with Sheila Andrzejewski, *An anthology of Somali Peotry,* Bloomington, Indiana Universty Press, 1993.

Burton, Richard F. *First Footsteps in East Afria: or An Exploration of Harar.* Edited by his wife, Isabel Burton. *Memorial Edition; in two vols.* (Tylson & Edwards, London, 18940.

Cabdi, Sh. Cabdi. Divine *Madness, 1856-1920. Zed Books Ltd. London and New Jersy, 1993.*

Cali, Axmed Faarax 'Idaajaa' and Cabdilqaadir Xirsi 'Yamyam. *Dabkuu shiday Darwiishkii. (Wakaaladda madbacadda qaranka,* Muqdisho, 1976).

Caney, John Charles. *The Modernisation of Somali Vocabulary, with Particular Reference to the Period from 1972 to the Present.* (Hamburg: Helmut Buske, 1984)

Caqli, Cabdirizaaq. Sh. Madar: *Aasaasihii Hargeysa.* London, 2006.

Ciise, Aw Jaamac Cumar. *Taariikhdii Daaawiishta iyo Sayid Ma-xamed Cadalla Xasan, 1895-1921. (Akadeemiaha Dhaqanka, Muqdisho, 1976), Jabbuuti, 2005.*

_____. *Diiwaanka Gabayadii Sayid Maxamed Cabdulle Xasan ururintii kowaad. (Wakaaladda madbacadda qaranka, Xamar, 1974), Nayroobi, 1999, Jabbuuti, 2005*

Enrico Cerulli. *Somalia scritti vari editi ed inediti III la oesia dei Somali la tribu Somala lingua Somala in caratteri Arabi ed altri saggi. Ministero degli affair esteri, Roma, 1964*

Jardine, Douglas. *The Mad Mullah of Somaliland. (Herbert Jenkins, London, 1923; Negro Universities Press, New York, 1969).*

Keenadiid, Yaasiin Cismaan. *Ina Cabdille Xasan e la sua attivita letteraria. (Instatuto Universitario Orientale. Naples, 1984).*

Laitin, David D. *Politics, Language, and Thought: The Somali Experience. (The University of Chicago Press, Chicago, 1977).*

Lewis, I.M. *The Modern History of Somaliland: From Nation to State. (Frederick Praeger, New York, 1965).*

_____. *Peoples of the Horn of Africa: Somali, Afar and Saho. (International African Institute, London, 1955).*

_____. *Shaykhs and Warriors in Somaliland's in African Systems of thought. (Oxford University Press, London, 1965), pp. 204-33.*

_____. *The Somali conquest of the Horn of Africa, in Journa of African History, Vol. I,no.2, 1960, pp.213-29.*

_____, *The gadabuursi script, Bulletin of the School of Oriental and African Studies, University of London, Vol.21, No.13. (1958), pp.134-156.*

Madar, Xasan Cabdi. *Nabaaddiino: suugaanta Soomaalida ee xuquuqda Aadamaha, Tryck: Forfattares Bokmaskin, Stockholm, 2008*

Mukhtar, Mohamed, *Historical dictionary of Somalia, new edition, African Historical dictionary series, No 87, The Scarecrow Press, Inc. Lanham, Maryland, and Oxford, 2003.*

Osman Haji, Abdiwahid. *Somalia: a chronology of Historical documents 1827– 2000. Published by the Author, Ottawa, 2001).*

Quraanka Kariimka

Reese, Scott S. *The best of guides: Sufi poetry and alternate discourses of reform in early twentieth-century Somalia,*

Journal of African Cultural Studies, Volume 14, Number 1, June 2001, pp.46-68

Samatar, Said S. *Oral Poetry and Somali Nationalism: the case of Sayyid Mahammed Abdille Hasan. (Cambridge University Press, Cambridge, 1982).*

Sh. Nuur, Sh. Cabdiraxmaan. *Ilbaxnimadii Adal iyo sooyaalkii Soomaaliyeed oo lagu daabacay Abu Dhabi.*

Shihab Al-Din Ahmed. *Tuhfat al-Zamaan or Futuh al-habasha. (Cairo, 1974; after the Rene Basset edition, Paris, 1897).*

Tuse/Index

Tuse/Index

A

A Record of Two Shooting Trips, 28
A Soothsayer Tested, 13
A.A.Farah "Barwaaqo", 298
Aadan Ismaaciil, 72
Aasaasaha Hargeysa, 65
Abdi Sh. Abdi, 21, 29, 33, 131, 135, 137
Abdi Sheikh Abdi, 32, 33
Abokor Axmed, 72
About the author, 294
Abyssinians in Somaliland, 28
ADEN, 79, 91
af Carabiga, 52
af Soomaaliga, 51, 309
af Talyaani, 31
Afka, 308
aflagaaddadii, 34, 132
Ali Jaffer, 87, 93, 99
Andrew Brockett, 32, 33
Angus Hamilton, 28
aqoonyahan, 16, 22, 23, 24, 151
Ardo Cumar Ugaas, 134
Arthu Mosses, 28
Asli Xaaji Cismaan, 134
Aw, 15, 20, 24, 31, 34, 35, 40, 41, 104, 105, 107, 108, 109, 110, 111, 117, 120, 140, 144, 150, 153, 154, 158, 162, 163, 168, 169, 190, 191, 192, 193, 194, 195, 196, 197, 201, 205, 206, 208, 209, 216, 218, 234, 236, 254, 260
Aw Gaas, 107
Aw Gaas Axmed, 105, 108
Aw Jaamac Cumar Ciise, 15, 20, 31, 34, 35, 104, 105, 109, 120, 140, 153, 162, 163, 168, 190, 191, 192, 194, 197, 201, 205, 206, 208, 209, 236, 254
Awdal, 57, 128
Axmed Cali, 48, 96
Axmed F. Cali "Idaaja", 225
Axmed Faarax Cali 'Idaajaa', 33, 215, 225, 227
Axmed Liibaan, 72
Axmed Saalax, 96

B

B.W. Andrzejewski, 236, 259
Baar Xuseen Xandulle, 133
Barni Maxamuud Sugulle, 133
Barni Xirsi, 133
Baro Abwaankaaga, 309
Barre Cawad, 89
Barwaaqo, 4, 14, 15, 17, 18, 23, 25, 292, 294, 297, 298, 299, 300, 301, 302, 303, 304, 305, 306, 307, 308, 309, 310
BBCda, 227, 230

Berbera, 14, 27, 29, 31, 33, 35, 36, 38, 44, 51, 54, 67, 68, 69, 70, 71, 72, 73, 104, 105, 106, 107, 108, 109, 110, 111, 124, 127, 138, 139, 167, 183, 191, 242, 253
BERBERA, 67, 158
Bood Malow, 134
Boqor Cismaan Keenadiid, 117
Boqortooyada Sucuudi Areebiya, 42
Borof. Maxamed Nuux Cali, 14
British administrators, 16
British colonial officials., 16
British Imperialism in Horn of Africa and the Somali Response, 32
BRITISH VESSELS, 67
BULHAR, 67
Bullaxaar, 70, 71
Bulletin of the School of Oriental and African Studies, 52, 251, 252
Bullo Cali Shire, 134
Bullo Nuur Xiddig, 133
Buux Mulac, 89
Buux Xirsi, 89

C

C/risaaq Caqli, 21, 106
Caamir Cigaal, 78

Caasha Goonni Ducaale, 134
Caasha Keenadiid, 31, 119
Caasha Yuusuf Xayle, 134
Cabdalla Shixiri, 144
Cabdi Nuur, 102
Cabdi Xasan, 96
Cabdilla Cali, 90
Cabdillaahi, 310
Cabdillaahi Muuse Cabdille Jiciir, 132
Cabdillaahi Muuse Cabdille Jiciir, 113, 254
Cabdillaahi Suldaan Timacadde, 310
Cabdille Liibaan, 72
Cabdilqaaddir Xirsi 'Yamyam', 33
Cabdiraxmaan, 299, 303, 304, 307
Cabdiraxmaan C. Faarax 'Barwaaqo', 14, 15
Cabdirisaaq Caqli, 21, 46, 65, 105
Cabdul Sabuur Marzuuq, 30
Cabdullah Sugulle, 102
Cabdulle Shixiri, 144, 184
Cadan, 51, 54, 55, 66, 73, 78, 82, 84, 90, 94, 96, 104, 124, 184, 191, 194, 195, 196
Cadar Cabdi Guhaad, 134
Cadar Ciid Jihaad, 134
Cairo, 30, 262
calaacalka, 31

Cali Jacfar, 102
Cali Ammaan, 96
Cali dhuux, 230
Cali Dhuux, 137, 138, 230
Cali Diniqo, 237
Cali Geeridoon, 89
Cali Idiris, 90
Cali Inteli Daadhi, 237
Cali Ismaaciil, 96
Cali Jaamac Haabiil, 6, 38, 125, 131, 138, 149, 156, 159, 160, 177, 181, 206, 222
Cali Jacfar, 96
Cali Karrat, 89
Cali Karrat, Khayre Magan, Buux Xirsi, Cabdilla Cali, Cali Idiris, Shirdoone Samatar, 90
Cali Maxamed, 72
Cali Nuur, 96
Cali Shirdoon, 89
Cambaro Magan Khalaf, 134
Cambaro Qamaan, 134
Canada, 4, 14, 297, 299, 300, 307
Carleton University, 13, 14, 22
Carraale, 300, 308
Cawad Cali, 72, 84
Cawad Liibaan, 72
cayda, 31, 34, 113, 115, 119, 120, 123
Cayda, 113
Caynab-Sonkor, 142
Ceel-Gows, 227

Charles Geshekter, 32, 33
CHIEFS OF THE ESA, 85
CHIEFS OF THE GADABURSI, 74
CHIEFS OF THE HABAR TOLJAALA, 79
CHIEFS OF THE HABR GERHAJIS, 91
CHIEFS OF THE HABR-AWAL, 67
CHIEFS OF THE WARSANGALI, 97
Ciise Aadan, 102
Ciise Muuse, 72, 139, 202, 204
Ciise Xasan, 96
Cilmi Carab Cabdi, 7
Cilmi Faarax, 72
Cismaan Amxaar, 230
Colonial Rule in the British Somaliland Protectrate, 32
Cumar Axmed,, 102
Cusmaaniyiin, 65

D

Dabkuu shiday Darwiishkii, 33, 259
Daraawiish, 117, 151, 155, 163, 168, 210, 215, 217, 235, 236
Dawladda Ingiriiska, 70
Dhaca, 47, 152
Dhiimo Ciise, 31, 120, 122, 133, 148, 174

Dhismaha Telesom, 49
Dhulbahante, 38, 120, 133, 192, 233
Dhuux Warsame, 141
Diidmadii Ina Cabdalla Xasan, 208
Diinta Islaamka, 42, 113, 135, 139, 140, 155
Diiwaanka Gabayada Sayid Maxamed Cabdalla Xasan, 15
Dil wadareedka, 149
Dilka, 139
Dilkii ilma Cabdalla Shixiri, 144
diradirah,, 31
Divine Madness, 32, 33, 131, 135, 137, 138, 211, 259
Douglas Jardine, 16, 28, 29, 45, 149, 184, 233
Dr. *Georgi Kapchits*, 13, 14
Dr. Siciid Sh. Samatar, 233
Ducaale Axmed, 96
Ducaale Dilbad, 78

E

Ed. Cranfield, 93

F

F. M. Hunter, 69, 73, 75, 78, 81, 84, 93, 102
F. M. Huntsr, 96
F. Muster, 87, 90

Faadumo Ciise Aadan, 133
Faadumo Islaan Aadan, 133
Faadumo Ugaas Xaashi, 134
Faaliyihii la bilkeyday, 13
Faarax Samatar, 72
Faarax-Laanjeer, 242
Fadal Maxamed, 89
Falalka Alla ka fogaadka ah, 150
Faransiiska, 28, 33, 65
Fartii Sh. Cabdiraxmaan Sh. Nuur, 58
Ferro e Fuoco in Somalia, 28
Fiqishinni, 133
Francesco Saverio Caroselli, 28

G

G/le = Gaashaanle, 20
G/le Frederrick Mercer Hunter, 72, 78, 84, 96
Gaarriye, 299, 300, 308
Gabgable Xirsi, 226
GADABURSI, 74
Gareen, 133
Geelle Shirwac, 78
Geeska Afrika, 42
Giirre Cigaal, 89
Godadlenimo, 132
Gurraase Xaaji Cali, 138
Gurraati, 140
guubaabada, 31
Guuleed Jaamac Xirsi., 138

H

H.F. Prevost Battersby, 28
Habar Awali, 207
HABAR TOLJAALA, 79
Habar Yoonis, 113, 127
HABR-AWAL, 67
Hagar Caarale, 96
hal-abuur, 16, 23, 24, 292
Hal-aqoon, 297, 298, 299, 300, 303, 305, 306
Hal-aqoon Publishers, 4
hantiwadaagga, 34, 232
Harar, 44, 46, 259
Hargeysa, 16, 18, 24, 41, 46, 48, 49, 65, 106, 137, 138, 153, 191, 192, 205, 259, 292
Haweeya Xasan Rabaax, 134
Herer, 127
Herne, 45
Heshiisyadii lala galay Ingiriiska, 67
History department, 14
Hogay Rayat, 86, 90
Hudheelka Ambassodor, 49
Hudheelka Maansoor, 49

I

I. M. Amberwitch, 87, 90
I. M. Lewis, 51, 58, 106
ilma Cabdalla Shixiri, 144
ina shixiriyow, 124

Ina Cabdalla Xasan, 1, 3, 4, 13, 15, 17, 20, 23, 27, 28, 29, 30, 31, 32, 33, 34, 35, 36, 37, 105, 106, 108, 110, 111, 112, 117, 120, 124, 133, 135, 137, 138, 139, 140, 144, 148, 149, 150, 151, 152, 154, 155, 158, 161, 162, 167, 168, 169, 172, 174, 175, 177, 178, 179, 181, 183, 184, 190, 192, 197, 201, 202, 204, 205, 206, 207, 208, 209, 210, 212, 213, 214, 215, 222, 225, 231, 232, 233, 235, 242, 244, 253, 254, 255, 292, 294
Ina Cabdille Xasan Ela Sua Attivita Letterari, 30
Ina Cali, 20, 151, 152
Ina Nuur Cageeye, 134
Ingiriiska, 21, 23, 27, 28, 29, 30, 33, 36, 42, 65, 66, 67, 70, 71, 73, 74, 76, 78, 82, 84, 85, 88, 90, 91, 94, 96, 97, 100, 103, 109, 144, 153, 154, 183, 191, 209, 215, 216, 225, 229
Inj. Maxamed Xaashi Xandulle, 151
Inshā' al-mkātibāt al-'arsīyah fī al-lughah al-sūmālīyah, 54, 56
Isabel Burton, 44, 45, 259
Ismaaciil Cali, 96
Ismaaciil Duse, 72
Ismaaciil Furre, 72
Ismaaciil Mire, 116, 132

Itoobiya, 230

J

J. H. Rainier, Commander R.N., 99, 102
Jaamac Faarax, 72
Jaamac M. Jaamac = Jaamac Muuse Jaamac, 20
Jaamac Rooble, 78
Jaamac Yoonis, 72
Jaamacadda Hargeysa, 49
Jaamacadda Admas, 50
Jaamacadda Golis, 50
Jabbuuti, 128, 197, 200, 204, 205, 234, 236, 255, 260
Jamaad Sheekh Cabdille, 237
Jamaal Cabdi Naasir, 30
Jamal A. Gabobe, 13, 17
Jameecaweyn, 46
Jawaahir Sheekh Cismaan, 134
Jumca Maxamuud Garaad, 102

K

Kaaha Abyan Maxamuud, 133
Kanada, 22, 138, 151
Khaalid Jaamac Qodax, 18, 24
Khayre Magan, 89
Koofil walaashii, 31, 34, 120

L

L/x/le = Laba xiddigle, 20
Laanjeer, 242
Laaxinjire, 303, 309
Liibaan, 303
London, 28, 32, 52, 184, 206, 251, 252, 259, 260, 261

M

Madar, 13, 21, 40, 46, 47, 48, 65, 106, 107, 108, 191, 192, 195, 196, 197, 259, 261
Magan Siciid, 72
Mahdi Al-Sumal, 30
Mahdigii Suudaan, 65
Majeerteen, 131, 133
Major H. Rayne, 28
Major J. Willes Jennings, 28
Marreexaan, 133
Maryan Rooble, 133, 134
Masar, 30, 65
Maxamed, 309
Maxamed Axmed, 96
Maxamed Beergeel, 89
Maxamed Cabdalla Xasan, 14, 15, 16, 20, 34, 38, 39, 64, 104, 109, 112, 113, 115, 119, 132, 154, 158, 162, 163, 183, 187, 197, 202, 208, 209, 234
Maxamed Cabdi, 54
Maxamed Cabdille Xasan, 106, 107, 178

Maxamed Cali Balool, 78
Maxamed Cali Qablax, 20, 151, 152
Maxamed Gees, 96
Maxamed Jaamac Badmaax, 108
Maxamed Qabille, 72
Maxammad Ibraahim, 102
Maxamuud Sugulle, 102
Maxamuud-Gurey, 235
Midawga Soofiyeeti, 232
Miisaanka Maansada, 300, 308
Minilik, 65
Mohamed Abdulle Hassan, 33
Moscow Universitry, 14
Muhammad Abdille Hasan, 16
Muhammed Abdille Hasan, 20
Mullaaxo Malow, 134
Muuse Cabdallah, 96
Muuse Faarax, 72
Muuse Xaaji Ismaaciil Galaal, 26, 108, 310
Muxammad Cabdi Naaleeye, 102
Muxammad Cali Shirwac, 102
Muxammad Cabdullah, 102
Muxammad Maxamuud Cali, 102
Muxammad Muctasim, 30
Muxmud Cabdullah, 102
Muxumed Daadhi, 236

My Somali Book, 28

N

Naado Buraale, 134
Naado Buraale Cabdi Cumar, 236
Nebi Maxamed (NNKH), 117
Negeeye Bidaar, 89
Nuur Cawad, 72
Nuur Xirsi, 96
Nuux Muxumad Daadhi, 237

O

Obsiiye Jaamac, 72
Odayada Ciise, 85, 88
Odayada Gadabuursi, 74, 76
Odayada Habar Awal, 67, 70
Odayada Habar Toljeclo, 78, 82
Odayada Warsangeli, 97, 100
Ogaadeen, 111, 134, 161, 209, 210
Oral poetry and Somali nationalism, 31
Oslo, 300
Ottawa, 4, 14, 151, 261, 297, 300
Oxford University, 32, 261

P

Ph.D Candidate, 17

Q

Qaaddiriya, 32, 105, 106, 108, 190
Qaaddiriyada Soomaaliya, 60
Qaadiriya, 191, 253
Qaasin, 309
qoraa, 16, 18, 24, 26, 30
Quraanka, 39, 43, 50, 158, 244, 256, 261

R

R.E. Drake-Brockman, 28
Raage Khayre, 78
Reeraha uu caayey, 131
Richard *Corfield*, 28
Richard F. Burton, 44
Rijarad Beerton "*Richard Burton*", 42
Rijard Beerton, 45
Roma, 31, 260
Rooble Duuble, 72
Rooble Warfaa, 78

S

Saalixiya, 29, 104, 105, 106, 140, 183, 189, 190, 191, 208, 210, 253
Said S. Samatar, 31
Salaado Cumar Ugaas, 134
Salaado Rooble Guuleed, 134
Salaan Carrabey, 116, 136

Sayid Maxamed Cabdalla Xasan, 20
Sayid Maxamed Cabdalla Xasan, 15, 34, 115
Saylac, 42, 76, 78, 88, 212
Sayyid Mahamed 'Abdille Hasan, 31, 206
Scott S. Reese, 135, 213
Seattle, 306
Seattle, USA, 17
Seed Guuleed, 72
Seven Trips through Somaliland, 47
Sh. Cabdalla, 40, 42, 60, 64
Sh. Cabdalla Ibn Yuusuf Al-qalanqoolli., 60
Sh. Cabdiraxmaan Sh. Nuur, 40, 57, 58
Sh. Ibraahim Cabdalle Mayal, 53
Sh. Ibraahin Cabdalle Mayal, 40, 56
Sh. Jaamac Ciise, 230
Sh. Jaamac Cumar Ciise, 20, 119, 187, 234
Sh. Madar, 21, 47, 48, 192
Sh. Madar Axmed Shirwac, 40, 46, 192
Sh. Maxamed, 40, 51, 53, 54, 56, 64, 151, 152, 193, 194, 304
Sh. Maxamed Cabdi Makaahiil, 40, 51, 53, 54, 56, 304

Sh. Uweys, 40, 60, 135
Sh. Uweys Ibn Maxamed Al-Baraawi, 40, 60
Sh.Ibraahin, 56
Shacni Cali Ibraahin, 134
Shadaydley, 227
Shareecada Islaamka, 47, 108, 155
Sheekh, 1, 3, 4, 13, 20, 21, 23, 38, 39, 40, 42, 43, 44, 46, 47, 48, 51, 57, 60, 64, 65, 84, 105, 106, 107, 108, 109, 111, 112, 113, 119, 124, 131, 134, 135, 136, 141, 144, 150, 151, 154, 162, 167, 168, 183, 184, 188, 190, 191, 192, 193, 195, 237, 239, 255, 292, 294
Sheekh Baahilaawe, 141
Sheekh Cabdalla, 42
Sheekh Cabdillaahi Caruusi, 105, 107
Sheekh Cabdilqaaddir Al-jiilaani, 106
Sheekh Cabdiraxmaan Sh. Nuur, 57
Sheekh Ibraahin Xirsi Guuleed, 105
Sheekh Kabiir Aw Cumar, 105
Sheekh Maxamed Saalax, 106, 124, 183
Sheila Andrzejewski, 236, 259
shibbane, 308

Shide Dhabar jilic, 140, 141, 142, 150
Shiikh Jaamac Ciise, 227
Shiikh Madar, 21
Siciid Axmed, 72, 96
Siciid Cumar, 55
Siciid Dhegacadde, 226
Siciid Maxamed, 96
SLAVE TRADE, 67, 74, 79, 85, 91, 97
Somaliland, 13, 16, 18, 28, 32, 45, 47, 48, 57, 149, 184, 233, 260, 261, 294, 306
Somalis, 13, 16, 28
Speke, 45
Stroyan, 45
Suleekha, 306
Suuradda Al-Baqara, 152
Suuradda Al-israa, 139
Suuradda Al-xujraat, 112
Suurat Al-Nuur, 119

T

Taariikhdii Daraawiishta, 15, 34, 104, 140, 150, 153, 187, 191, 197, 208, 209, 234
Taladii Garaad Cali Garaad Maxammuud, 208
Talyaaniga, 28, 33, 122, 155, 191, 195, 227
Tha'ir min al-Sumal, 30

THE BRITISH
GOVERNMENT, 67, 74, 79,
85, 91
The first foot steps on East Africa, 44
The Gadabuursi Somali script, 52, 251, 252
The Mad Mullah, 16, 28, 45, 105, 149, 184, 213, 260
tookha, 31

U

Udgoon Maxamed Diinle, 134
University of California, 32
University of London, 32
uraya Gadabuursigii, 207
uu Khaliif Shiikh Cabdille, 236
Uweysiya, 60

W

W. M. Edwards, 87, 90
Waabberi Aadan, 89
Waabberi Iidle, 78
Wacays Yuusuf, 72
Warfaa Odawaa, 72
Warfaa Rooble, 78
Warsame Iidle, 89
Warsangeli, 134
Weli Maxamed, 89
Werdiyo Dayib, 133

X

X. Guuleed (Dhoolla-yare), 115
X. Guuleed Dhoollayare, 132
Xaadsan Dhoorre Xasan, 133
Xaaji Ibraahin Xirsi, 107, 108
Xaaji Maxamed, 20, 104, 105, 109, 110
Xaliimo Geri, 141
Xammurre, 227
Xasan jiijiile, 141
Xasan Cabdalla, 96
Xasan Cabdi Madar, 16, 24
Xasan Sh. Muummin, 5
Xasan Yuusuf, 96
Xeebta Gobolka Shabeellada Hoose, 227
Xirsi Buureed, 72
Xirsi Maxamed, 72
xuruufta Carabiga, 51
Xuseen, 303, 310
Xuseen Cali, 72
Xuseen Geelle, 72
Xuseen Iljeex (Xuseen Xirsi Dalal), 142
Xuseen Maxamuud Faarax, 237
Xuseen Saalax, 96
Xuseen Xirsi Dalal (Xuseen Iljeex), 142

'Xuseen-Dhiqle, 237

Y

Yaasiin Cismaan Keenaddiid, 117
Yaasiin Cismaan Keenadiid, 20, 31, 175, 179

Yaasiin Cumar, 72
Yaasiin Keenadiid, 20, 121
Yoonis Boob, 78
Yoonis Diiriye, 72
Yoonis Faahiye, 89
Yuusuf Nuur Cabdullah, 102

Z

ZAILA, 74

Dheegag ka mid a h Heshiisyadii asalka ahaa ee ay lix beelood oo reer Somaliland ahi la galeen Boqortooyadii Ingiriiska

No. LXXXIX.

Treaty with the Habr Awal,—1884.

Whereas the garrisons of His Highness the Khedive are about to be withdrawn from Berbera and Bulhar and the Somali Coast generally, we, the undersigned Elders of the Habar Awal tribe, are desirous of entering into an agreement with the British Government for the maintenance of our independence, the preservation of order, and other good and sufficient reasons.

Now it is hereby agreed and covenanted as follows :—

Article 1.

The Habr Awal do hereby declare that they are pledged and bound never to cede, sell, mortgage or otherwise give for occupation, save to the British Government, any portion of the territory presently inhabited by them or being under their control.

Article 2.

All vessels under the British flag shall have free permission to trade at the ports of Berbera, Bulhar, and other places in the territories of the Habr Awal.

Article 3.

All British subjects residing in, or visiting the territories of, the Habr Awal shall enjoy perfect safety and protection, and shall be entitled to travel all over the said limits under the safe conduct of the Elders of the tribe.

Article 4.

The traffic in slaves throughout the territories of the Habr Awal shall cease for ever, and the Commander of any of Her Majesty's vessels, or any other British officer duly authorized, shall have the power of requiring the surrender of any slave and of supporting the demand by force of arms by land and sea.

Article 5.

The British Government shall have the power to appoint an Agent or Agents to reside at Berbera or elsewhere in the territories of the Habr Awal

Part III Somaliland and Shoa—*Somaliland—(Habr Awal)*—No. LXXXIX.

and every such Agent shall be treated with respect and consideration, and be entitled to have for his protection such guard as the British Government deem sufficient.

The above-written Treaty shall come into force and have effect from the date on which the Egyptian troops shall embark at Berbera, but the agreement shall be considered provisional and subject to revocation or modification unless confirmed by competent authority.

In token of the conclusion of this lawful and honourable bond, Abdillah Liban and Jamah Yunus (both Ayal Ahmed Badila), Said Gulaid and Awadh Ali (both Bhandera), Ubsujeh Jamah and Awadh Liban (both Baho), Ilini Farah and Yescen Umar (both Ba Eyso Musa), Ahmed Liban and Farah Samanter (both Ayal Sherdone), Hirsi Mahomed, Haid Ahmed, Husain Ali, Abokr Ahmed, Ismail Doaly, Adan Ismail and Yunus Deriah (all Ayal Gedid), Jamah Farah (Ayal Hosh), Warfah Adowa, Mahomed Yunus Hirsi Buraid, Ali Mahomed, Husain Gaillay, Majan Said, Mahomed Kabillay and Wais Yusuf (all of the Eysa Musa), Roblay Doblay and Musa Farah (Mikhail), Nur Awadh and Ismail Farah (both of the Ayal Hamed), and Major Frederick Mercer Hunter, the Officiating Political Resident of Aden, the former for themselves, their heirs and successors, and the latter on behalf of the British Government, do each and all in the presence of witnesses affix their signatures, marks or seals, at Berbera, on this twenty-first day of Ramdhan, one thousand three hundred and one, corresponding with the fourteenth of July, one thousand eight hundred and eighty-four.

(Sd.) F. M. HUNTER, *Major*,
Officiating Political Resident, Aden.

Witness:

(Sd.) W. J. PEYTON, *Lieutenant*,
Bombay Staff Corps.

(Sd.) RIPON,
Viceroy and Governor-General of India.

This agreement was ratified by the Governor-General of India in Council at Simla on the twenty-third day of August A. D. 1884.

(Sd.) C. GRANT,
Secretary to the Government of India,
Foreign Department.

Somaliland and Shoa—*Somaliland—(Gadabursi)* - No. XCI.

This Treaty was ratified by the Viceroy and Governor-General of India in Council at Simla on the fifteenth day of September, A.D. one thousand eight hundred and eighty-six.

(Sd.) H. M. DURAND,
Secretary to the Government of India,
Foreign Department.

Certified that the above is a true copy of the original treaty.

(Sd.) W. J. CUNINGHAM,
Offg. Under-Secretary to the Government of India.

FOREIGN DEPARTMENT,
Simla, the 18th September 1886.

No. XCI.

TREATY with the GADABURSI,—1884.

We, the undersigned Elders of the Gadabursi tribes, are desirous of entering into an agreement with the British Government for the maintenance of our independence, the preservation of order, and other good and sufficient reasons.

Now it is hereby agreed and covenanted as follows :—

1.

The Gadabursi tribe do hereby declare that they are pledged and bound never to cede, sell, mortgage, or otherwise give for occupation, save to the British Government, any portion of the territory presently inhabited by them or being under their control.

2.

All vessels under the British flag shall have free permission to trade at all ports and places in the territories of the Gadabursi tribe.

3.

All British subjects residing in or visiting the territories of the Gadabursi tribe shall enjoy perfect safety and protection, and shall be entitled to travel all over the said limits under the safe conduct of the Elders of the tribe.

Sooyaal

Part III Somaliland and Shoa—*Somaliland—(Gadabursi)*—No. XCI.

4.

The traffic in slaves throughout the territories of the Gadabursi tribe shall cease for ever, and the Commander of any of Her Majesty's vessels, or any other British officer duly authorized, shall have the power of requiring the surrender of any slave and of supporting the demand by force of arms by land and sea.

5.

The British Government shall have the power to appoint an Agent or Agents to reside in the territories of the Gadabursi tribe, and every such Agent shall be treated with respect and consideration, and be entitled to have for his protection such guard as the British Government deem sufficient.

The above written Treaty shall come into force and have effect from the date of signing this agreement.

In token of the conclusion of this lawful and honourable bond, Jama Roblay, Mahomed Ali Balol, Ilmee Warfah (Ughaz' son), Rogay Khairi, Waberi Idlay, Roblay Warfah, Doaly Dilbad, Amir Egal, Gailay, Shirwah Warfah Roblay, Yunus Boh, and Major Frederick Mercer Hunter, the former for themselves, their heirs and successors, and the latter on behalf of the British Government, do each and all in the presence of witnesses affix their signatures, marks or seals, at Zaila, on the eleventh day of December, one thousand eight hundred and eighty-four, corresponding with the twenty-fifth Safar, one thousand three hundred and two.

(Sd). F. M. HUNTER,
Bombay Staff Corps.

Signed in my presence.

(Sd.) PERCY DOWNES,
1st Grade Officer, I. M.

H E.'s Seals.

(Sd.) DUFFERIN,
Viceroy and Governor-General of India.

This agreement was ratified by the Governor-General of India in Council at Calcutta on the 20th February, one thousand eight hundred and eighty-five.

(Sd) H. M. DURAND,
Offg. Secretary to the Government of India,
Foreign Department.

Certified that the above is a true copy of the original agreement.

(Sd.) W. LEE-WARNER,
Offg. Under-Secretary to the Government of India,
Foreign Department.

Fort William, the 25th February 1885.

No. XCII.
TREATY with the HABR TOLJAALA,—1884.

We, the undersigned Elders of the Habr Toljaala tribe, are desirous of entering into agreement with the British Government for the maintenance of our independence, the preservation of order, and other good and sufficient reasons.

Now it is hereby agreed and covenanted as follows:—

1.

The Habr Toljaala tribe do hereby declare that they are pledged and bound never to cede, sell, mortgage, or otherwise give for occupation, save to the British Government, any portion of the territory presently inhabited by them or being under their control.

2.

All vessels under the British flag shall have free permission to trade at all ports and places within the territories of the Habr Toljaala, and the tribe is bound to render assistance to any vessel, whether British or belonging to any other nation, that may be wrecked on the above-mentioned shores, and to protect the crew, the passengers, and cargo of such vessel, giving speedy intimation to the Resident at Aden of the circumstances, for which act of friendship and good-will a suitable reward will be given by the British Government.

3.

All British subjects residing in or visiting the territories of the Habr Toljaala tribe shall enjoy perfect safety and protection, and shall be entitled to travel all over the said limits under the safe conduct of the Elders of the tribe.

4.

The traffic in slaves throughout the territories of the Habr Toljaala shall cease for ever, and the Commander of any of Her Majesty's vessels, or any other British officer duly authorized, shall have the power of requiring the surrender of any slave and of supporting the demand by force of arms by land and sea.

5.

The British Government shall have the power to appoint an Agent or Agents to reside in the territories of the Habr Toljaala, and every such Agent shall be treated with respect and consideration and be entitled to have for his protection such guard as the British Government deem sufficient.

The above-written Treaty shall come into force and shall have effect from the date of signing this agreement.

In token of the conclusion of this lawful and honourable bond, Birir Shaikh Don, Farah Nalaya, Hirsi Bailay, Ahmed Jama, Ali Awadh, Awadh Gaidee, Ashoor Goraya, Guday Awadh, Adan Warsama, all of the Yusuf sub-tribe,—Abdulla Mahomed, Adan Mahomed, Adan Awadh, Farah Osman Yusuf Adan, Adan Yusuf, Hassan Mahomed, Hassan Ali, Hassan Gulaid Jama Abdy, all of the Adan Madoba sub-tribe,—Ali Ahmed, Mahomed Ali Husain Abdy, Esa Abdy, Yussuf Adan, all of the Rerdod sub-tribe,—Awadh Ali, Farah Abdy, Ahmed Noh, Ahmed Doaly, Ahmed Farah, Hassan Abdy, Hawadlay Mahomed, all of the Sambur sub-tribe,—Mahomed Ali, Jibril Mahomed, Ahmed Husain, Shermaki Ali, Mahomed Ismail, Ismail Mahomed, Mahomed Ali, Hassan Mahomed, all of the Musa Bukr, and Major Frederick Mercer Hunter, Assistant Political Resident, Aden, the former for themselves, their heirs and successors, and the latter on behalf of the British Government, do each and all in the presence of witnesses affix their signatures, marks or seals, at Aden, on the twenty-sixth day of December, one thousand eight hundred and eighty-four, corresponding with the ninth of Rabia-al-Awal, one thousand three hundred and two.

(Sd.) F. M. HUNTER.

Witness:

(Sd.) E. CRANDFIELD.

(Sd.) DUFFERIN,
Viceroy and Governor-General of India.

H. E.'s Seal.

This agreement was ratified by the Governor-General of India in Council at Calcutta on the 25th of February, one thousand eight hundred and eighty-five.

(Sd.) H. M. DURAND,
Offg. Secretary to the Government of India,
Foreign Department.

Certified that the above is a true copy of the original Treaty.

(Sd.) W. J. CUNINGHAM,
*Offg. Under-Secretary to the Government of India,
Foreign Department.*

Simla, the 20th July 1886.

No. XCIV.
TREATY with the EESA TRIBE,—1884.

We, the undersigned Elders of the Eesa tribe, are desirous of entering into an agreement with the British Government for the maintenance of our independence, the preservation of order, and other good and sufficient reasons.

Now it is hereby agreed and covenanted as follows :—

1.

The Eesa tribe do hereby declare that they are pledged and bound never to cede, sell, mortgage, or otherwise give for occupation, save to the British Government, any portion of the territory presently inhabited by them or being under their control.

2.

All vessels under the British flag, shall have free permission to trade at all ports and places within the territories of the Eesa tribe.

3.

All British subjects residing in or visiting the territories of the Eesa tribe shall enjoy perfect safety and protection, and shall be entitled to travel all over the said limits under the safe conduct of the Elders of the tribe.

4.

The traffic in slaves throughout the territories of the Eesa tribe shall cease for ever, and the Commander of any of Her Majesty's vessels, or any other British officer duly authorized, shall have the power of requiring the surrender of any slave and of supporting the demand by force of arms by land and sea.

5.

The British Government shall have the power to appoint an Agent or Agents to reside in the territories of the Eesa tribe, and every such Agent shall be treated with respect and consideration, and be entitled to have for his protection such guard as the British Government deem sufficient.

The above-written Treaty shall come into force and have effect from the date of signing this agreement.

In token of the conclusion of this lawful and honourable bond, Ali Girdone, Waberi, Adan, Warsama Idlay, Fadhl Mahomed, Boh Molla Ali Shirdone, Nagaya Bidar, Samanter Roblay, Gaillay Ishak, Weil Mahomed, Yunus Fahia, Girhi Eqal, Mahomed Bergel, Burray Awadh, Ali Karrati, Khairulla Magan, Boh Hirsee, Abdalla Ali, Ali Idris, Shirdone Samaduder, Rogay Kayat, and Major Frederick Mercer Hunter, Assistant Political Resident at Aden, the former for themselves, their heirs and successors, and the latter on behalf of the British Government, do each and all in the presence of witnesses affix their signatures, marks or seals, at Zaila, on the thirty-first day of December, one thousand eight hundred and eighty-four, corresponding with the thirteeth Rabia-al-Awal, one thousand three hundred and two.

(Sd.) F. M. HUNTER,
Major.

Witness :

(Sd) M EDWARDS, *Captain, I M.,*
Commanding I. M. S. " Amberwitch."

(Sd.) DUFFERIN,
Viceroy and Governor-General of India.

This Treaty was ratified by the Viceroy and Governor-General of India in Council at Simla on the twentieth day of May, A. D. one thousand eight hundred and eighty-five.

(Sd.) H. M. DURAND,
Secretary to the Government of India,
Foreign Department.

Certified that the above is a true copy of the original Treaty.

(Sd.) W. J. CUNINGHAM,
Offg. Under-Secretary to the Government of India,
Foreign Department.

SIMLA,
The 22nd May 1885.

No. XCV.
Treaty with the Habr Gerhajis,—1885.

We, the undersigned Elders of the Habr Gerhajis tribe, are desirous of entering into an agreement with the British Government for the maintenance of our independence, the preservation of order, and other good and sufficient reasons

Now it is hereby agreed and covenanted as follows . —

1.

The Habr Gerhajis tribe do hereby declare that they are pledged and bound never to cede, sell, mortgage, or otherwise give for occupation, save to the British Government, any portion of the territory presently inhabited by them or being under their control.

2.

All vessels under the British flag shall have free permission to trade at all ports and places within the territories of the Habr Gerhajis, and the tribe is bound to render assistance to any vessel, whether British or belonging to any other nation, that may be wrecked on the above-mentioned shores and to protect the crew, the passengers, and cargo of such vessel, giving speedy intimation to the Resident at Aden of the circumstances, for which act of friendship and good-will a suitable reward will be given by the British Government.

3.

All British subjects residing in or visiting the territories of the Habr Gerhajis tribe shall enjoy perfect safety and protection, and shall be entitled to travel all over the said limits under the safe conduct of the Elders of the tribe.

4.

The traffic in slaves throughout the territories of the Habr Gerhajis tribe shall cease for ever, and the Commander of any of Her Majesty's vessels, or any other British officer duly authorized, shall have the power of requiring the surrender of any slave and of supporting the demand by force of arms by land and sea.

5.

The British Government shall have the power to appoint an Agent or Agents to reside in the territories of the Habr Gerhajis tribe, and every such Agent shall be treated with respect and consideration, and be entitled to have for his protection such guard as the British Government deem sufficient.

The above-written Treaty shall come into force and have effect from the date of signing this agreement.

In token of the conclusion of this lawful and honourable bond, Ahmed Ali Hassan Yussuf, Said Mahomed, Mahamed Jees, Abdy Hassan Mohomed

Part III	Somaliland and Shoa—*Somaliland*—(*Habr Geihajis*)—No. XCVI.	217

Ahmed Ali Nur, Nur Hirsee (all of the Jibril Adan residing at Mait and Ras Katib), Doaly Ahmed (of the Mahomed Adan residing at Mait), Hassan Abdullah (of the Ali Said residing at Mait and Ras Katib), Ahmed Saleh, Hagar Araly, Husain Saleh, Ali Ismail, Said Ahmed, Ali Aman (all of the Yunus Ismail residing at Hashow), Ismail Ali, Eesa Hassan, Mussa Abdalla (all of Mahomed Adan residing at Shall'ao), and Major Frederick Mercer Hunter, Assistant Political Resident at Aden, the former for themselves, their heirs and successors, and the latter on behalf of the British Government, do each and all in the presence of witnesses affix their signatures, marks or seals, at Aden, this thirteenth day of January, one thousand eight hundred and eighty-five, corresponding with the twenty-eighth Rabi-al-Awal, one thousand three hundred and two.

(Sd.) F. M. HUNTER, *Major.*

Witness :
  (Sd.) EDWARD CRANDFIELD.
    (Sd.) DUFFERIN,

(H. E.'s Seal.)   *Viceroy and Governor-General of India.*

This agreement was ratified by the Governor-General of India in Council at Calcutta on the twenty-fifth day of February, A. D one thousand eight hundred and eighty-five.

(Sd.) H. M. DURAND,
Offg. Secretary to the Government of India,
Foreign Department.

Certified that above is a true copy of the original agreement.

(Sd.) W. LEE-WARNER,
Offg Under-Secretary to the Government of India,
Foreign Department.

FORT WILLIAM,
The 28th February 1885.

No. XCVII.

TREATY WITH THE WARSANGLI,—1886.

The British Government and the Elders of the Warsangli tribe who have signed this agreement being desirous of maintaining and strengthening the relations of peace and friendship existing between them :

The British Government have named and appointed Major Frederick Mercer Hunter, C.S.I., Political Agent and Consul for the Somali Coast, to conclude a Treaty for this purpose.

The said Major F. M. Hunter, C.S.I., Political Agent and Consul for the Somali Coast, and the said Elders of the Warsangli have agreed upon and concluded the following Articles :—

ART. I. The British government, in compliance with the wish of the undersigned Elders of the Warsangali, undertakes to extend to them and to the territories under their authorities and jurisdiction the gracious favour and protection of Her Majesty the Queen-Empress.

II. The said Elders of the Warsangali agree and promise to refrain from entering into any correspondence, Agreement, or Treaty with any foreign nation or Power, except with the knowledge and sanction of Her Majesty's Government.

III. The Warsnagali ere bound to render assistance to any vessel, whether British or belonging to any other nation, that may be wrecked on the shores under their jurisdiction and control, and to protect the crew, passengers, and cargo of such vessels, giving speedy intimation to the Resident at Aden of the circumstances; for which act of friendship and good-will a suitable reward will be given by the British Government.

IV. The Traffic in slaves throughout the territories of the Warsangali shall cease for ever, and the Commander of any of Her Majesty's vessels, or any other British officer duly authorized, shall have the power of requiring the surrender of any slave, and of supporting the demand by force of arms by land and sea.

V. The British Government shall have the power to appoint an Agent or Agents to reside in the territories of the Warsangali, and every such Agent shall be treated with respect and consideration, and be entitled to have for this protection such guard as the British Government deem sufficient.

VI. The Warsangali hereby engage to assist all British officers in the execution of such duties as may be assigned to them, and further to act upon their advice in matters relating to the administration of justice, 35 the development of the resources of the country, the interests of commerce, or in any other matter in relation to peace , order, and good government, and the general progress of civilization.

VII. This Treaty to come into operation from the 27th day of January, 1886, on which date it was signed at Bunder Gori by the Undermentioned. F. M. Hunter
Witness: J. H. Raintier, Commander, R. N.

Muhammad Mahmud Ali, Gerad of all the Warsangali. Jama Mahmud, Gerad Muhammad Ibrahim, ditto. Omar Ahmed, ditto. Mahmud Abdullah, ditto. Yussuf Mahmud, ditto. Of the Ayal Fatih sub-tribeNur Abdullah. Isa Adan. Muhammad Ali Shirwa. Abdy

Ina Cabdalla Xasan Ma sheekh Buu Ahaa, Mise...?

Nur Of the Ogais Lebay sub-tribe-- Muhammad Abdy Nalaya. Mahmud Sagullay. Abdullah Sagullay. Muhammad Abdullah

Sooyaal

Ku saabsan qoraaga

Cabdiraxmaan Cabdillaahi Faarax 'Guri Barwaaqo' waa afyaqaan, abwaan ururishe, hal-abuur iyo cilmibaadhe. wuxu noqday Agaasimaha Machadka Barashada Afka iyo Suugaanta Soomaalida ee Gaarriye ee Jaamacadda Hargeysa. Waa qoraha dhawr buug oo soo baxay iyo qaar aan soo bixin iyo in ka badan 40 qoraal oo la daabacay. Guri Barwaaqo waa quraarka guud ee warsidaha dhaqanka, afka iyo suugaanta Soomaalida ee Halaqoon. Waxaa kale oo uu wax ka quraaraa warsidaha Cilmibaadhista Soomaalilaan.

Magac bilaash uma baxo: ujeeddooyinka magacyada iyo naanaysaha Soomaaliyeed ayaa ka mid ah hawl qabadkiisa caan baxay. Waxaana hawshaa lagu tilmaamaa inay hormuud u tahay aqoonta barasha magacyada Soomaaliyeed (aqoontaas oo ka mid ah qaybaha aqoon-afeedda ee loo yaqaan onomastics). Mahadhadii iyo waxqabadkii (AHUN) Maxamed Xaashi Dhamac 'Gaarriye', Hal-bixinta eryada kumbuyuutarka, Far Tasawdey iyo Sooyaal: Ina Cabdalla Xasan Ma Sheekh buu ahaa, mise…? baa ayana ka mid ah waxqabadkiisii ugu dambeeyey.

Sooyaal

Dhawaan isaga iyo jalahii Xuseen Mataan baa soo saaray qorme kumbuyuutar oo la yidhaa Laaxinjire, looguna talagalay saxidda iyo kala asooridda badaha kala duwan ee maansooyinka Soomaaliyeed.

About the author

Cabdiraxmaan Cabdillaahi Faarax 'Guri Barwaaqo' is a linguist, lexicographer, poet, and a researcher. He was the director of the Gaarriye Istitute of Somali Language and Literature Studies at the University of Hargeisa. He is also the author of several published and unpublished books and over 40 published articles. Barwaaqo is the editor-in-chief of Hal-aqoon, journal of Somali language, literature and culture; as he is also the co-editor of the Journal of Somaliland Studies.

Magac Bilaash Uma Baxo (*No Name is Given without Reason*) is among his popular works, as it is regarded a pioneering work in the field of Somali onomastics (the branch of linguistics that deals with proper names). Mahadhada iyo Waxqabadka Maxamed Xaashi Dhamac 'Gaarriye' (*The Biography and the Works of Maxamed Xaashi Dhamac 'Gaarriye'*), Hal-bixinta Ereyada Kumbuyuutarka (*Computer Terms in Somali*), Far Tasawdey and Sooyaal: Ina Cabdalla Xasan Ma Sheekh buu ahaa, mise...? are also among his latest works.

Sooyaal

Recently with the collaboration of his colleague, Xuseen Mataan, they developed the first computer software known as 'Laaxinjire' designed for correcting and classifying different genres of Somali poetry.

Hawlqabadka Barwaaqo waxa kale oo ka mid ah:

Arar tii s a buuggani
Aan kuu asteeyee
Afkii hoo yo ee lumay
La taseeyey ammin hore
Isagaa u baaqoo
Ururshoo habeeyoo
Ifka keenay ereygii
Hore loo illaawaye
Adiguna si xeel-dheer
Uga bogo abwaankani
ISBN 0-9699009-0-2
1995, Ottawa, Canada

ISBN 978-90-825713-1-8
Daabacaaddii labaad
Publisher: Hal-aqoon publishers,
Calgary, Canada, 2008
Waa daabacaaddii 2aad ee buuggii sida qoto dheerida ah looga shaqeeyey loogana baaraan-degey kuna saabsanaa hababkii iyo ujeedooyinkii ay Soomaalidu ula

bixijirtey magacyada iyo naanaysaha. Waa buug ay dad badani calmadeen. Buuggu wuxu si habsami ah u lafagurayaa isirka iyo dulucda magac kasta ka dambeeya.

ISBN 0-9699009-2-9
Copyright: A.A.Farah "Barwaaqo"
(Standard Copyright License)
Edition : First edition,
Publisher: Hal-aqoon publishers
Published: 2001 ,
Language: Somali, Pages : 138

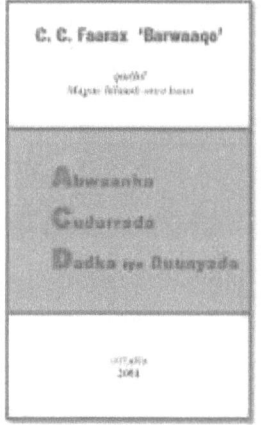

Habka cusub ee hadda laysu daweeyaa intaanu soo bixin, ama aanu carrada Soomaaliyeed soo gaadhin, dadka Soomaaliyeed waxay lahaayeen hab u gaar ah oo ay isu daweyn jireen. Sida dhakhaatiirta hadda jirta, ayey jireen rag iyo dumar u banbaxay aqoonta cudurrada iyo daweyntoodaba. Waxaanay lahaayeen magacyo goonniya oo lagu garto. Nin iyo naag - kuu doonaba ha noqdee - kii wax daweeya waxa loo yiqiin *Faraadin*. Qofka dhirta wax ku daweeyana waxa loo yiqiin *Geedo-gooye*. Haweenayda wax ka ummulisana *Ummuliso* ayaa la odhan jirey. Ta haweenka cudur-hoosaadka ka daweysana *Baanato. Hadal iyo dhammaantii, wuxu* buug-gani soo bandhigayaa cudurrada dadka Soomaaliyeed iyo duunyadoodaba ku dhaca iyo sidii ay isaga daweyn jireen.

ISBN 978-0-9699009-4-8
Copyright A.A.Farah "Barwaaqo"
(Standard Copyright License)
Publisher : Hal-aqoon publishers,
Published : April 4, 2008 ,
Language : Somali
Pages: 284,
Dimensions (inches): 6 wide x 9 tall

Buuggani wax weyn ayuu ka tari doonaa sidii loo hakin lahaa khatarta ku soo socota afka Soomaaliga. Markii aan akhriyey miisaanka suugaanta ee "Gaarriye" iyo gabayadiisa, iyo faahfaahinta qoraha buugga, waxaaba markii ugu horraysay igu soo dhacday in aan baran karo sida loo gabyo oo aan weliba gabayaa noqon karo. Waxa aan filayaa in akhristayaasha buuggani ay iiga markhaatiniqi doonaan dareenkaas. Aad baan ugu mahadinayaa Cabdiraxmaan "Barwaaqo" qoridda buuggan faa'iidada badan leh."

Dr. Hussein Ahmed Warsame Accounting Area Chairman Haskayne School of Business University of Calgary, Canada

Hawlqabadka Barwaaqo

Copyright ; Standard Copyright License
ISBN: 978-0-9699009-7-9
Publisher : Hal-aqoon publishers
Published : February 1, 2012
Language : Somali
Pages : 260, Weight : 0.99 lbs.
Dimensions (inches) :
6 wide x 9 tall

Waa buug lagu soo ururiyey qoraalladii lays-ku dhaafsaday kolkii uu socdeen murankii iyo doodiihii Miisaanka Maansada iyo go'aankii gartii loogu naqay Gaarriye iyo Carraale magaalada Oslo ee dalka Norway.

HAL-AQOON (**ISSN 1492-4110**) *is an independent literary and cultural journal in Somali. It is printed quarterly in Ottawa, Canada.*

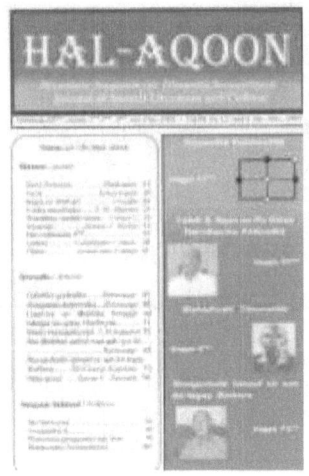
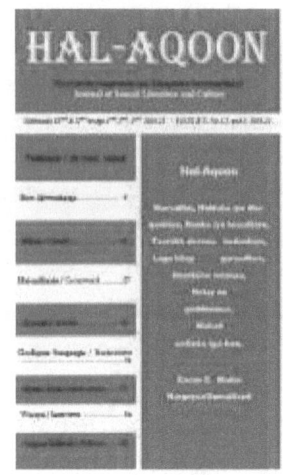
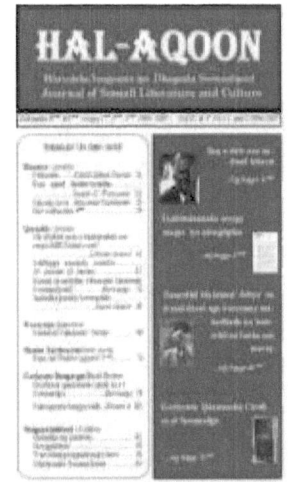

Hawlqabadka Barwaaqo

HERER **(ISSN)** *Warsidaha,Diinta, Dhaqanka,Dhaqaalaha,Siyaasadda iyowarxbarashada*

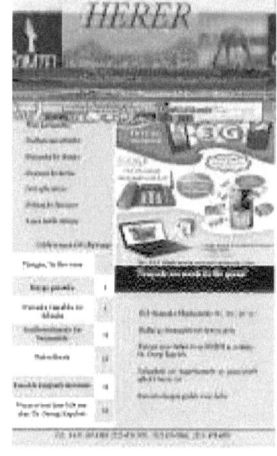

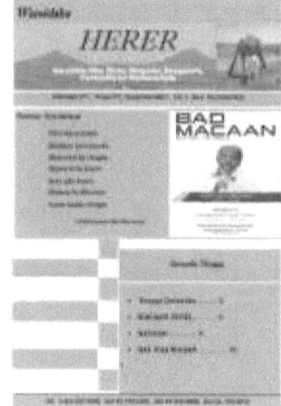

Hawlqabadka Barwaaqo

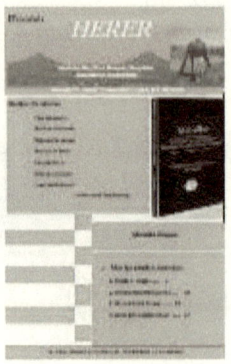

Dimensions (inches): 6 wide x 9 tall

Far Tasawdey
ISBN 978-90-825713-2-5
Copyright A.A.Farah "Barwaaqo"
(Standard Copyright License)
Publisher : Hal-aqoon publishers,
Published : April 4, 2008 ,
Language : Somali
Pages: 284,

Qorme kumbuyuutar oo kuu
saxaya maansada Copyright ©
Cabdiraxmaan Guri Barwaaqo iyo
Xuseen Liibaan 'Mataan',
Laaxinjire Ver.1.01 - 2012

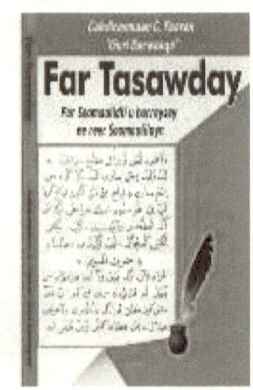

2012 was the 40th anniversary year of the official writing system for Somali and was celebrated in many places. Prior to the adoption of the script, there had been a large number of systems for writing the language. This present volume includes a very useful and exhaustive overview of these writing systems and concentrates on one in particular.

The presentation of the Arabic-based Somali writing system of Sh. Maxamed Cabdi Makaahiil was originally printed in India and is reproduced here along with Somali translation. It includes a description of the system and a selection of writings using it such as proverbs and letters. The author, Cabdiraxmaan C. Faarax 'Barwaaqo', also interviewed living relatives of Sh. Maxamed which adds further insight into the context of the writing system and its development. There is also an Arabic qasiido by Sh. Maxamed which has not been published before.

This is an important contribution to Somali studies and will be of interest more widely to scholars concerned with the use of Arabic script for writing other languages in Africa and the wider world.

Dr. Martin Orwin Senior
Lecturer in Somali and
Amharic SOAS

Hawlqabadka Barwaaqo

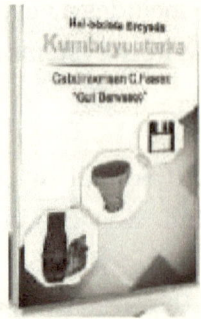

ISBN 978-90-825713-0-1

Copyright : A.A.Farah
"Barwaaqo" (Standard
Copyright License)
Edition : First edition,

Publisher: Hal-aqoon publishers
Published: 2007,
Language : Somali, Pages : 138

<u>Hal-bixinta Ereyada Kumbuyuutarka</u>

is a remarkable step toward sustaining and expanding the richness of the Somali Language. In this book, meticulous and multi-level scholarship is combined with a passionate regard for the traditions and culture which the Language embraces. The author has accomplished a challenging feat by translating computer terminology into Somali. He has done this by adopting words and concepts used in rural and urban Somali culture. Appropriate words have been chosen through a creative and interesting method, and most of the new terms adapted from the Somali lifeworld fit easily and logically into the contemporary computer environment.

As a whole, this is a work written in a clear, concise and attractive format. I have no doubt that native speakers and students of the Somali language have much to benefit from this work, as it introduces the language of computers in a familiar conceptual

Hawlqabadka Barwaaqo

framework at the same time that it is evocative of a rich oral and literary heritage.

Suleekha Ali Yusuf

Journal of Somaliland Studies
ISSN 2150-4628
P.O.Box 95882, Seattle, Wa 98145
Tel. (206) 440-7945
E-mail: admin@somalilandstudies.com

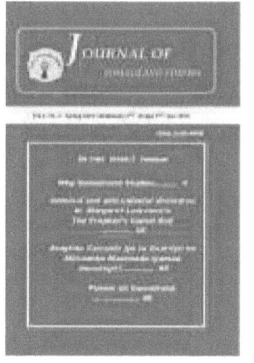

ISBN: .978-91-88133-01-4
Copyright A.A.Farah
"Barwaaqo"
(Standard Copyright License)
Publisher : Hal-aqoon publishers,
Published: April 4, 2016*,
Language: Somali
Pages : 356, Dimensions (inches):
6 wide x 9 tall
Daabacaaddii 2aad

Buuggani wax weyn ayuu ka tari doonaa sidii loo hakin lahaa khatarta ku soo socota afka Soomaaliga. Markii aan akhriyey miisaanka suugaanta ee "Gaarriye" iyo gabayadiisa, iyo faahfaahinta qoraha buugga, waxaaba markii ugu horraysay igu soo dhacday in aan baran karo sida loo gabyo oo aan weliba gabayaa noqon karo. Waxa aan filayaa in akhristayaasha buuggani ay iiga markhaatiniqi doonaan dareenkaas. Aad baan ugu mahadinayaa Cabdiraxmaan "Barwaaqo" qoridda buuggan faa'iidada badan leh."

Dr. Hussein Ahmed Warsame Accounting Area Chairman Haskayne School of Business University of Calgary, Canada

Hawlqabadka Barwaaqo

Qoraallo la daabacay / Published Articles

1. *Cadceed soo baxday calaacali ma qariso*
2. *Xeerarka fagaasa labada shibbane ee 'R' iyo 'Dh'*
3. *Af Soomaaligu ma af Carabiguu la bah yahay?*
4. *Agab wacaaleedka cusub iyo Af Soomaaliga*
5. *Baaxadda Suugaanta haweenka Soomaaliyeed.*
6. *Caadooyinka Soomaalida*
7. *Waxtarka carrabka iyo dibnaha*
8. *Aragtida Carraale iyo ta Gaarriye ee Miisaanka Maansada...*
9. *Cudurrada iyo habkii ay Soomaalidu isaga daweynjirtey*
10. *Dhirta iyo dheefteeda*
11. *U hiisha afkeenna*
12. *Hadal baa hadhaa loo hadlaa*
13. *War la helaa talo la helaa*
14. *Hodannimada Afka Miyiga iyo Hagardaamada ay magaalo ku hayso*
15. *Qalabka iyo suugaanta qodaalka (waxa la qoray Nugidoon).*
16. *Aqoontii iyo ilbaxnimadii Soomaalida*
17. *Ujeeddooyinka magacyada Magaalooyinka*
18. *Kumaa ah aabbaha Miisaanka Maansada: Ma Gaarriye mise Carraale?*
19. *Xasilloonidarrada af Somaaliga*
20. *Ciyaaraha Soomaalida*
21. *Taabbudnimada ereyga Magac*
22. *Siyaabaha ay Soomaalidu u ducaysato*
23. *Miisaanku waa furaha kala asooridda badaha*

maansooyinka
24. Laaxinjire: qorme kumbuyuutar oo saxaya maansada
25. Kibaaxda iyo Quraan
26. Hab dhaqankadibgalayaasha le, ley, iyo la'
27. Nin bukaa ma billa
28. Soomaalilayn waa dal ka duwan Soomaaliya: Falcelin
29. Qoraalkii Lidwien iyo Mursal Hal baan ka idhi

Gorfayn / Reviews

30. Gorfaynta qaamuuska cusub ee af Soomaaliga
31. Gorfaynta guri waa haween
32. Somali Onomastics and Proverbs
33. Ma dhabbaa qabiil waa qab iyo iil?
34. Xeerka Abtirsiga ereyga af Soomaaliga iyo sidaan u arko
35. Run nin sheegaa godob waw halis
36. Diihaal -reeb: Milicsi kooban
37. Faaliyihii la bilkeyday
38. Ururka Aabbayaasha Soomaaliyeed ee Ottawa iyo Booqashadii Dr. Georgi Kapchits
39. Waxaa la yidhi -- sheekooyin hidde ah
40. Ruqe ninkii lahaa dabda hayaa ma kaco
41. Haltebinta iyo halbixinta ereyada kumbuyuutarka
42. Afar iga mudan ammaan

Taxanaha Baro Abwaankaaga

43. Mahadhadii Maxamed Ismaaciil Diiriye "Qaasin"

Hawlqabadka Barwaaqo

44. Mahadhadii Macallin Guush Andrawiski
45. Mahadhadii Cabdillaahi Suldaan Timacadde
46. Mahadhadii Muuse Xaaji Ismaaciil Galaal
47. Mahadhadii Ibraahin Xuseen Ismaaciil "Cirrasuge"

www.ingramcontent.com/pod-product-compliance
Lightning Source LLC
Chambersburg PA
CBHW021355290426
44108CB00010B/249